综合课程革新与教师专业成长

丛书主编　朱旭东

ZONGHE KECHENG GEXIN YU

JIAOSHI ZHUANYE CHENGZHANG

吴国珍／著

北京师范大学出版集团
BEIJING NORMAL UNIVERSITY PUBLISHING GROUP
北京师范大学出版社

图书在版编目(CIP)数据

综合课程革新与教师专业成长/吴国珍著. —北京：北京师范
大学出版社，2013.1(2022.5重印)
（京师教师教育论丛）
ISBN 978－7－303－14799－1

Ⅰ. ①综… Ⅱ. ①吴… Ⅲ. ①课程－教学研究 ②师资
培养－研究 Ⅳ. ①G423 ②G451.2

中国版本图书馆 CIP 数据核字(2012)第 129448 号

营 销 中 心 电 话　010-58802135　58802786
北师大出版社教师教育分社微信公众号　京师教师教育

出版发行：北京师范大学出版社　www.bnup.com
　　　　　北京市西城区新街口外大街 12-3 号
　　　　　邮政编码：100088

印　　刷：北京虎彩文化传播有限公司
经　　销：全国新华书店
开　　本：730 mm× 980 mm　1/16
印　　张：16
字　　数：230 千字
版　　次：2013 年 1 月第 1 版
印　　次：2022 年 5 月第 2 次印刷
定　　价：34.00 元

策划编辑：郭兴举　　　　　责任编辑：齐　琳
美术编辑：毛　佳　　　　　装帧设计：毛　佳
责任校对：李　菡　　　　　责任印制：孙文凯

京师教师教育论丛编委会

目　录
CONTENTS

前　言

综合课程对广大校长和教师而言是既熟悉又陌生的朋友。学者竭尽心力的描述，我国新课程标准的指引，各种校长教师的培训课程，高考文综理综命题的牵引，以及和综合课程形影不离的研究性课程、校本课程、探究性课程、乡土课程等的革新倡导，这类课程革新命题已是耳熟能详。但是，在我国发达的学科教育背景下，必须拿出浑身解数满足学科教育竞争体制需要的一线校长和教师，很难想象在日常教学环节上能够像驾轻就熟的学科课程那样，胸有成竹地操作综合课程等各种革新理念。

综合课程从 20 世纪初问世以来，其最突出的创新特质，就是重点针对学校分门别类的科目框架疏离于世界和学生经验的整体性的问题。而在当代，国内外教育改革寄厚望于综合课程等革新理念，期望课程革新能够提供学校变革和课程文化教师文化更新的平台。

1999 年 6 月中共中央、国务院《关于深化教育改革全面推进素质教育的决定》要求加强课程的综合性和实践性，教育部 2001 年 7 月颁布的《基础教育课程改革指导纲要》明确规定小学阶段以综合课程为主，初中阶段设置分科与综合相结合的课程。社会课、科学科、体育与健康、艺术（或音乐、美术）都以课程的综合性作为重要创新特质。

自 2000 年 1 月教育部颁布《全日制普通高级中学课程计划（试验修订稿)》以来，"综合实践活动"板块包括的研究性学习、劳动技术教育、社区服务和社会实践四个部分在高中三年中每周 3 课时，总占 288 课时，至 2002 年秋季在全国推广。2003 年教育部颁布的《普通高中课程方案（实验)》中，该板块占 15 个学分，是 15 个学科中占学分最多的。至此，确定了综合实践活动课程在我国基础教育课程体系中的重要地位。

由此，锁定"综合实践活动"的相关文献剧增。钟启泉教授认为，综合实践活动课程就是一种跨学科的综合课程。综合实践活动的实践性、开放性、自主性、生成性，突出学生在学习中的主体地位，开拓了学生个性发展空间，有助于学生创新精神和实践能力的发展，以"主题、经验、表达"的非线性单元结构，取代"强标准、成就、评价"的线性单元结构。认同学习是知识和经验的持续整合过程，综合实践活动是为了加深对自我、对周围世界的理解，在合作探究活动过程中寻求解决问题的方法，发表见解，发展探索人类世界和自然世界的好奇心和兴趣。[①]

与理念倡导存在一定距离的是实践。2007年中央教科所对于全国东、中、西部12个省（直辖市，自治区）的综合实践活动实施现状所做的调查显示，虽然已经是国家设置、地方管理和学校开发并实施的必修课，但远未达到常态开设和实施状态。小学阶段开设较好，初中阶段难以推进；领导重视的地区、学校开展有声有色，领导不重视的地区、学校无动于衷。只有13%的学校表示在按照国家计划开设综合实践活动课，31%的学校基本没有开设。有65%的学校是把研究性学习、社区服务与社会实践、劳动技术教育、信息技术教育这四大领域整合起来的，有21.5%是分别开设，还有少数用传统活动（班团队、科技节、体艺节）替代，削弱了其整体性和综合性。在实践中，教师开发和指导实施难度大，与职称评定、工作量、升学考试之间联系少，极大影响教师参与开发与实施的积极性。在国家三级课程管理上，虽然国家明确规定了综合实践活动课时与地方、学校自主使用课时结合在一起，共占16%～20%，但是在抽样调查的省市中，只有两个省及直辖市结合本地实际情况制订了本省（直辖市）实施综合实践活动国家课程的计划，有很多省、地市教育厅（局）没有出台综合实践活动课程实施方案。[②]

而10年课改回顾前瞻的系列文章[③]显示，当初在多门学科课程标准中作为重要理念之一的综合性，作为课程创新特质亮点和作为课程结构改革突破口的综合课程，在不同学科实施中呈现不均衡状态。在一些优质师资积累丰厚的学校，一些本身就把综合课程作为重要设计理念的学科实施力度比较大，比如艺术科特别关注艺术元素、艺术语言、艺术法则的整体领悟，劳技课对于发展学生综合素质创新能力成效显著；一些在考试制度中不占中心地位的

---

① 钟启泉：《综合实践活动课程的设计与实施》，载《教育发展研究》，2007（2A）
② 冯新瑞：《完善上级课程管理体制，保障综合实践活动课程有效实施》，载《教育科学研究》，2010（12）
③ 参见：《课程标准实验稿实施十周年特刊》，《基础教育课程》，2011（7～8）

学科，如历史、地理、思想政治课，综合空间比较大，乡土历史地理的校本课程开发被纳入综合实践活动，五彩纷呈，教师引领学生亲历丰富的社会生活增强个人体验的历程，呈现着综合课程崭新的魅力；科学课程关于科学、技术、社会的综合视野原本适合培养科学素养，生物学科中的生物技术本身就是科学与技术融合的课程；但科学科在实施中，相比于同学与教的方式紧密联系的科学探究，课程的综合受到的关注程度不够。而作为其他学科的学习基础、工具性人文性同等重要的中、英、数学科，在课改实施中感受到的压力相对大些，比如数学学科中"实践与综合应用"难度大。① 当然。课程内容多，难度大，数学的逻辑体系严密，考试评估难以体现课程理念等，也是综合困难的客观因素。即使是课程改革逻辑体系相对宽松些，创意空间大一些的语文，警示泛化、浅化，基础不扎实的声音也不少。② 因此，课改和考改的实质接轨，课改推进速度与教师的专业成长不协调，一直是近年的强烈呼声，研究力度也正在加大，也是综合课程革新实践的重要生长点。

近年加大了对于课程改革与高考改革接轨的研究。望子成龙文化背景中高考的巨大牵引作用不言而喻。有文献指出，相比于大部分学校启动时轰轰烈烈，不久就束之高阁成摆设，那些比较成功地实施综合实践活动课程的学校已经超出了传统上"研究性学习法"的范畴，发挥了综合实践活动板块在课程体系中作为必修课的课程制度力量、通过严格规定学分和课时，引进激励机制，延伸到全国科技创新大赛，与高考加分和保送政策挂钩，取得很好的成效。③

随着 2010 年新课程实验改革在全国推广，近几年教育发达地区高考改革与高中新课程改革一体化力度的加大，教育部 2011 年 10 月颁布了《教育部关于普通高中新课程省份深化高校招生考试改革的指导意见》④，明确要求建立和完善普通高中学生的综合评价制度，并逐步纳入高考招生选拔评价体系。这将进一步促动教育发达地区在高考录取中依据统考成绩并参考考生综合素

---

① 马云鹏：《义务教育数学课程改革十年回顾与展望》，载《基础教育课程》，2011（Z2）
② 胡秦璐：《语文新课程改革纵深发展的难点与突破》，载《新课程研究》，2011（10）
③ 孙志刚：《研究性学习——国家课程校本化的实践与思考》，载《当代教育与文化》，2011（9）
④ 《教育部关于普通高中新课程省份深化高校招生考试改革的指导意见》，2011-10，新闻中心——中国网 news. china. com. cn

质评价。例如，北京市把综合素质评价作为统招录取、自主招生中的重要依据，高中生综合素质将分别以等级和统一表格的形式记入考生电子档案，试图借助现代信息技术抵制人情大于王法的痼疾。①

与此同时，统考命题也与课程改革理念相结合。例如，2011 年广东高考文综政治试题凸显能力立意，强化课内外知识整合，联系生活实际。比如以"动态的经济坐标图"整合了经济学、数学坐标和社会生活；"为消费者理性支招"需要科学理财的知识和能力以及对当代社会生活的了解；"避免中等收入陷阱"一题，需要把经济学中的"刘易斯拐点""人口红利"应用到分析社会生活中；有题目是文化背景哲学切入，用哲学知识解决文化难题；还有题目要求综合哲学内涵、世界观、意识指导作用、化学原理、化学实验等相关知识。②可以预见，高考对于培养学生综合素质的正面导向，必将大大促进适合锻炼和展现学生综合素质的综合课程的实施。

从理论上说，这些先驱改革有望调动综合课程革新尝试中蓄势待发的力量，将会辐射影响到大范围的改革。其可持续内在促动的机制是，发展学生的特殊潜质、创新精神、合作交流、贴近当代社会生活经验分析解决问题的能力，实乃众望所归。一旦这些能够实质性地与高考招生录取紧密联系，对于培养高综合素质的创新人才将影响深远。这对于教育适应创新型国家培养各类创新型人才的迫切需要，在推进素质教育中全面落实科学发展观，具有极其重要的意义。

具有强大驱动力量的高考改革，将为综合课程的革新发展带来前所未有的契机。但是如果缺乏对综合课程本质的深入研究，学校领导和教师缺乏综合课程教与学的方式的转变及互动过程的探索，缺乏对综合课程与人、与学科课程之间相互渗透整合的多元形态、时空限制、发展空间、设计原理、组织技术及操作特点的探索性研究成果的了解，那么，综合课程还可能长时间只能是校长和教师们的陌生朋友，即使出台相关的激励政策，也可能实际上只会被学校礼待为装点门面的贵宾。

---

① 《北京高考改革方案公布 重点推进考试内容改革》，2009-10-10，资料来源：新华网，http://news.xinhuanet.com/edu/2009-10/10/content_12203227.htm
② 陈文明：《锐意创新，引领方向——2011 年广东高考文综政治试题评析》，载《中学政治教学参考》，2011（7）

　　本书在这教育制度松绑有望的背景中问世，借其天时地利，意在让综合课程顺势而为，贴近校长和教师的内心世界和日常教育教学经验，催生源自教师心灵的智慧，引出学生的惊人潜力。对于综合课程的内涵，相对于一种跨学科的综合课程——综合实践活动，本书低位定底线，只要求针对学科间框架隔离的缺陷使得学科之间内容产生关联。"通常所说的课程一体化，就是试图把分割开的学习科目紧密联结在一起。"① 综合课程是为了学生获得整合性体验，在更广泛的领域理解知识的意义，使分割开的学习科目产生关联，结合学习经验和社会生活，利用综合性问题、整合性组织中心形成学习方案，促进合作参与和开放探索，经历民主生活体验的实质性学习机会。②

　　这个界定的前提是，综合课程是借有形的内容整合载体帮助学生获得无形的整合性经验，无形的经验整合境界胜有形的内容整合载体，追求经验的整合境界既是综合课程理念宗旨的诉求，也是综合课程借内容组织的整合形式走出实践困境的出发点。

　　很显然，综合课程其实远远超出综合实践活动课程的范围。国际上权威的界定表明只要涉及两门学科之间松散或紧密的联系的就是某种综合课程③，这就赋予了综合课程十分广泛的发展空间，综合实践活动课程只属其一。而学科之间产生不同关联程度的综合课程，以及科际渗透，更加容易左右逢源。换言之，只要教师在学科之间产生联系上有了新的灵感，就有了综合课程的创新空间。因此，综合课程的发展机遇取决于综合课程革新主体的原创活力。

　　随着教育改革的深入，教师的主动参与与投入，日益显示出是综合课程革新实践获得实质性成效的最大动因。有关对个案学校教师在课改中的情绪体验的研究指出，课程改革牵动每一位个体教师的内部感受，逐渐建构四类身份："领头羊"（从容的观光者）、"适应者"（无奈的流浪者）、"小卒子"（冷漠的流浪者）、"演员"（激进的怀旧者）。④本书对于综合课程理论与实践领域研究心得的分享，希望有益于不同教师在综合课程革新中朝着享受教育

---

　　① ［瑞典］胡森主编，江山野主编译：《简明教育百科全书·课程》，30 页，北京，教育科学出版社，1991
　　② 此概念的详细论证见本书第一章第三节。
　　③ ［瑞典］胡森主编，江山野主编译：《简明教育百科全书·课程》，30 页，北京，教育科学出版社，1991
　　④ 转引自卢乃桂、操太圣主编：《中国教师的专业发展与变迁》，北京，教育科学出版社，2009

生命过程的方向整体改观。

对于实施综合课程的教师而言，综合课程面对的最大挑战是多样整合。

综合课程立足现代教育理念、借助现代信息网络技术平台、综合运用经验世界和客观世界整体联系的优势于学习过程中，在新课改中以其经验与知识之间综合性、学科之间关联性、师生自主发挥空间大、开放的动态生成及贴近当代社会生活实践、个体体验丰富等特点，展示其蓬勃发展生机。

然而，综合课程在为师生开拓立体跳跃性学习思维空间和选择机会的同时，也给师生带来了应接不暇的多种可能性的选择茫然，很难超越和把握由此带来的"多与一"、开放与封闭、综合与多样的悖论。

"多与一"的悖论集中体现为，综合课程不再是用单一把惊异奇观过滤了，不再用平庸和荒漠取代神圣和惊叹，不再用单调和沉闷压住色彩和灵光……毋庸置疑，在展现这无限魅力的另一面，是不可避免的"一"的挑战。师生需要在极其丰富的内容和多样变化的形式面前取得共识，其过程对师生的心灵能量、思维方式、智慧潜能、信息加工速度等的挑战是空前的。更大的冲突是，学习过程的多元丰富与终结性选拔亟待多元灵活却又难以跳出客观公正可比的评价标准。

开放与封闭的悖论集中表现在综合课程的多种表现形式之间的关系上，是彼此按照各自的表现优势开放地拓展内容，还是按照相关学科领域的知识体系仅仅新瓶装旧酒式地变换表现形式？如果持开放的一端，那么在淋漓尽致地发挥"多"的魅力的同时也更难协调"多与一"的矛盾，如果偏向学科内容封闭仅仅形式多样，那么"多样丰富"的内在魅力又显然受损，如果我们要避免在这两端之间非此即彼、那么又该如何即此即彼呢？

综合与多样的悖论源自"多与一"和"开放与封闭"的悖论。只要我们首肯综合课程"多样丰富"和"开放性"价值，那么综合课程就是向着师生的创新灵气敞开的活化弹性空间。然而，激活师生创新灵感的内在机制是什么？

从分形的世界观和方法论看，从综合课程整体到多种表现部分的自相似，是把握"多与一"对立的张力、追求"开放与封闭"之间的即此即彼、探索综合课程"一与多"整合机制的生长点，也即是综合课程内在整合机制的关键核心。

综合课程从整体到部分最深层的自相似，最突出地表现在，无论综合课程以什么样的形式表现，都需要把确定能够强烈吸引师生学习探究兴趣或人生终极关怀的、对相关的资源具有强大凝聚整合力量的主题放在核心地位。按照帕默尔的观点，这种主题由和人类同等重要的伟大事物构成，伟大事物的魅力有其内在的生命与师生的内在生命深层对话，是真正的学习共同体的聚焦点。它能够吸引师生以自己的独特方式多元地探讨其奥秘，拥抱多种解释，欢迎创见性论争。通过与伟大事物诚信谦卑的对话，能诱发出人类的美德，使教育活动处于最佳最优状态。①

因此，综合课程的内在整合机制的核心是富于伟大事物魅力的主题，而选择和确定主题的主体是师生，能够为伟大事物源源不断提供滋养的也恰恰是师生与伟大事物之间的内在生命互动过程。综合课程的多种丰富性，只有凝聚在伟大事物周围的师生被吸引到这种生命互动中，才不会疏离于心，才不至于使人茫然无所适从，才可能产生四两拨千斤的"蝴蝶效应"，使伟大事物的魅力引发出学生惊人的内在生命魅力。

本书突出的重点是，综合课程整合机制的核心是人，是人所选择的主题，是携带创新能量和凝聚力的组织中心，而不仅仅是技术。技术可以轻易地帮助我们创造"多"，却无从帮助我们整合心与物。因此，要完善综合课程的整合机制，首先需要就不同学科或科际之间关于伟大事物魅力主题的选择，教师发挥主导作用，师生之间进行深层对话交流。

综合课程革新无疑是挑战师生潜力和把握现代教育发展机遇的入口，它能够为教师和学生们提供较好的发挥创造潜力的平台，其内在魅力中蕴藏着教育的巨大金矿。笔者的这点体会，得益于整个研究过程中把理论思考与实践操作密切联系。联系的途径主要有以下几种。

其一，笔者在大学的课堂教学中摸索着把理论探讨和实际设计操作与学

---

① 参见［美］帕克·帕尔默，吴国珍等译，杨秀玲审校：《教学勇气——漫步教师心灵》，上海，华东师范大学出版社，2005．

校实际需要相结合，开设"综合课程革新与教师自主成长"课程，鼓励研究生把课堂上深入探讨的、有关综合课程的概念内涵、理论基础及发展源流、革新中的现实问题，反思、综合课程革新形态及案例分析等，都应用到用计算机进行综合课程创新设计的创作过程中。研究生们借助计算机的丰富表现空间，在综合课程设计作品中体现综合课程的宗旨，感悟教师作为课程研究开发者的主体意识，精心创设提供给学生的综合性探究情境，在实际创作体验中加深对综合课程实质的理解，发现新的问题，倾注自己的特长个性，展现自我和发挥创造潜力。

其二，我们把设计的综合课程课件与一线的校长和教师进行交流，既为新一届研究生的创作吸收了营养，又以鲜活直观的综合课程课件给予一线教师启迪，激发革新设计综合课程的创造热情。在这个过程中，发现教师们身上潜伏着对综合课程创新的巨大潜力。我们完全可以尝试把有关社会、生活、人生的重大议题及复杂关系浓缩地展现在电脑世界中，借助计算机把综合性的问题情境带入课堂。这个过程让笔者强烈地感受到，当学生的作品能够启迪教师们更切实际的创新思路和热情时，当教师的创造热情又焕发起中学生们释放出他们潜在的创造能量时，当我们的创新设计成果转化为滋养学生成长的甘露时，就挖掘出了综合课程创新的内在价值。

其三，从学校富于创造的综合课程革新实践中吸取宝贵营养。合作伙伴学校以其出色的综合课程的创新行动研究，进行了综合课程教与学方式的探索。尤其是教师们在纵深拓展学科课程知识系统的基础上，横向贯通不同学科之间的内在一致和联系，营造富于挑战的开放的问题探究情境，让学生融会贯通综合应用不同学科的知识，提供学生自主学习和充分发挥创造潜能的机会，并获得始料未及的良好效果，更给笔者极大的鼓舞。笔者坚信，正是这聚焦了当代重要教育问题的综合课程领域，显露出重建当代中国学校课程文化的发展契机。

其四，唤醒师生进行综合课程创造的内心力量。在这一点上，笔者从主持北京市重点课题"引发新教师心灵智慧的叙事探究"的过程中受益匪浅。通过叙事探究活动深层聆听教师心灵，你能够感受到教师从理念更新、智慧对话、深层理解、行为改变等方面的悄然又喜人的变化。人际间的共情理解，正在催化个体去蔽，消除误解，获得自知，自我更新为照亮自己的光。这些对于唤醒灵性意义非凡。而不受逻辑程序禁锢的轻灵心态，有益于直觉抓住事物的本质，开启教师的创造潜能，教师轻灵心态又是直觉洞察力的内在必要条件。这些研究体验让笔者自警，尽量提供教师丰富的创新启迪永远是本书贯穿始终的主线，而课题中积累的"魅力课堂"的教师叙事素材，也给本书提供了丰富创新资源支持。

本书从学术界百年锤炼的综合课程理念中吸收启迪，结合多年进行综合课程教学和学校行动研究中的思考心得，认为综合课程的理念旨在唤起教育者用心灵浇灌教育原野，而不是仅仅为了让综合课程在学校拥挤的学科课程群中争一席之地。旨在唤醒师生原创活力的综合课程，其重点不仅仅是放在内容与组织形式跨学科程度上，而是视经验的无形整合境界胜综合课程内容整合的有形载体，借综合与分科的内在联系滋养经验与能力的整合，借综合课程的创新平台提供师生同步成长共同创造的机会。综合课程有形载体的使命，是燃起原本存在于每一个人心中的、渴求教育的星星火炬。

融理论与实践为一体是本书的立足点。本书试图从综合课程理论与实践发展的源流中深入剖析其性质，并奋力脱去综合课程晦涩的学术外衣，贪婪地吸吮综合课程实践中的创新智慧，热情地捕捉和用心沉淀长期教学和研究中相遇的原创灵气，投入把独特匠心与生存关怀融为一体的设计体验，以期让综合课程能够在师生原创力量的滋养下凝聚伟大事物魅力，凝聚滋养学生成长的营养宝库，为我国新课程改革中综合课程革新实践抛砖引玉。

为了突现本书特色，本书的写作思路和整体框架如下。

首先，用两章的篇幅从理论和实践两个方面探讨有关综合课程革新的背景，包括综合课程概念的内涵、理论和实践的发展源流。在反思国内外有关综合课程革新实践的曲折历程基础上，初步为综合课程的性质和价值正本清源，提出综合课程追求的理念，可概括为无形的经验整合境界胜有形的内容整合载体，同时无形整合境界的价值实现又需要借助内容整合载体的多元表现形态，重点突出了综合课程创新特质对于促进教师专业成长的意义。

其次，用一章微缩型地概要阐述综合课程设计原理。从综合课程革新的宗旨、目的及设计的相关理论依据，到给予操作引导的目标确定，再在梳理诸多综合课程类型的基础上建构分类的分析模式，并且突出综合课程组织中心的难点和亮点，结合鲜活的案例对组织中心进行多层面的展示，尤其挖掘教师的心智创造对赋予组织中心生命力、活化综合课程魅力的重要意义。最后还涉足探讨宏观的课程结构改革层面的组织中心，以期在这袖珍版的一章，便于读者一览综合课程设计从理论到教师创造实践的概貌和特写。

再次，对本书突出的重点是综合课程革新实施，用了两章的篇幅进行阐述。先用一章探讨综合课程革新实施的情境分析、创生取向和实施模式，在分析本土案例的基础上着重阐述综合课程实施原则，以期对实施者以实践操作启发。再专门配合一章展示首都师范大学个案学校整体运作综合课程的革新实践历程，揭示学校综合课程革新实践、教师的专业成长、学校课程结构再造和学习文化再生之间的良性互动关系，探讨如何在综合课程与学科课程内在相互渗透和相互促进中扩大革新发展空间。

最后，探讨综合课程设计、实施与评价的一体化运作过程，建构综合课程评价参照框架，凸显综合课程革新的创造主体在整个过程中的作用，通过把基本原理和鲜活案例融为一体的浓密描述，传达教师和学生在动态的设计、实施和评价过程中，在活动中的再设计与调整过程中，是如何展示和发挥他们的原创生命力。

第一章 综合课程理论反思

综合课程(integrative curriculum，又译"整合课程"或"统整课程")或课程整合(curriculum integration，又译"课程统整"或"课程一体化")是见仁见智歧义颇多且历经百余年不断演化发展的概念。鉴于综合课程和课程整合处理的是同一问题域，为方便起见，本书权且把综合课程和课程整合模糊视为同一概念范畴。

综合课程从 19 世纪末问世以来就一直面对理论上的困扰。

首先，综合课程追求的宗旨是什么？为什么学校教育需要综合课程？为什么要重构学校中占主流的学科课程文化价值？近几十年来提倡让学生获得立体放射状的、触类旁通蔓延地瓜式的整合经验和知识结构的理据是什么？这样是否潜伏着有损专业的精深导致知识浅化的危险？传统的预先设定的线性深度知识逻辑体系及内部认知结构，与立体放射状的、触类旁通蔓延地瓜式的整合经验和知识结构之间是什么关系？综合课程对整合这两方面能够做出什么独特贡献？

其次，我们应该在何种意义上理解教师和学生不仅仅是知识的消费者，而且也是知识的生产者？我们在综合课程革新实践中关注动态生成的经验时，是否还应该进一步探讨师生同专家之间主动生产知识的差别，教师与学生作为知识的消费者和作为知识的生产者之间的内在关系？

最后，综合课程相对于体系严密的学科课程，其潜在优势是什么，又如何凸显其优势？综合课程能够为师生开放探索和平等对话、共同建构生成新知识和体验民主生活提供什么支持平台？在目前我们穷国办大教育，讲究规模效率大班授课的条件下，综合课程的理念是否只是镜中花水中月，缺乏操作的现实基础？

这一系列问题，挑战着人们对综合课程的理论思考和实践探索。要把握综合课程的本质内涵，有必要先追溯其理论源流。在综合课程一百多年的发展历史中，影响理论思考和实践探索最大的有以赫尔巴特(Johann Friedrich Herbart, 1776—1841)为代表的关注内容关联和组织技巧的综合课程理论源头，有以杜威(John Dewey, 1859—1952)为首的关注经验整合的综合课程理论源头。

第一节　关注内容关联的综合课程理论源流

以赫尔巴特为代表的关注内容关联和组织技巧的综合理论源头，可以追溯到赫尔巴特的"统觉原理"与"关联原则"，以及赫尔巴特学派戚勒(T. Ziller, 1817—1882)的学科中心统合法，以及依据学科间内容整合程度考虑综合课程的不同类型的理论与实践探讨。

一、赫尔巴特的"统觉原理"与"关联原则"

赫尔巴特在"统觉团"心理学基础上，为了德性的养成而提出课程统合原则，主要是将某一学科(历史)置于中心地位而把各科联系起来，依托"统合与关联"的作用促进课程的统一。

赫尔巴特"统合与关联"的思想建立在"意识阈"的概念上。他把观念及其相互联合与冲突视为心理学的基本内容。从观念出发，他提出了"意识阈"的概念，认为任何时候占意识中心的观念，只容许与它自己可以和谐的观念出现在意识之上，而将与它不和谐的观念被抑制下去，降入无意识的状态。他提出，只有与意识中的观念有关的事物、资料和知识才容易进入意识，为意识所融化。

据此，赫尔巴特提出了著名的统觉思想，认为新观念只有与头脑中已有的其他观念相比较后才能获得。这种通过联系旧观念而学习新观念的过程即统觉过程。这种观点对于后世的学科教学、综合课程教学、学习心理学产生了重要影响。

依照统觉原理，赫尔巴特学派提出了课程论的三个原则。

历史原则——指课程和教材要按照历史的文化发展阶段来组织。

集中原则——强调各门知识或学科都要有一个统一的目的，有一个主题作为组织课程的中心。

关联原则——在组织课程中不仅应当有集中的中心，还必须在各门学科之间建立起相关的联系，离开了各学科的相关联系，也就谈不上集中。

知识的联合依赖于适当的有联系的观念。个体的兴趣由知识引起，而情感、需要和动机是兴趣的自然连续。因此，知识之间的联系有助于提高学生的学习兴趣，可以发展学生的道德品质和完整个性，要通过教学去促进和实现知识之间的真正联合。

二、戚勒的学科统合法

赫尔巴特学派戚勒的学科统合法以历史、宗教、文学为中心，统合为三大系列(见图1-1)。

第一系列：自然科；

第二系列：语言、数学；

第三系列：地理、体操、技能、唱歌。

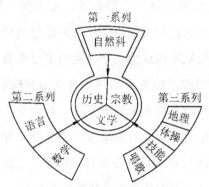

图 1-1　戚勒的学科统合法①

————————————

①　转引自钟启泉编著：《现代课程论》，88 页，上海，上海教育出版社，1989

　　图1-1中排在第一系列的历史学科教材，以历史为核心，形成一个整体。教材和教学以历史为线索，穿插文学和宗教，形成综合的中心，直接间接地同其他学科、教材相关联。简单地以生物学复演说的文化阶段论为依据，将儿童心理发展的顺序等同于人类从野蛮到文明的历史发展的顺序来处理，认为依据这个顺序排列教材，是儿童的理解能力能够胜任的。戚勒的学科统合法是赫尔巴特的"统觉原理"与"关联原则"在学校课程设置上的典型体现，但其实质只是想通过毕业生的"最后整合"来综合应用他们学到的零碎的学校知识。

　　在此后一百多年的发展历程中，尽管在用什么学科作为统整的中心和整合什么学科问题上有许多不同的观点，而这种将课程整合视为一种课程内容之间组织联结技术的思路，则是内容组织取向的综合课程的本质特点。有学者指出，"相关综合课程"与"经验综合课程"是早期的综合课程的基本形态。"相关综合课程"循着由外及内的路向，首先根据过去和成人的标准对教材进行统整，然后将这种预先统整好的教材提供给儿童，试图以此实现儿童意识的统整、自我的统整，因此，这种综合课程是以客观知识为中心的，是主知的、客观主义的。①

　　美国查尔斯·麦克默里(C. A. McMurry，1857—1929)和弗兰克·麦克默里(F. W. McMurry，1862—1936)兄弟对戚勒的"中心统合法"有深刻的理解，但是他们并不赞成戚勒的历史中心综合论，而主张地理中心综合论。查尔斯·麦克默里认为课程综合的关键是选择和确定适当的组织中心。这样的中心可以把不同科目的知识协调成为一个单独的学习项目，而且每个学习项目或一系列学习项目还要揭示出更大的一些观点的范畴和意义。这样的中心，还要成为使旧的知识内容和新的学科联系在一起的支撑点。而且，最为重要的是组织中心要与教学目的存在有机联系。麦克默里兄弟认为，这个中心学科就是地理。因为地理与教学目的存在有机联系，它能使人胸怀远大，有助于完成他们提出的把儿童培养成良好公民的教学目的。②

----

① 张华：《关于综合课程的若干理论问题》，载《教育理论与实践》，2001(6)
② 范树成：《综合课程理论流派探析》，载《外国教育研究》，2000(2)

三、关注内容关联的综合课程理论发展

从不同学科课程的内容组织产生联系的角度探索综合课程，学者们历经了百年课程整合实践研究的沉淀，已经总结出了许多不同层次课程整合的方式或类型，对课程整合设计及其评核产生了实际影响。1991年，Glatthorn和Foshay以课程设计组织中科际内容之间所产生联结的程度来衡量课程整合的水平，区分出相关课程、广域课程、科际课程、超学科课程，这种分类多被引用。1996年，莫礼时(P. Morrise)相类似描述了四种不同层次的课程整合类型，首先是"以相关性作统整"(保留现存的学习科目，只是调节两门或两门以上科目与某个学习主题相关的内容使之可以同时平行学习，以达到增强学生在学习这种主题时能够获得整体体验的目的)；其次是"以广阔的领域作统整"(也称"广域课程"，是把包含不同学科的主要元素组合起来形成的综合学科，如把历史、地理、政治、经济中的主要元素组合起来的"社会科"；把物理科、化学科、生物科组合起来的"综合科学科")；再次是"跨学科式的统整"(把两个或更多的学科部分组合为新的学习领域，如把地理和生物中的有关部分组合成"人口教育"学习领域)；最后是最高级的课程整合是"超越学科的统整"(把焦点放在主要的学习经验或重要的社会问题上，如能源、生态、战争、吸毒、暴力、种族歧视等社会问题，不尝试组合学科)。①

我国一些学者也从课程内容打破学科界限程度的角度对综合课程进行阐述。有偏重从设计科际内容之间交叉联系的组织体系角度阐述的整体观(钱大同，1989)②，有从与学科课程互补的角度强调，在了解各门科学知识之间关系的基础上获得对知识的整体印象(张庭凯，1994)③，且都认识到应该使学生获得一种整体观。近期有研究指出"综合课程是将具有内在逻辑或价值关联的原有分科课程内容以及其他形式的课程内容统整在一起的，旨在消除各类知识之间的界限，使学生形成关于世界的整体性认识和全息观念，并养成深刻理解和灵活应用知识综合解决现实问题能力的一种课程模式"④。在这些定义中，已经不满足于把综合课程看成设计的技巧，但均没有尝试从应该追求

①　[美]莫礼时，陈嘉琪等译：《香港学校课程的探讨》，69页，香港，香港大学出版社，1996
②　钱大同：《试谈小学设置综合课程的必要性》，载《课程·教材·教法》，1989(9)
③　张庭凯：《普通高中课程结构改革的探讨》，载《课程·教材·教法》，1994(1)
④　有宝华：《综合课程论》，25页，上海，上海教育出版社，2002

的宗旨高度看待综合课程。

在阐述综合课程概念时，关于学科间内容整合程度有不同观点。一种观点是要求把本来有内在联系却被人为分割的课程内容"重新整合为一体"（有宝华，2002）[1]，并且突出旨在消除学科界限，认同整合是指"有系统的整体性及其在系统核心的统摄、凝聚作用而导致的使若干相关部分或因素合成为一个新的统一整体的建构、序化的过程。"[2]似乎综合课程就应该越消除学科界限就越好。另一种观点是尊重现存的各种关联程度不一的课程整合类型的合理性，把"整合"宽泛限定为综合、联系、沟通、衔接、交叉、渗透、关联等（吕达，张庭凯；2002）[3]。联合国教科文组织在1972年合作会议上给的限定更谨慎："凡是科学概念和原理的陈述显示出科学思想在根本上的一致，而避免过早地或不适当地强调各个科学领域的区别的教学方式，都叫做综合理科教学。"[4]也有学者指出一种困境，认为那种消解了原有学科界限、综合程度最高、评价最高的一种，也是在世界范围内在实践领域最为少见的、被公认为是难度最大的一种综合课程（丛立新，2000）[5]。宾尼更尖锐地指出综合课程追求"多学科"的误区，而提倡由主题、概念、活动建构而成的网络结构的课程整合（Beane，1997）[6]。

笔者在大量的综合课程设计中也发现，综合课程设计比较容易在某一主题下发散到多学科领域，但营造可以唤起学生整体生命获得刻骨铭心的整合性体验的情境却是真正的设计实施难点。目前尚缺乏有力的数据支持多学科内容组织的整合程度与学生获得经验的整合程度之间存在线性的正相关，而国际上却有在内容组织设计上仅仅是松散的相关，却同样能够使学生获得高品质的整合性经验的成功案例。

---

[1] 有宝华：《综合课程论》，22页，上海，上海教育出版社，2002
[2] 转引自有宝华：《综合课程论》，22页，上海，上海教育出版社，2002
[3] 张庭凯：《分科视野中的课程整合——我国新一轮义务教育课程改革的新走向》，载《课程·教材·教法》，2002(4)
[4] 转引自赵学漱：《中小学教育改革》，134页，广州，广东教育出版社，1995
[5] 丛立新：《课程论问题》，188页，北京，教育科学出版社，2000
[6] Jamse A. beane, *Curriculum Integration*, *Designing the core of democratic education*, Teacher College, Columbia University Press, New York, 1997：11～129

案例:"历史会呼吸"

第一学期的上课内容是罗马时代……他们不仅花了整整一个学期(10 个星期)介绍罗马时代的英国,更是将所有的科目,如历史、地理、英文、数学、科学等教材,都以罗马时代为背景紧紧结合在一起。比如数学,这时应该教乘法,老师就教他们如何从长与宽的衡量去计算铺在罗马大厅地板那些马赛克砖的数目。再如地理,他们也花了三天在描绘整个地中海当时的地图。简化的罗马神话,则是文学阅读的读物。简约地说,学校以历史发展向学生阐述英国人的社会生活。(陈淑玲,1998)[①]

"历史会呼吸"案例,在内容组织方式上是综合课程中基本保持学科界限,只是所学习的不同学科内容安排在相同时间使彼此发生联系,是学科联系程度最弱的综合课程。然而,学生们在学习的过程中,却能够整个身心沉浸在古罗马历史中,获得刻骨铭心的整合性经验。

因此,把内容的"整合"宽泛限定为综合、联系、沟通、衔接、交叉、渗透、关联等的观点(吕达,张庭凯,2002)具有一定的合理性。一种使得学生获得高品质的整体性体验但在学科内容的整合上只是松散的相关设计的整合课程,优于在科际内容关联组织技巧天衣无缝但学生获得的经验方面却与分科教学相差无几的花架子综合课程。也有学者针对我国课改中综合实践活动课程"高声叫好,低声叫苦,欲做不能,欲罢不忍的尴尬",指出日本的综合学习时间聚焦"生存力"的培养,主要通过精简学科内容挤出综合学习时间,突出其弹性灵活性的启示。[②] 从这点来看,联合国教科文组织给出的综合理科教学的宽松概念,更容易体现综合课程与学科课程的内在联系,无疑有益于引导教师把综合课程教学渗透于日常点点滴滴的教学行为中,有益于引导教师把日常优秀的教学行为态度应用于课程整合上,便于使综合课程革新成为教师顺着学科教学的优秀经验进一步发挥其创造潜力的更广阔平台。

应该指出的是,虽然不赞成以课程内容的整合程度与组织技巧为唯一的

[①] 陈淑玲:《小女游学英伦——教育体制外的一扇窗》,150 页,台北,天下远见出版股份有限公司,1998

[②] 黄伟:《课程创新与历险:喧闹之后再沉思——我国"综合实践活动"与日本"综合学习时间"之比较》,载《比较教育研究》,2005(7)

衡量（虽然是重要的衡量），但并不排除我们集优秀教师团体、社会专业高手之智慧、现代信息技术提供的跨学科、跨人文、科学与技术、跨学术性知识与社会所需的专业化知识之间整合的巨大潜力，在课程整合的设计规划、课程整合实施过程中的动态生成、评核的经验整合价值引导等所有环节，为学生提供更多的获取刻骨铭心的整合性极致体验的挑战机会。

第二节　关注经验整合的综合课程理论源流

如果侧重科际内容组织联结技巧的取向在历史上可以追溯到赫尔巴特和威勒的"教材联络和教材中心"，那么把获得整合性经验作为综合课程的宗旨理念来追求的观念，也可以在美国 20 世纪前期进步主义教育运动的理论与实践中寻求到源头。其理论源头显然是杜威的经验主义教育哲学。杜威的经验主义教育思想体系赋予"经验"丰富的内涵，成为综合课程改革中从侧重科际内容组织联结的技术到关注学生经验的整合思想的发展源头，为我们从"学生是否获得了整体的经验"这个角度理解"课程整合"的教育哲学基础，向教育所追求的宗旨理念层面洞悉综合课程的理论。

一、杜威的经验整合课程理论

杜威从本体论意义上提出的经验理论是经验整合取向的综合课程的理论奠基。按照杜威的经验主义哲学，经验的主动方面包括人的主观意愿、希望和计划、尝试动作和实践活动；经验的被动方面包括所有被经验的对象，其中有人和自然、心和物、所承受的活动和活动的结果。杜威特别强调经验是人的有机体与环境的"相互作用"，在这种相互作用中，有机体不仅是被动地适应环境，而且也对环境起作用，环境中所造成的变化反过来对有机体及其活动起反作用。在他的思想体系中，力图采用经验的方法消除经验与理性的对立，主张把主体与客体、心与物、人与自然，都纳入一个统一的经验整体之中。

杜威用"生长""改造""发展"等含糊术语表示教育目的，也很适合描述综合课程追求过程的丰富和获得整合性经验的目的。"生活就是发展；而不断发展，不断生长，就是生活。用教育的术语来说，就是教育过程在它自身以外无目的；它就是它自己的目的；教育过程是一个不断改组、不断改造和不断转化的过程。"①"教育就是经验的改造或改组。这种改造或改组，既能增加经验的意义，又能提高后来经验进程的能力。"②

　　同样，知识不再是凝固不变的东西，它在社会自身的一切潮流中积极地活动着。认识和有目的地改变环境的活动之间存在一种连续性。知识是一种智慧，是一种审时度势运用智慧的心理倾向，是调动这种智慧心理倾向解决一个令人困惑的问题的行动。

　　杜威批评教育中的一个主要缺陷是在儿童的经验与教学科目之间横隔一道鸿沟。固守学科中心论使儿童服从于分门别类的教学科目，儿童完整而统一的经验被肢解，因为教学科目是科学发展的产物而非儿童经验的产物。知识膨胀不得不进行压缩或删减，又破坏了教学科目本身的逻辑；持儿童中心论者则满足于儿童兴趣和能力的自发性，排斥对儿童心智的训练，这就从另一个方面阻碍了儿童的发展，与学科中心论具有同样的二元论思维方式的错误。

　　杜威在强调主体与客体、心与物、人与自然的统一性的经验理论基础上，阐述了关于儿童、课程内容和社会之间内在统一的课程观，重点放在儿童与课程内容及其环境的相互作用的性质、过程与结果方面。"抛弃把教材当做某些固定的和现成的东西，当做在儿童的经验之外的东西的见解；不再把儿童的经验当做是一成不变的东西，而是把它当做某些变化的、在形成中的、有生命力的东西；我们认识到，儿童和课程仅仅是构成一个单一的过程的两极。正如两点构成一条直线一样，儿童现在的观点以及构成各种科目的事实和真理，构成了教学。从儿童的现在经验进展到以有组织体系的真理即我们称之为各门科目为代表的东西，是继续改造的过程。"③

　　杜威从机能主义心理学原理描述儿童现在的经验，从儿童四类天性的本能(instinct)、冲动(impulse)和兴趣(interest)来理解儿童的现有的经验。第一类是"社交本能"(the social instinct)，是指儿童在谈话、社交和交往中所表

　　①　[美]杜威：《民主主义与教育》，载赵祥麟、王承绪编译：《杜威教育论著选》，154页，上海，华东师范大学出版社，1981
　　②　同上书，159页
　　③　[美]杜威：《儿童与课程》，载赵祥麟、王承绪编译：《杜威教育论著选》，81页，上海，华东师范大学出版社，1981

现出来的兴趣，语言本能是儿童社会表现的最简单的形式；第二类是"制作本能"(the instinct of making)，是指儿童在游戏、运动、制作材料等方面表现出来的兴趣，又称"建造性冲动"(the constructive impulse)；第三类是"探究本能"(the instinct of investigation)，它是指儿童探究或发现事物的兴趣，儿童并没有多少抽象的探究本能，探究本能似乎是源于建造性本能与交谈本能的结合；第四类是"艺术本能"(the art instinct)亦可称为"表现性冲动"(the expressive impulse)，它也产生于交往本能和建造性本能，是交往本能和建造本能的精致化与完满表现。杜威认为这四类兴趣是儿童的自然资源，儿童后天的经验是在这四类兴趣的基础上发展起来的，儿童心智的积极生长依赖于对这四类兴趣的综合运用。[①] 因而，学生在综合课程中获得的整合性经验是建立在这四类兴趣及相应经验的基础之上。

杜威认为框架隔离式学校科目分割了学生的经验，指出要通过学校与生活的联系解决学科的联系和学生经验的整合联系，鼓励学校让师生真正经历民主生活方式：

一切的学科，都是从唯一的大地和寄托在大地上的唯一的生活的各方面产生的。我们并没有一系列的分层的大地，一层是数学的，另一层是物理的，又一层是历史的，等等。在任何单独的那一层里，我们都不能生活得很长久。我们生活在所有各个方面都结合在一起的一个世界里。一切的学科都是在这一伟大的共同世界的各种关联中产生的。当儿童生活在属于这个共同世界的不同的但又是具体的和生动的关联中，他的各门学科就自然地统一起来了。对于各门学科的联系将不再成为问题。教师将不必要以各种方法把一些数学编到历史课中去，诸如此类，等等。只要把学校和生活联系起来，那么一切的学科就必然地相互联系起来了。[②]

综合课程是要在学校展示伟大的共同世界的各种关联，通过学校与生活的联系把各学科自然联系起来，这是杜威给综合课程理论与实践探索的最重要忠告。

二、帕克的儿童中心统合法

如何"从儿童的现在经验进展到以有组织体系的真理即我们称为各门科目

---

① ［美］杜威：《学校与社会》，载赵祥麟、王承绪编译：《杜威教育论著选》，29～45 页，上海，华东师范大学出版社，1981，

② 同上书，62 页

为代表的东西"确实是现代教育的难题，综合课程其实是为了解决这一难题提供的更弹性灵活的课程形态。进步教育之父帕克(F. Parkar，1837－1902)的儿童中心统合法，是既吸纳了赫尔巴特的中心统合思想又贯彻了进步主义教育理念的典型案例。

帕克的中心统合法以儿童为中心统合，中心向外围依次为(见图1-2)：

能源、物质；

物理、化学、生物；

历史、人种学、人类学、动物学、气象学、天文学、地理、地质学、矿物学；

注意方式：观察、听、阅读；

表达方式：写、说、描画、彩色、造型、制作、音乐、姿势；

判断方式：形、数。

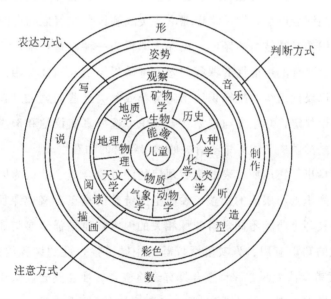

图 1-2　帕克的儿童中心统合法①

---

① 转引自钟启泉编著：《现代课程论》，92 页，上海，上海教育出版社，1989

整个课程以指向周围的事物（生命现象、物理现象、化学现象）的自发活动为基础。以地理为首的一些学科为中心学科，相互综合展开教学。

当然，这种以儿童为中心的统合在实践中的挑战和困难不言而喻。杜威在1936年回顾芝加哥实验学校的课程改革问题时就已经认识到，要解决使儿童的经验与专门的有组织的知识有效地相互作用的问题是非常困难的，承认即使是在师资条件优越的芝加哥实验学校，这个问题也"并没有解决好，而且永远不可能彻底解决。"关于课程和教材的理论，只是作为工作假设，引起人们继续深入地进行研究和思考。①

三、经验整合取向综合课程的现代多维理解

对杜威经验整合取向综合课程思想的现代发展，目前许多学者关注并认同宾尼（James A. Beane）在1997年出版的《课程整合：设计民主教育的核心》一书中的观点，从经验的整合、社会的整合、知识的整合和课程设计的整合四个方面阐述综合课程，批评课程理论与实践领域存在着把综合课程削减为一种课程组织的联结技术的倾向，视综合课程为一种教育哲学，一种旨在提高个人与社会融合的可能性的课程理念，将课程与个人和社会相关的重大问题和事件加以设计组织，把知识应用到解释或解决这些问题上。其主题是由教育者和学生界定，学生参与规划背景知识，选择真实议题和形成整合的组织中心，鼓励活动中与组织中心有关的学习经验的动态生成。②

游家政指出，宾尼所代表的是后现代的课程整合观念，认为以学科或科目为基础的组织技巧层面的统整，没有把握统整的真正含义。课程统整不单纯是在组织技巧上跨越不同学科领域相关的内容，而是强调参与式的课程计划、脉络性的知识应用、真实生活议题的主题、整合性的课程组织（Beane，1997）③。黄甫全认为西方课程整合具有经验整合、社会整合、知识整合和课程设计整合四个向度，并认为宾尼1997年发表的《课程统整——民主教育设

---

① 赵祥麟：《杜威》，载赵祥麟主编：《外国教育家评传》，第二卷，529页，上海，上海教育出版社，1992
② Jamse A. beane, *Curriculum Integration，Designing the core of democratic education*，Teacher College, Columbia University Press, New York, 1997：4~9
③ 游家政：《学校课程统整的行动研究——一组教师团队的经验》，课程整合论坛，2002-02-06

计的核心》从内在一致性上全面探讨了课程统整的理念。[1]

2002 年在香港召开的课程统整专题研讨会上，内地学者提出分科视野下的课程整合、香港地区学者提出看不见的课程整合理念、台湾地区学者提出经由课程设计的统整达到经验、知识、社会的统整，都反映了一种共识：仅仅把课程整合视为课程内容选择和设计组织的技巧是不够的，应该把课程统整提升到应该追求的宗旨和理念高度。

内地代表提出分科视野中的课程整合，以学科内整合和科际渗透、学术性知识与实用性知识、学科资源与生活资源、学习方式与教学方式、学习过程和学习评价、校内学习与校外实践活动之间整合的开阔视野，勾勒了分科视野中的课程整合蓝图。[2]

香港地区有代表发言描述了一种无形胜有形的看不见的课程统整境界（陈嘉琪，2002）。王启淞强调"课程指一系列学生进行学习的历程，即建构知识的历程。课程统整指一种活动，它对学习的历程进行评核、判断、设计、联系，务使它从各观点透视，其组成部分都能够相互配合，使它对学生知识的建构产生整体性的效果"。

这种谋求人的整合和学校革新体制整合相统一的理念，追求学生知识和能力建构的整体性效果，并从中获得内发乐趣和极致体验的课程整合活动，确实显示出一种对课程内容组织设计整合的超越，突出了看不见的整合境界。

台湾地区学者欧用生在后现代课程理论的基础上提出"课程统整是经由课程设计的统整，以达成经验的统整、知识的统整和社会的统整"。强调课程统整意欲达到以下三种整合。

经验的统整，指学生不单是专家生产知识的消极接受者，学生自己能够生产知识，使知识融入个人的生活、能够思考并创造意义，了解自己，课程统整的起点是经验与关于世界知识的疆界的交汇点。

知识的统整，课程统整不是仅仅以常识性主题为统整中心的，不是互相仿效、千人一面、知识浅化，而是知性的问题，需教导学生从不同学问中整

① 黄甫全：《课程整合基本理念的比较》，载林智中、张善培、王建军、郭懿芬编：《课程统整——第四届海峡两岸课程理论研讨会论文集》，161～167 页，香港，2002
② 张庭凯：《分科视野中的课程整合——我国新一轮义务教育课程改革的新走向》，载《课程·教材·教法》，2002(4)

合知识及其思考方式，善于在学问之间的概念、原理、思考方式之间进行有意义的交流，利用不同的学术视野解决复杂问题。

社会的统整，提倡设计能够贡献整体社会公共之善的课程，提供给年轻人合作地、明智地考虑关心社会共有的、反映人民需求和兴趣的问题，学习批判地探讨问题情境和一起尝试处理解决有争议的复杂问题，在这些过程中学习尊重不同的理念和意见，以凝集青少年共同经验民主生活方式（欧用生，2002）[①]。

这种观点意味着把课程设计的统整视为达成经验、知识、社会统整目的的手段，课程设计统整不仅仅是技术性工作，而是有明显的价值预设，课程统整设计要扩大和超越现有课程的疆界，建立学科和学问之间、知识的专门化和社会分工的专门化之间的新联系。

综上，综合课程历经了百年实践研究的沉淀，对内容载体综合程度的关注和对学生获得整合经验的关注也在此消彼长，后者的日益强势发展又基于对前者发展的停滞及困境的反思。讨论的视野广泛涉及综合课程如何借由组织设计的整合，引入社会的、知识的整合性主题，达成学生内发乐趣和极致经验的整合。对综合课程设计、实施与评价中的人、综合课程实施中师生经历的民主生活过程体验，学校教师的学习文化与课程重建的内在联系，都给予了全方位的关注。

第三节　综合课程概念诠释

有关综合课程理论源流的历史梳理，说明教育界给综合课程赋予了丰富的内涵和寄予了很高的革新价值期望。我国的新一轮课程改革已经把课程整合作为一种教育的宗旨理念来追求。

然而在目前学科课程仍然在学校占统治地位的实践环境中，如何实现课程整合革新的教育宗旨呢？基础教育改革关注的焦点问题是如何在制度上调

---

① 欧用生：《从综合活动课程谈台湾课程统整的趋势》，载林智中、张善培、王建军、郭懿芬编：《课程统整——第四届海峡两岸课程理论研讨会论文集》，255～265 页，香港，2002

控基础性与专业性之间的平衡。在教与学的过程中，寻求外部体制强制性的要求与内部心灵的渴望之间的结合点是最大的难点，前者的失衡会严重制约后者，后者的平衡则在最实质的层面上决定了前者的质量。要使得我国新课程改革中的亮点——综合课程，真正能够在宏观与微观领域的协调中发挥重要的作用，对寻求外部体制强制性的要求与内部心灵的渴望之间的平衡起到调节作用，有必要更深层认识综合课程的实质内涵，在新的理论实践背景下再概念综合课程。

一、已有综合课程概念界定的启示

综合课程理论关注不同科目内容关联程度和关注学生获得整合经验这两种取向在不同历史阶段的此消彼长，对经验整合日益丰富多元的发展又基于对内容组织关联的探索，这些对结合综合课程改革的现代背景深入反思其出路和发展前景，对综合课程概念的深入阐述，是必要的奠基。为了在综合课程概念再构中更具体找到论述的切入点，下面把前人有关综合课程概念的界定，参照两种理论发展源流简要梳理为如下三种类型。

第一种类型，只是要求针对学科间框架隔离的缺陷使得学科之间内容要产生关联。如下述综合课程概念界定。

通常所说的课程一体化，就是试图把分割开的学习科目紧密联结在一起。①

综合课程是针对学科课程的缺点而采取合并相邻领域学科的办法，把几门学科的教材组织在一门综合的学科之中。②

综合课程是指打破了传统分科课程的知识领域，组合了两个以上的学科领域构成一门学科。③

所谓统整（Integration），系指合成一体或关联起来的意思。课程的内容和活动，其组织必须使学习者将所学的概念、原理、原则关联起来，成为有意义的整体。④

① ［瑞典］胡森主编，江山野主编译：《简明教育百科全书·课程》，30页，北京，教育科学出版社，1991
② 陈旭远：《国外中小学课程改革的基本趋势及其启示》，载《外国教育研究》，1991(3)
③ 白月桥：《我国中学综合课程研究现状与改革前景》，载《教育研究与实验》，1992(2)
④ 黄政杰：《课程设计》，297页，台北，东华书局，2000

第二种类型，比较关注内容组织策略或关联程度。

其中，有关内容组织的方法，提出可以围绕"基本技能""知识""现实生活""学习技能和策略""不同学科在原理、方法等方面的一致性"等组织。

有关学科之间内容关联的程度上，虽然确实成为划分综合课程类型的维度之一，但在下述综合课程概念界定中，显然有不少认为只要产生了关联就是综合课程。也有的强调需要有机整合，只有一种界定把消除学科界限产生统整联系给予重点关注。这类界定如下。

准确来说，什么是综合课程？给它一个最简单的概念，就是要建立联系。哪种类型的联系？跨越学科抑或现实生活？联系是基于技能还是基于知识？为综合课程下定义是 20 世纪伊始就是大家讨论的主题……尽管通常起的名字都不一样，综合看起来是一个有关程度和方法的问题。[1]

"课程统整所采途径多为内容取向(content-oriented)的统整，而后设课程统整(metacurriculum-integration)是属于技能与策略取向(Skill-oriented)的课程统整，主要为了能帮助学生获得所教授的课程内容以及发展独立思考与学习的能力。"内容取向的课程统整是为了达到知识、经验、社会，以及课程设计的统整，而后设统整课程关注学习的技巧与策略，是基于有助于学习的一般或特定的课程内容。[2]

联合国教科文组织在 1972 年的谨慎界定："凡是科学概念和原理的陈述显示出科学思想在根本上的一致，而避免过早地或不适当地强调各个科学领域的区别的教学方式，都叫做综合理科教学。"[3]

综合课程是依据一致性原则，将学科间相近的内容、方法、原理等要素进行统整而形成的一种课程。"综合课程实际上是由一系列相邻学科中有代表性的概念、研究方法、个别课题、研究综合性复杂问题完成某些设计等组成。"[4]

"综合课程应该是一种采用各种有机整合的形式，是使学校课程系统中分

---

① ［加］Susan M. Drake，［美］Rebecca C Burns，廖珊、黄晶慧、潘雯译：《综合课程的开发》，8～9 页，北京，中国轻工业出版社，2007

② 徐静娴：《课程统整的另类思维》，载课程与教学学会主编：《课程统整与教学》，29～34 页，台北，杨智文化事业股份有限公司，2001

③ 转引自赵学漱：《中小学教育改革》，134 页，广州，广东教育出版社，1995

④ 韩骅：《国外中小学课程改革的基本趋势及其发展》，载《外国教育研究》，1991(1)

化了的各科知识、各要素及其成分之间形成有机联系的课程形态"，它打破了原来学科界限，是原来学科课程的补充和超越，而不是学科课程的简单相加拼凑的"大杂烩"。这不是综合课程的本质，也不符合我们当今素质教育创造型人才培养目标的要求。[①]

有把综合课程与主题教学紧密结合的界定："'课程统整化与主题教学'就是从尊重学习者为主体的立场出发，打破学科的界限，结合生活经验，提供完整的、主动探索的学习方案。"有英国的"统合教学日"、德国的"合科教学"、美国的"科技融合""超学科"的统整课程和日本的"综合学习"等。[②]

整合是指"有系统的整体性及其在系统核心的统摄、凝聚作用而导致的使若干相关部分或因素合成为一个新的统一整体的建构、序化的过程"[③]。"综合课程是将具有内在逻辑或价值关联的原有分科课程内容以及其他形式的课程内容统整在一起，旨在消除各类知识之间的界限，使学生形成关于世界的整体性认识和全新观念，并养成深刻理解和灵活运用各种知识，综合解决现实问题能力的一种课程模式。"[④]

第三种类型，突出通过内容的关联达到经验整合的概念界定。有如下述综合课程概念界定。

课程统整是经由课程设计的统整，以达成经验的统整、知识的统整和社会的统整。[⑤]

综合课程是"将相关的知识内容及学习经验整合地组织在一起，使课程内的各项知识及经验成分，以有意义的方式紧密地连接成一个整体。……可以让学生在学习的过程中，比较容易学习到知识的意义、得到完整的经验、因而达到更佳的学习效果"，还更容易把知识与经验应用于生活，提升学习兴趣，打破学科隔离，促进学习。[⑥]

[①] 周海银：《关于综合课程的思考》，载《山东教育学院学报》，2003(3)
[②] 陈木金教授指导：《学校本位的课程统整与主题教学》，编序三，台北，杨智文化事业股份有限公司，2001
[③] 黄宏伟：《整合概念及其哲学底蕴》，载《学术月刊》，1995(9)
[④] 有宝华：《综合课程论》，25页，上海，上海教育出版社，2002
[⑤] 欧用生：《从综合活动课程谈台湾课程统整的趋势》，载林智中、张善培、王建军、郭懿芬编：《课程统整——第四届海峡两岸课程理论研讨会论文集》，255~265页，香港，2002
[⑥] 高新建：《发展以基本能力及能力指标为本的统整课程》，载课程与教学学会主编：《课程统整与教学》，93~94页，台北，杨智文化事业股份有限公司，2000

综合课程是使学生在了解各门学科知识之间关系的基础上对知识形成整体印象的一种课程。如"综合课程是为了弥补学科课程的缺陷而提出来的，其目的是加强学科之间的联系，让学生在更广阔的领域学习和理解知识的真正意义，在了解各门科学知识之间关系的基础上获得对知识的整体印象"[①]。同时，尊重现存的各种关联程度不一的课程整合类型的合理性，把"整合"宽泛限定为综合、联系、沟通、衔接、交叉、渗透、关联等[②]。

综合课程强调整体性，从世界是一个相互联系、相互作用的完整体系出发，在内容上强调选择各学科之间具有内在联系的知识，构成一个综合的体系，尽可能广泛地利用综合性的问题、整体化的和有结构的阐述方法进行教学，使学生学会用整体的观点分析事物，发展综合思维能力和创造能力[③]。

统整课程中强调情境学习和全面的理解途径，有助于培养学生的概念建构、自我思考和自我导向学习、问题解决能力、人际关系技能，以及适应学习风格[④]。

有关综合课程理论发展源流和概念界定内涵的归类梳理说明，学者们在界定综合课程概念内涵时大多自觉或不自觉地或站在两大理论发展源流之一轨，或力图综合折中两者的优点。有偏重内容及其组织的，有偏重综合课程中学生实质上获得的经验的，有把两者之间的联系融入概念的表述中的。这一点非常突出地体现在宾尼 1997 年发表的《课程统整》的专著中，指出综合课程追求"多学科"的误区，而提倡由主题、概念、活动建构而成的结构网络式的课程整合。强调参与式的课程计划、脉络性的知识应用、真实生活议题的主题、整合性的课程组织[⑤]。

"所有的课程设计都宣称建立这种知识与那种知识的联系——与过去，与社区联系，多学科等，但是我这里所说的课程设计要寻找的是所有方向的联系。源于这种特殊形式的一致，它被称为课程统整。"……这所有方向的联系

---

① 张廷凯：《普通高中课程结构改革的探讨》，载《课程·教材·教法》，1994(1)
② 张庭凯：《分科视野中的课程整合——我国新一轮义务教育课程改革的新走向》，载《课程·教材·教法》，2002(4)
③ 钱大同：《试谈小学设置综合课程的必要性》，载《课程·教材·教法》，1989(9)
④ 转引自周佩仪：《课程统整与课程分化》，载课程与教学学会主编：《课程统整与教学》，18页，台北，杨智文化事业股份有限公司，2000，
⑤ Jamse A. beane, *Curriculum Integration*, *Designing the core of democratic education*, Teacher College, Columbia University Press, New York, 1997；11~18

既包括课程的组织方面，"将课程统整理解为包含几个概念的框架，即从重要的自我或社会问题中提取出的组织中心、合作设计、知识统整、应用程序等"。……也包括课程实质发挥的功能方面，"某种课程形式意味着可以促进民主实践、对社会问题的批判性分析、合作性的问题解决以及民主社会的统整"。(Welfinger & Stockhard，1997)[①]

本书认为，偏重综合课程内容组织阐述的优点突出了可操作借鉴，偏重获得整合性经验的阐述突出了值得作为综合课程宗旨来追求的价值定位，突出通过内容的整合达到经验整合的概念表述则以目的与手段的统一为追求。本书要在吸纳已有概念界定各自优点的基础上，结合综合课程在现代社会的理论困惑及实践难题，试图对综合课程概念给予更深入更鲜明的诠释。

二、综合课程再概念：无形的经验整合境界胜有形的内容整合载体

(一)综合课程再概念的现代背景

全球化时代以其信息社会交往方式超越时空限制的巨变，带来全球缩小、处处为邻，而引发全球国家、地区、民族乃至个人在经济、政治、社会文化生活方式等方面发生剧烈变化。由于网络商务活动快捷便利，个体与全球经济活动的联系日益紧密，使经济上由全球战略构想向全球资源优化配置及技术合作转变，"资本全球化"向"知本全球化"战略转移，全球经济融合要素与冲突要素俱增；政治上由霸权主义向多边关系协调制约位移，出现"一体化"与"多元化"并存格局；社会生活方式由沿袭传统到多元多态；制度变革由科层管理转向挖掘社会资本、注重社群主义和谐建构；文化形态由单一中心向多元并行的知识形态转变……这一变迁背景是促使综合课程概念再构的直接冲击力量。

全球化促进着教育的培养目标和课程内容国际接轨，要求把全球化时代所需求的国际开放理解和人道正义、可持续和平发展、人类命运共同体、全球生态环境等全球美德，把科学与人文关注并重、全人类利益高于一切、多元化相互依赖、可持续发展等全球意识，真正融入现代教育对人的基本素养

---

① Jamse A. beane, *Curriculum Integration*, *Designing the core of democratic education*, Teacher College, Columbia University Press, New York, 1997：1、97、100

的培养宗旨中。更重要的是，全球化导致人与世界虽然便捷频繁接触，却又日益心灵疏离的悖论。传统上受升学导向严重制约的教育体系，更潜伏着带来学校学习与学生生命和生活疏离的危机。综合课程理念是直接面对世界的多元发展催生年青一代个性多元丰富发展的成长需求的挑战，尤其是年青一代对全球化浪潮的敏感与开放，对五彩缤纷世界的超凡感受力，对个性丰富独特、审美品位、细腻情感、理性思考和人文关怀的渴求，这些都将直接挑战综合课程革新，成为促进综合课程适应现代多元教育需求的推动力量。

年青一代个性多元丰富发展的成长需求也更加深了人们对教育本质的理解。教育就是试图从自我内部"引出"智慧内核，只有这智慧内核才有力量抵制谬误，用真理启迪生命。引出智慧需要进入心灵的"会话"，是靠引出理智反思的自明自断，而不是靠外部灌输或规范。教师为了深化自己对自我与学生的理解，为了自身潜能的解放，需要倾心投入将自我奉献给予年轻人的对话中，以这种心灵对话旅程的方式找回与他人密切联系的自我，师生共同教导自己认识自我。①

相应，课程内容应该是多层面的，将技术与人文、理性与直觉、科学与灵性、已知与创新、严肃与游戏、网内之鱼和网外之鱼相互结合起来。课程必须具有丰富性，允许多种可能性和多种解释，适量的不确定性、异常性和模糊性。多尔设想了一种后现代课程，促使人类创造性组织与再组织经验的能力在有效环境中发挥作用，这一开放的系统鼓励学生和他们的老师的深层对话，在对话之中创造出比现有的封闭性课程结构更为复杂的学科秩序与结构。"今日主导教育领域的线性的、序列性的、易于量化的秩序系统——侧重于清晰的起点和明确的终点——将让位于更为复杂的、多元的、不可预测的系统或网络。"②教师的角色不再是知识源，而是转变性的。课程不再是跑道，而成为跑的过程本身。

综合课程作为一种比较弹性开放的课程组织形态，对实现上述课程理念给予了厚望。宾尼把综合课程倡导为一种让年轻人共同经历民主生活方式的

---

① [美]帕克·帕尔默，吴国珍，等译，杨秀玲，审校：《教学勇气——漫步教师心灵》，导言，上海，华东师范大学出版社，2005
② 小威廉姆·E.多尔，王红宇译：《后现代课程观》，5页，北京，教育科学出版社，2000

国家课程，主张把人们自己和所生活的世界所共同关注的问题，如未来的生活、冲突和偏见、财富的分配和公平、环境问题、精神和心理健康、政治上的不公平等、作为课程组织的中心。

国家课程，应让年轻人一起去经历民主和民主的生活方式。这意味着，应学会就共同关注的问题一起讨论，学会将个人利益与公共利益相统一，学会将所学知识灵活运用于实际存在的问题中。意味着，学会严格地去探究问题的真实情境，学着去听取各种意见和观点。意味着，去研究人们在现实生活中所面临的实际问题。①

从综合课程理论发展源流可以看出，20世纪前期的综合课程主要是学习与经验的整合，是以学习者为中心的整合，认为学习之所以支离破碎是因为对学习者没有意义。20世纪70年代以后，在课程领域再概念化运动的冲击下，按照社会批判课程理论，有关课程的目的、内容、结构的讨论更多联系到宏观的社会结构对人的分层和意识形态批判，期望唤醒人们的意识去改革社会。课程统整也以社会问题为中心，各种后现代主义的思潮反映到综合课程领域，也更强烈要求消解学科界限，开放地对待当代文化和社会现象的多样性，倡导以跨文化、跨学科的方式进行整合性对话。

这些，是我们更深入认识综合课程本质的重要背景。

(二)无形的经验整合境界胜有形的内容整合载体

从综合课程理论发展源流的两大历史轨迹，依稀可辨的是两种发展源流融合的趋势。上述背景因素分析的直接启示是，对综合课程进行概念再构需要澄清的一个基本问题是，内容组织需要为达到整合性经验服务，综合课程该学习什么、如何学的问题必须同时帮助澄清为什么学，学习之后学生身上将发生什么变化的问题。对综合课程概念本质的阐述，无疑需要重点关注学生获得了什么经验。

本书受到学术界对课程整合概念百年探讨锤炼的启迪，作为对目前理论与实践困惑的反思和对实践中成功经验的总结，认为综合课程是为了学生获

---

① Jamse A. beane, *Curriculum Integration*, *Designing the core of democratic education*, Teacher College, Columbia University Press, New York, 1997：92

得整合性体验，在更广泛的领域理解知识的意义，使分割开的学习科目产生关联，结合学习经验和社会生活，利用综合性问题、整合性组织中心形成学习方案，促进合作参与和开放探索，经历民主生活体验的实质性学习机会。

这个界定的前提是，综合课程是借有形的内容整合载体帮助学生获得无形的整合性经验，无形的经验整合境界胜有形的内容整合载体，追求经验的整合境界既是综合课程理念宗旨的诉求，也是综合课程籍内容组织的整合形式走出实践困境的出发点。①

课程整合概念从侧重科际内容组织联结的技术到关注把课程中获得经验的整合作为一种宗旨理念来追求，对综合课程改革实践的直接意义，在于对某些重要观念的澄清：除了受教育者获得整合性经验以外——这种经验滋养着人的健康发展同时又构成人的整体发展的重要内涵。我们很难想象把建构某种完善地整合好了的新学科或者把消解模糊学科界限、把减少重叠和加快学习速度的效率当做教育的宗旨理念来追求。最本质、最值得追求的整合价值是师生在借鉴或创设情境进行共同活动的过程中获得整合性的经验。这里的经验当然不是儿童中心的经验，不是与学科、社会相冲突的儿童自发兴趣、冲动或放任自流，而是学生所获得的、探索社会生活实际问题解决之道中值得当做宗旨理念来追求的整合性经验。

"整合性经验"含义极端丰富且多层次。首先是产生多种经验的联系整合，从点点滴滴的学科知识学习经验与社会生活经验之间的整合，科际知识渗透学习的经验整合，综合解决问题的能力，到跨域转换横向贯通生成创新，创造能力淋漓尽致发挥的经验整合；其次是相伴综合实践过程产生的丰富情感体验，在交流、辩论、合作中获得默契、平和、坦诚等美好感受，乃至综合创造活动中的流畅自如状态、内发乐趣、倾心投入的极致体验；还表现为经心灵之间的共鸣、启迪、滋润后，超越学科之间、人与学科之间、人与自然社会环境之间、精神与物质之间的界限，所经历的对人、对事、对自我的一种清澈透视，对某种精神境界的沐浴沉浸。总之，这里的经验整合，不仅包含了关于学科内容的整合、各种能力的整合运用、知识与生活经验的整合，

---

① 参见吴国珍：《走出综合课程改革困境的反思》，载《教育发展研究》，2006(3)

更包含了涵养人性、升华精神境界的无价经验整合。

整合性内容载体虽然不是综合课程的充分条件，但却是必要条件。有形的整合载体要求有组织地使两门或两门以上的学科知识产生联系，其联系的方式可以多层次多形态。多层次指内容载体整合的程度可以由强至弱渐次呈现，或形成新的跨学科领域，或科际关联渗透，或仅仅模糊淡化某些学科界限；多形态主要由千变万化的概念、原理、主题、问题等组织中心来呈现。组织中心是综合课程最活跃最具有凝聚力和渗透力的因子。

有形的整合载体的选择和组织永远为促进学生获得"整合性经验"的目的服务，而任何层次任何形态的综合内容载体，操作中任何减少重叠和加快学习速度的效率考虑等，都是为让学生"获得整合性经验"这一根本宗旨服务。至于采用什么类型的综合课程、用什么样的组织形式，引导什么样的学习方式等来达到这根本的宗旨，则可以呈现出无穷的变化。

三、"浅化"与"泛化"悖论中的综合特色

读者或许要问，如此界定综合课程的实质内涵，是否有"蜻蜓点水"之浅和"一筐装太多"之泛？"浅化"或"泛化"的质疑主要有：综合的要求是否太低？怎么几乎可以接纳仅仅模糊淡化学科之间界限的综合？"整合的经验"又怎么可以似乎无所不包？而且，"整合经验"的重要特征又几乎重叠于许多其他类型的课程特征，比如研究性课程、校本课程、探究性课程甚至学科课程等。

在回答上述问题之前，先直面现实问题和反思现实中存在的认识误区。

(一)对现实问题的反思

综合课程改革涉及一种由下而上的计划结构的改变，要求放开集权管理课程的限制，强调在班级中师生共同策划课程，要求把教师和学生从各种束缚中解放出来，给予教师专业化更大的挑战和足够的发展机遇，与历史久远的对课堂实施官僚主义控制的意图背道而驰，要求在课程中创设民主的氛围，消解或替换在学校中完全被标准化了的时空和沟通结构。同时，还要面对学者、出版社或其他人的权威性认可的挑战。[1] 其阻力可想而知。

---

① Jamse A. beane, *Curriculum Integration*, *Designing the core of democratic education*, Teacher College, Columbia University Press, New York, 1997：92

尽管如此，一方面，综合课程的改革理念和实践成就也有足于抵制上述困难的力量。正如学者指出的：

那些支持课程整合的人相信，学生拥有变得有智慧、知识渊博、视野开阔、寻求自己世界的意义、参与重要的社会争论、追求真理、了解真相、批判性思考、形成价值观、做出判断及受到尊重的权利。①

但是，另一方面，综合课程改革现实中确实存在一些认识上的误区。

误区之一：认为综合仅仅是为了平衡专业的局限，一讲专业就精而深，一讲综合就浅而广。

误区之二：跨越学科越多，消除学科界限越彻底，课程的综合水平就越高。

误区之三：对经验整合的窄化理解，认为经验的整合仅仅对应于多学科知识的交会。在现实中，在高年级阶段，不是所有教师和学生都可以接受学科知识基础上融会贯通多学科的高难度挑战，包括曾一度在举一发动全身的高考纸笔测验的命题中，也有过一种倾向，以在不同领域知识交叉点上命题的高难度挑战教师与学生，以至于出现一种奇怪的自相矛盾。新的课程改革提倡通过综合课程和综合的学习提高综合能力，却带来了专业化拔高陷阱，不得不面对许多可能的知识交汇点命题去应考的不堪重负。

(二)"浅化"与"泛化"悖论中的综合特色

关于"浅化"的质疑，从逻辑上说不无道理，但从上述质疑的前提假设上看，却值得进一步深究：我们有什么理由可以证明基础教育阶段的综合课程应该跨越学科越多越好？现实中确实有能够通透多个学科领域的大师，跨学科的知识背景确实有利于解决现实中错综复杂的问题，但是，同样确凿的事实是，专业分化的精深发展已经向人类提出穷其毕生也难于通透本专业领域的挑战。如果基础教育阶段的综合课程定位在跨越学科越多越好，综合课程和教学就顺理成章应该在科际知识的交叉点上做文章，高考评估导向也应该以在知识的交叉点上命题为追求。那么，教师和学生将面对无数个科际知识

---

① Jamse A. beane, *Curriculum Integration*, *Designing the core of democratic education*, Teacher College, Columbia University Press, New York, 1997：102

交叉点的挑战，这不是让我国目前基础教育专业化拔高的倾向越演越烈，让原本不堪重负的中小学生更加雪上加霜吗？

此外，在专业化进程中，尽管有理由指责学校分门别类的科目和狭隘的用人制度加剧了专业分化，但专业高度分化更根本的原因是人类认识能力的局限性不能够满足精深研究事物的需要。因此，在考虑基础教育如何适应专业分化与学科综合并驾齐驱的时代需求时，同样不可能逃避人类在一定的时空范围内认识能力局限性的问题。

基础教育阶段，综合课程追求的宗旨是什么？在当前学科课程筛选标准存在的现实条件下，怎么才能够借助综合课程革新冲破学校占主流的学科课程文化价值，帮助学生获得立体放射状的整合经验和知识结构？综合课程的价值定位应是尽可能给学生提供整体感悟问题情境和体验整合经验的学习机会，培养学生乐于触类旁通地解决问题的兴趣倾向，而不应该以到底跨越了多少专业领域为衡量。只要从学生获得整合的经验层面上是成功的，那么是打破了还是消除了或是模糊淡化了学科之间的界限并不重要。这样的价值定位不是浅化，而恰恰是为多样深化综合课程的研究提供必要的客观前提。

担心"浅化"危机的另一种理由是，这种和生活一样广泛的综合课程，是否只适合那些没有兴趣、动机或能力介入精深的专业课程的学生学习？进而认为，"浅化"的综合课程是否会导致那些专业学习兴趣不浓的学生滑坡到事事不求甚解，以致妨碍了必要的学科知识与技能的学习？应该承认，这种危机意识是针对现实实践中综合课程形式化或肤浅化的尖锐批评。

但是，如果认为综合课程必定会导致"肤浅"，则来自另一种非此即彼的认识误区：似乎专业注定是深而精，综合注定就是浅而广。国际上已经有资料证明分科科目的方法在追求复杂水平的学习的时候是不足的。[①]当然，在不同教育阶段，如何以学科学习，科际之间的内在相互联系为基础达到经验、社会、生活、人的整合，是需要综合课程研究者长期坚持不懈地探索的重要领域。虽然我们目前还只是处于漫长的探索过程的起点阶段，但笔者在实践

---

① Jamse A. beane, *Curriculum Integration*，*Designing the core of democratic education* ，Teacher College，Columbia University Press，New York，1997：33

中收集的许多成功实践案例足于证明，内发于教师与学生心灵渴求的，与成熟的学科知识融为一体的综合课程，具有强大的生命活力。

指责"泛化"的理由似乎更充足："整合性经验"这个概念包含了太多的东西，几乎把综合课程的特色都淹没了。笔者认为，任何独特性恰恰是在充分体现根本的教育哲学宗旨的过程中彰显自身。同样，任何教育理念，只要是尊重教育自身本质特性的"泛化"，不仅不会淹没自身的特色，反而是凸显自身特色的必要奠基。这是因为所有的教育理念都是面对学校教育的对象而言，是发生在学校教育的整体情境中。长期以来，我们提倡的教育理念如全面发展教育、素质教育、主体性教育、生命教育、价值教育等，所倡导的课程教学理念如校本课程、综合课程、S-T-S课程、研究性学习、探究学习等，学者们为它们编织的美丽彩虹，都会因需要在学校整体情境中服务于教育对象——人，而大量重叠交叉。这些不同术语的各自特色，正是凸显在这"万绿丛中"，离开教育原绿的滋养烘托，任何特色都会枯萎。

对"泛化"质疑的悖论式反驳不仅有助于分辨综合课程的独特特色，而且直接加深了对综合课程本质的认识，凸显综合课程实施的重点。综合课程的最本质内涵是由它是否能够唤起教师与学生心灵的渴求和创造活力来决定。有关研究表明，教师的教学领导才能应该凸显伟大事物的魅力，引领学生看到一粒沙中的世界，一朵野花中的天堂，让伟大事物的魅力真真实实，生动活泼，有声有色地成为教师与学生共同专注的焦点，凭借与伟大事物魅力的联系向奇特的奥秘开放心灵，找回失去的惊喜能力，还本来属于教育的彩色与灵光。① 当综合课程达到了这种寓整合性经验于存在体验之中的境界时，综合课程并非"泛化"或"浅化"，而是更加升华渗透了其涵养人性的深度和广度。

当然，综合课程在有形的内容载体组织特色上也有区别于其他课程的最低界限，这个界限可以用瑞典教育家胡森(Torsten. Husen，1916—　)"试图把分割开的学习科目紧密联结在一起"②的描述性定义来概括。换言之，综合

① 参见[美]帕克·帕尔默，吴国珍等译，杨秀玲审校：《教学勇气——漫步教师心灵》，第五章，上海，华东师范大学出版社，2005
② [瑞典]胡森主编，江山野主编译：《简明教育百科全书·课程》，30页，北京，教育科学出版社，1991

课程需要满足的最低条件是：一定需要涉及两门或两门以上的学科，至于学科之间联结的紧密程度，则只要求满足以下不同联系方式的任何一种。

①相关设计或不同程度的科际渗透。

②按儿童的兴趣和遇到的问题综合成单元，其单元涉及两门或两门以上学科内容。

③围绕复杂的社会问题而设计，需要应用两门或两门以上的学科知识。

④科学概念和原理的陈述显示出两门或两门学科中科学思想在根本上的一致性。

⑤提取两门或两门以上学科间的内容、方法、原则、原理中的一致性设计课程

⑥在学科高度分化的基础上综合两门或两门以上学科。

上述区别于他者的"综合"特色的最低界限，有助于在各种交叉重叠的课程革新形式中分辨出综合课程。在学校实际情境中，无论是校本课程、潜在课程，还是研究性课程、探究性课程、信息技术整合课程，只要该课程能够使学生获得"整体性的经验"，又在规划设计、实施、评价中或多或少消解、淡化、模糊了两门或两门以上学科之间的界限，也就同样是综合课程。

可见，"浅化"与"泛化"的质疑是同一问题的两个方面，上述对"浅化"与"泛化"质疑的悖论式解释，都可以回归到"无形的经验整合境界胜有形的内容整合载体"这个基点上凸显综合课程的特色。

四、综合课程创新对教师的挑战

创新一般是指在前人或他人已经发现或发明的基础上，能够做出新的发现、提出新的见解、开拓新的领域、解决新的问题、创造新的事物，或者能够对前人、他人已有的成果做出创造性的运用。挑战常规，不断地发问，不断地思考，不断地追根究底，以自己的眼光和自己的角度去提出问题，发表自己的独立见解。"独创性"和"革新性"是创新的本质内涵。

(一)综合课程的创新价值追求

综合课程创新价值的理论背景，是整个课程理论界从崇尚理性，严格追求一种逻辑探究，相信理性能发现事物的和谐关系及规律，预测和控制事物的运行，转变为研究理性的历史影响、限度和危险。从过分强调总体性和普

遍性，从而导致事物停滞，思想僵化，到开放反思普遍与特殊、同质与异质、确定与不确定、封闭与开放之间的相互作用，主张在纳入异质，重视异质事物的多元性及其多层次性的过程中，寻求课程运行中的协调、均衡与稳定。在这种理论背景下，日益信奉课程必须具有丰富性，允许多种可能性和多种解释，适量的不确定性、异常性和模糊性，预设的计划只是一般的指导，而不是必须遵从的特定程序，游离于预定目标的收获具有重要价值。

综合课程创新的理念与学科发展分化与综合并驾齐驱的发展趋势相一致。近年来高度分化的学科之间相互交叉渗透，向协同化、综合化方向发展，既尊重客观世界本身和研究客观世界的知识本身是相互联系的整体的认识论，许多复杂的社会问题需要整合多学科知识综合处理，又需要考虑人类精深地认识事物的需要和人类认识能力的局限性，不可避免地产生学科分化后需要在高度分化基础上的综合。综合课程创新力图追求综合课程与教学能够提供知识系统之间整合、学习过程与学习结果之间整合，乃至知识与经验之间整合的更多机会。

综合课程的创新价值还在于推动学校课程结构的变革。我国的新课程改革把课程运行过程中各基本要素之间的异质相容、差异整合和优势互补看成是优化课程结构整体功能的必要条件，从过分强调单一的学术性学科课程的主流价值，到均衡弹性地纳入综合课程等多种革新课程形态。综合课程作为一种促进学生获得"整合性经验"的、值得作为宗旨来追求的教育哲学，能够帮助学生在个人经验、人的多种潜力、社会重大议题、生活情境脉络、学科知识之间寻找有意义的联结点，被认为是优化课程整体结构的突破口。而且，在知识与体验之间、分科与综合之间、传统的讲授法和种种应接不暇的新潮创新模式方法之间，升学考核与过程质量评估之间，综合课程改革如何才能够不顾此失彼，在传统与变革之间的种种张力和相互嵌入的过程中，发挥综合课程某些内在被沿承的韧性和优势，也应该纳入综合课程创新价值的视野。

(二)综合课程的创新特色

综合课程归根结底是为师生进行独创性和革新性活动提供更多契机。扎根于当代思想理论的发展背景，审视综合课程创新理论对活动过程的解释活力，我们目睹一度为人性挺立之根基的理性在思想界被质疑被解构，课程的确定性和普适性也更多让位于个体自我意识的唤醒与提升。自然，综合课程创新的价值判断、选择、计划和实施更需要师生的自主创新意识和能力的发展。综合课程创新的核心，不仅仅在于重组跨学科内容的技巧，而且取决于综合课程是否唤起了人的生命本质中无穷变化的原创活力，为师生敏感地捕捉问题、灵活地处理问题、独创性运用前人成果解决问题赢得个性丰富发展的内在精神回报，为获得新发现、新见解、新创造提供平台。

因此，综合课程创新首先需要教师创新意识的唤醒。教师要用心灵联系课程魅力，淡化自己与课程的界限，投入自己的个人实践性知识、生活经验、生活方式等整个自我生命，诠释和建构"被活化的课程"——富于魅力的伟大事物。也有望依托综合课程与信息技术整合的虚拟空间，逼真地展示学科与生活的密切联系，凸显伟大事物的无限魅力。

正如本书前言指出的，综合课程的创新特质在相当程度上是由凝聚伟大事物魅力的主题决定的。只要我们首肯综合课程"多样丰富"和"开放性"价值，在组织结构上是向着师生的创新灵气敞开的弹性空间，那么，我们就必须把确定能够强烈吸引师生学习探究兴趣或人生终极关怀的、对相关的资源具有强大凝聚整合力量的主题放在核心地位。按照帕尔默的观点，这种主题由和人类同等重要的伟大事物构成，伟大事物的内在生命与师生的内在生命深层对话，是真正的学习共同体的聚焦点。

(三)教师在综合课程革新中面对的挑战

然而，在综合课程创新无限魅力的另一面是挑战：师生需要在极其丰富的内容和多样变化的形式面前对话交流和取得共识，其过程对师生的心灵能量、思维方式、智慧潜能、信息加工速度等的挑战是空前的。

当综合课程革新进入教师的实际操作层面，所面临的问题比较集中表现为教师和学生都更容易呈现出两极分化倾向。

综合课程革新中教师行为态度上呈现的两极分化与教师的原有功底密切相关。那些能够很快成为综合课程革新的主人、在综合课程革新中尝到甜头的学校或教师，能够在长期的学科竞争压力下有一定条件和能力自由施展拳脚，能感悟到综合课程革新精神与自己原本积累的成功经验的一致，综合课程革新只是进一步增强了教师顺着自身经验进一步发挥潜质的大气候和学校教科研氛围。那些在综合课程革新中感到茫然、疏离、无所适从的教师，往往是原本就因为教学条件和教科研氛围、学生原有水平等方面的限制，在学科竞争压力下较少有自主发挥的体验，因而，对这些教师，综合课程革新似乎是原有压力上的雪上加霜。

学生的两极分化一方面表现为一些综合课程理念与现实学术性学科课程竞争的反差，一方面是教师的两极分化直接影响学生的两极分化。而众所周知的痼疾是现有的终结性评估标准在正面导向教育终极价值实现上的不完善。我国新课改背景中种种对综合课程革新的辩护或质疑，显示出教师在操作层面的困扰，教师在综合课程实施中的貌合神离。

更大的冲突是学习过程的多元丰富与难以跳出客观公正性的评价标准之间的矛盾。教师面对现实存在的外部评估标准的压力，是彼此按照各自的独特优势开放地拓展内容，还是按照掌握学科领域的知识覆盖体系要求，使得综合课程革新仅仅是新瓶装旧酒？是接受挑战还是回避退缩？是开放或封闭自我专业成长和创新能力发挥的机会，抑或是开放或封闭学生自主创新能力发挥的机会？实际上是教师面对的关键选择。而我们许多一线教师，在同样的学科学习竞争压力下，是在开放地为自己和学生获得了综合课程的创新学习机会，并且，往往是那些能够源自心灵进行优秀的学科课程教学的教师，也能够源自心灵进行出色的综合课程创新实践。

综合课程创新的最深层内在价值，不仅仅是一种课程革新的形式或类型，也不仅仅是作为更新学校单一的学术性课程结构的突破口，更在于综合课程为教师和学生挑战自我把握成长契机提供了平台。成功运作实施的综合课程创新，能够吸引越来越多的教师视教学为人性化天职，让教师有更多机会际遇内心的心灵导师、从自己的心灵引出优秀教学源泉，让更多的学校形成促进教师独特优势发挥的真正教学共同体，让更多的学生能够潜移默化地沐浴在个性丰富发展的成长环境中。它是培养创新人才、奠定我国学校教育可持续发展基础的希望工程。

(四)综合课程创新给教师提供专业成长契机

本书背景中的教师专业成长，可以浓缩理解为在综合课程革新实践背景中的内源性专业发展。依托教师的自主专业发展内驱力和责任心、创新意识和能力，通过多种革新实践途径逐步摸索，积极开发自身潜能，建构性地确定综合课程革新的目标，捕捉新颖的组织中心，创新设计综合课程，并且尽量成功实施和评价综合课程，在整个创新实践过程中善于自我监控、自我反思，合作交流，使自己的教育教学专业素养获得实质性发展，并且持续地积极地调节引导自己在意识和能力两方面不断获得专业成长。

在综合课程创新实践中，选择和确定伟大事物魅力主题的决定因素是教师及其学生，能够为伟大事物源源不断提供滋养的也恰恰是师生与伟大事物之间的内在生命互动过程。综合课程借多种技术和媒体而呈现的多种丰富内容，只有为教师和学生凝聚在伟大事物周围与之进行生命互动服务，才不会疏离于心灵，才不至于因跳跃而浮躁肤浅，因杂多而茫然无所适从，才会使追求开放与封闭之间的既此既彼、深度探索与活化创新的内在整合具有现实基础。

现实中也有大量案例显示，教师在综合课程革新中体验到了源自内心的完整生活。综合课程革新实践体现为教师由内心世界融入真正的教学共同体，综合课程革新是营造真正的教学共同体的更广阔平台，更容易展示师生倾心关注的、能够激发师生心灵智慧的伟大事物，还本来属于教育的丰富、色彩与灵光。使得学校教育成为教师与学生发自内心生生不息创造的天地。

正如帕尔默在《教学勇气——漫步教师心灵》一书中阐述的：只有当教师自己能够清醒地与他的自我意识深层对话，倾听到自己内心深处的真实声音，才能够注意、尊重和默契地回应学生内心深处的声音，才能够进入学生的内心深处，成为学生的心灵导师。[①] 而综合课程的显著优点是提供了教师引领学生聚拢在伟大事物魅力周围认知、学习、交流的自由空间，在综合课程革新的平台上，提供了更多机会让教师们体验："认识学生和学科主要依赖于关于自我的知识。当我不了解自我时，我就不了解我的学生们是谁。我只会在我经受不了检验的生命的阴影中，透过重重的墨镜看学生——而且当我不能够清楚地了解学生时，我就不能够教好他们。当我还不了解自我时，我也不

---

① ［美］帕克·帕尔默著，吴国珍等译，杨秀玲审校：《教学勇气——漫步教师心灵》，33 页，上海，华东师范大学出版社，2005

能够懂得我教的学科——不能够出神入化地在深层的、个人的意义上吃透学科。我只是在抽象的意义上，遥远地、视其为疏离于世界的概念堆砌一样看待学科，就像我远离自己的本真一样。"①综合课程让教师们有更多机会去体验和认知教学和学习都植根于神圣的土壤，教师职业需要培养一种神圣感，凭借与伟大事物魅力的联系把自己的心灵向奇特的奥秘开放，找回失去的惊喜能力，还本来属于教育的彩色与灵光。

在综合课程革新中，教师通过原创作为创新生长点的组织中心，凸显伟大事物的魅力，让伟大事物的魅力真真实实，生动活泼，有声有色地成为教师与学生共同专注的焦点。教师可以当学生，学生也可以当教师，彼此都可就伟大事物各抒己见，师生都体验到严谨与参与，学生是生龙活虎的学习主体，教师被进一步激活了与伟大事物、与自我、与学生的联系。这个过程对于教师获得身份认同、相遇适合自身独特气质的专业成长，确实意义非凡。②

综合课程革新促成了师生把具有魅力的伟大事物作为关注焦点，同时也让教师有勇气开放心灵，营造彼此扶助心灵交流的氛围。当学校教育通过教师和学生之间真正共同体的生命网络融入广大世界时，可望产生变革教育制度和形成新的扶助师生内心生活的教育制度。而且，相互扶助师生心灵的新的教育制度的建立不是依靠外部力量推动的改革，主要依靠教师在注入综合课程革新挑战中扩充力量，提升教师专业成长的境界，内在地延展教育梦寐以求的终极价值——随着教师的综合能力和独特潜质如沐春风潜滋暗长，自然影响新生代获得整合性经验和综合能力，促成更多的人在社会上获得更适合自己天职的选择机会，进而刺激社会对人才的综合能力和独特个性的选择需求。

---

① ［美］帕克·帕尔默著，吴国珍等译，杨秀玲审校：《教学勇气——漫步教师心灵》，3 页，上海，华东师范大学出版社，2005
② 同上书，118 页

第二章 综合课程的革新实践反思

第一章梳理综合课程的理论源头时，已经涉及两种综合课程理论源流中的某些实践。本章将继续从国内外综合课程的革新实践发展历程中，吸取有益的启迪。

第一节 国外以美国为代表的综合课程革新实践历程①

本节将依照历史发展线索，有选择地简单勾勒一个世纪以来综合课程革新在国际上的实践历程。由于美国的进步主义教育运动时期被称为历史上综合课程革新的黄金时期，20世纪中叶席卷全球的课程改革又是以美国为中心发起，就以美国为代表有选择地阐述。又因为数学和科学是最具有严密体系、对实现综合课程的理念阻力最大的学科，因此又主要联系数学和理科的综合课程革新实践历程展开。

一、美国 19 世纪末 20 世纪初的综合课程革新实践

19世纪末20世纪初的综合课程革新实践以在杜威的思想影响下的芝加哥实验学校最为典型，影响也最大。

(一)杜威的"作业"为联结中心

芝加哥实验学校的综合课程革新实践，直接受杜威教育哲学的可操作体现——"作业"的影响。杜威从他的关于经验

---

① 吴国珍：《美国现代课程研究的探索》，北京，北京师范大学，1996。本节主要在该博士论文第二、三章基础上修改而成。

的连续性原则、知行统一的认识论观点、科学探究与反省思维的方法、活动中的目的等思想出发，从理论上演绎出了一种"做中学"的课程设计模式——"作业"，并赋予了"作业"可以作为联结教材、社会和儿童的契合点的理想色彩。他认为"作业"是有目的的、继续不断的活动，"作业"能把许多有利的因素结合到学习中，它既是儿童中心的又是社会中心的，并且有利于借助系统学科知识的媒介使经验得到持续的、有力的改造，直接促进了围绕问题情境的核心课程设计的探索。

然而，从操作的层次上来看，"作业"却是个极其含糊不清和容易引起曲解的术语。在杜威的芝加哥实验学校，在具体操作中的"作业"是各种主动的活动，如纺织、烹饪、金工、木工等，与这些活动相平行的是三种认识活动：历史或社会研究、自然科学、思想交流。但是要解决课程问题非常困难。正如赵祥麟先生所指出的，关于课程和教材的理论，杜威什么都说到了，可是所得出的结论如此模糊，以至于对衡量课程的建议很少有所帮助。[①] 在许多进步主义教育家的课程改革中也普遍存在这种情况，即容易滑向儿童中心和活动中心，却很难做到使教材、儿童和社会三者之间的内在统一。

尽管杜威声称他没有什么万能药方式的教育公式可以搬用，希望他的"作业"后面的理论含义能作为一种方法论被正确地理解。但是，学校作为一种关注具体操作的工作场所，很容易倾向于按照操作的规则来吸收理论。结果，杜威本质上是坚持"在社会中的儿童"为中心的"作业"，在实践中却往往流于儿童中心的课程设计，甚至让儿童放任自由，完全放弃系统知识的学习和教师的指导。正如杜威1938年在《经验与教育》一文中尖锐指出的："一种新的运动往往有一种危险，即在摒弃它所要代替的目标和方法时，只是消极地而不是积极地和建设性地发展自己的原则。于是，实际上是从所摒弃的东西而不是从自身哲学的建设性的发展中获得指引。"[②]

(二)数学和科学领域的综合课程革新尝试

尽管如此，杜威的"作业"后面的方法论理论内涵以及自始至终对课程的

---

① 参见赵祥麟主编：《外国教育家评传》，第二卷，530页，上海，上海教育出版社，1992
② 赵祥麟、王承绪编译：《杜威教育论著选》，347页，上海，华东师范大学出版社，1981

社会价值与人的经验改造的关怀，在 20 世纪前期乃至对后世，对数学和科学教育领域的综合课程革新尝试方面仍然影响重大。

杜威关于观念的操作理论，论证了应该把数学作为一门应用科学来教。杜威吸收了自然科学家的研究特点，提出"思想，我们的概念和观念，都是我们所要进行的或已经完成的操作的标志。……同样，当我们用关于空间、时间和运动的数学公式去思考这个世界时，我们不是在描绘独立的和固定的宇宙本质，而是在描述一些可以经验的对象，把它当做是据以从事操作的材料"①。

而在综合理科课程内容方面，杜威认识到科学技术与工业社会发展的紧密联系。但当时的认识仍然局限在 19 世纪达到顶峰的机器时代的传统科学方面。他认为"现在的工业技术是工艺学技术，这就是说根据数学、物理学、化学和细菌学等的发现所制造的机械"②。这种观点直接出自于对 19 世纪末 20 世纪初基于能量、资本和劳力的巨大输入的工业社会的观察。因而，当时的综合理科课程内容多表现在与机械技术相联系的手工训练和科学常识的教学上，对科学课程内容本身的更新不会像 20 世纪中叶后技术高度发达的信息社会那样得到迫切的关注。

在内容选择上的这种取向，结合"做中学"的"作业"设计操作，体现在小学数学教育中，基本上是在商业活动取向的综合性"作业"中教算术。让学生扮演售货员、送货员、顾客等来学习测量和计算。比如在芝加哥实验学校之前，在帕克办的昆西学校中，学生是通过实物和实践活动而不是通过规则学习算术③，在 20 世纪 20 年代克伯屈（W. H. Kilpatrick）的设计教学法中，要求学校课程与学生发自内心的有目的的努力结合起来，设计活动包括手工等身体活动，也包括数学等智力活动和审美活动。

在科学课程也是这样，当时大量引入小学的各种"作业"，多是围绕着手工训练，社会生活和经济生活常识的主题，科学内容难于有机纳入"作业"形式中，小学的科学教育仍然主要联系着 19 世纪形成的自然课的学习，只有少

---

① 参见赵祥麟主编：《外国教育家评传》，第二卷，513～515 页，上海，上海教育出版社，1992
② ［美］杜威：《民主主义与教育》，330 页，北京，人民教育出版社，1990
③ 参见［美］劳伦斯·阿瑟·克雷明，单中惠、马晓斌译：《学校的变革》，146 页，上海，上海教育出版社，1994

量的逐渐的关于小学综合性科学教育大纲的探索。①确实，"教育是关于目的和理想的，但学校却是关于工作的和规则的场所，具有它们自己的存在和道德"②。

尽管如此，杜威的经验主义教育理论由对儿童本身的尊重而导向对科学与社会之间关系的关注，尊重儿童本身的课程思想，始终是为了使教育能促进社会的进步和改造，关心近现代社会因科学的发明而产生的人们生活及思想行为习惯方面的变化。当时倡导的理科综合课程改革的目的，是为了培养具有科学知识并且能够清晰地询问和思考科学和技术带来的结果的反省性公民，使之能够理智地参与到涉及科学对我们的生活质量发生影响的决策中去。关注科学教育的社会价值方面的深刻认识，在其后历次强势的科学课程革新中，都可以观察到其持久的生命力。

而且，20世纪初的综合课程革新实践是重要起点，杜威推崇培根以来的科学研究方法，提出思维教学理论，主张问题情境法在科学课程中的应用，把科学的思维方法应用到教学情境中，促成了核心课程设计的探索。杜威认为现代科学教育的社会价值不能求诸于事实记录式的科学课程与教材来实现，而应该运用科学研究的方法、态度和思维方式，设计问题情境，激发学生更富有思想地、更主动地介入到学习和解决问题的过程，这些对后世影响极大。当然，革新实践操作显然处于摸索阶段。

二、美国进步主义教育鼎盛时期的综合课程革新

(一)综合课程革新的黄金时期

进步主义教育鼎盛时期是20世纪二三十年代。在1926年美国教育研究会(NSSE)发表的685页关于课程运动的全面评论以及由此推动的一系列课程研究及研究文献，比较集中地反映当时综合课程改革的理论和实践背景。其中一个突出的主题，就是认识到迫切地需要课程改革，需要建设学校课程的一支专业队伍，并且描绘出理想课程的主要特点如下：

①集中关注人类生活事务。

---

① 参见 Arieh lewy Edited：*International Encyclopedia of Curriculum* ，Oxford，New York，Pergamon Press，1991：919

② 参见 Wilma S Longstreet and Harold G. Shane，*Curriculum for a New Millennium*，by Allyn & Bacon，1993：231

②处理地方、国家和国际团体的事务问题。

③使学生能够对各种政府形式进行批判思维。

④形成和发展一种不带偏见地和开放地接受新思想的态度。

⑤考虑学生的兴趣和需要，提供争辩、讨论和改变观点的机会。

⑥处理现代生活、文化和社会历史方面的问题。

⑦考虑问题解决的活动和做出选择的实践。

⑧慎重考虑问题和练习的逐级安排。

⑨处理人道主义的思想目的和建设性态度及洞察力。①

在这种课程改革思想和实践背景下，出现综合课程革新实践的黄金时期，也是进步主义教育理念在综合课程革新领域山鸣谷应时期。正如宾尼在《课程整合》中回顾的：

整个 30 年代整合的思想是大多数讨论和实验的主题。书、杂志文章、会议的发言提出很多有关的主题；像强调个人整合一样强调社会整合的必要；(DeBoer，1936；Dix，1936)；无论在小学还是中学研究偏爱整合方法胜过分科的方法(Oberholtzer，1934，1937；Wrightstone，1935，1936，1938)；个人—社会整合与民主的关系(Cary，1937；Rugg，1936，1939)；……学校中课程整合的解释(丹尼尔，1932；Sweeney，Barry，&Schoelkopf，1932；Dix，1936；Oberholtzer，1937)。到 1936 年为止，杂志文章中关于"整合"出现频率达到这样一个程度，以至于在教育索引中已被给予了自己的分类。②

霍普金斯(Hopkins)这期间作为课程整合运动的核心人物，先后发表《整合，它的含义和应用》(Integration，Its meaning and Application，1937)和《整合：民主的过程》(Integration：Democratic Process)。他把课程整合视为"围绕所确定的学习者直接的，持久的兴趣和未来的需要而组织，利用社会遗产的各个领域的材料，而不管学科分类。……声称，知识的整合是帮助青年人获得个人整合与社会整合的关键"③，认为由教师与学生共同设计的问题和

---

① A. C. Ornsten & F. P. Hunkins, *Curriculum*：*Foundation*，*Principles*，*and Issues*，Prentice Hall，Englewood Cliffs & New Jerey，1988：76

② Jamse A. beane, *Curriculum Integration*，*Designing the core of democratic education*，Teacher College，Columbia University Press，New York，1997：27

③ IBID

经验为中心的课程对教育的意义起决定作用。

这时期，比较侧重社会目标的综合课程实验，可以以拉格（Harold Rugg）领导的、以林肯学校为中心、波及美国近 400 所学校的社会学科课程实验为代表。从 1920 年至 1936 年一直持续进行，其指导思想就是为了加强学校与社会的联系。初中的社会学科教学首先充分反映 20 世纪美国民主主义——工业文明的要求。课程设计采用两种组织形式，一是围绕着重要概念组织，从那些公认的对当代具有重要影响的社会科学家的著作中发现和理解他们所使用的重要概念，围绕这些重要概念组织有关的知识；二是问题中心设计，从当代社会的一系列重大问题中找出中心论题，运用概念和社会科学知识，根据所搜集的事实和材料对这些问题进行分析和评论。如围绕学生的一个兴趣中心或感兴趣的问题，设计单元核心课程。选择单元设计题材的依据是，必须适合学生的能力，能为儿童在现有智力水平上发现问题和发展兴趣提供机会，能促进儿童智力和创造性的发展，能增强学生的学习主动性，有助于满足社会的需要和阐明社会的意义等。在按照这些依据选择的单元课程中，还精心安排了各种活动，包括旅游等。[1]

(二)"八年研究"时期的综合课程革新

综合课程获得制度革新支持的鼎盛时期是"八年研究"。该研究从 1933 年至 1940 年由美国进步教育协会组织开展，按照进步主义教育原则，试图通过寻求大学当局的合作与支持(于 1930 年建立学校与学院关系委员会)，对中学课程进行改革，探讨改善中学与大学关系的途径，以达到重建美国中学之目的。这项大规模实验研究有从波士顿到洛杉矶的 30 多所中学参与，从 1936 年开始，还持续对进入合作学院的 1475 名学生进行追踪比较研究。其研究结果无可争辩地证明了，面对教育升学阶梯抑制着儿童未来发展命运的挑战，进步主义的教育原则也能取得成功，能在现行教育体制下寻找到实施自己的革新主张的土壤。

在"八年研究"期间，涌现了一大批以问题解决为组织核心的综合课程。

① 参见张斌贤：《社会转型与教育改革——美国进步主义教育运动研究》，52～60、83～84 页，长沙，湖南教育出版社，1997

对"八年研究"中课程改革的基本情况，学校和学院关系委员会主席艾肯（W. M. Aiken）在 1942 年发表的《八年研究史》（*The Story of the Eight Year Study*）一书中有生动的描述。比较突出的特色是在课程设计上打破了传统学科壁垒森严的框格隔离模式，打破了传统学科分界的障碍，出现了广域课程和核心课程设计。

所谓广域课程，主要是指为了克服科目设计支离破碎的框格形式导致分离学生整体经验的缺点，把相关的科目合并起来，如中学的物理、化学、生物学、天文学、地质学等合并为普通科学，有利于学习者理解相关的课程内容中各种要素之间的关系。但这种课程仍然注重系统知识的学习，是传统科目设计的一种变体。

所谓核心课程一般是围绕某个问题为核心组织内容，围绕着所研究的问题，可能介入更广泛的学科知识，包括科学、数学、语言和文学、艺术、社会科、健康和体育等。其中，美国的共同问题往往成为课程的核心。

以问题为核心的课程直接受杜威关于问题解决反省思维观点的影响，问题情境、疑难、假设、观察和试验、验证的反省等思维步骤，反映了培根以来的逻辑实证的科学研究方法传统，应用在教育领域，表现为把教学法的要素和思维的要素看成是同一的。"持久地改进教学方法和学习方法的唯一直接途径，在于把注意集中在严格要求思维、促进思维和检验思维的种种条件上。"[①]这给科学课程改革的直接启示是，课程设计应围绕着引起反省性思维的问题情境这一核心来安排。这样可以打破隔离森严的、事实记录式的现有科学科目框架，选择能够唤起、促进和检验反省性思维的情境条件作为核心，来进行课程设计。

例如，在参与"八年研究"的中学里，往往可以看到，一群学生从两小时到几乎每天的时间里都跟随着同一位教师，甚至持续两三年时间不间断，那是因为关注具有持久性跟进的问题作为课程的核心；或者也可观察到几所附近学校的几位教师经常在一起，那也是为了准备"核心课程"。在这种"核心课程"中，每个单元自始至终都是一种经验的组织，都有一种中心思想作为选择

---

① ［美］杜威：《民主主义与教育》，162 页，北京，人民教育出版社，1990

相关经验的核心。所以，"核心课程"的核心是问题，是主题、命题或概念，对处理这些问题或主题有关的知识都可以包括在其中。与广域课程相比，"核心课程"所涉及的学科面也就更广，但不重视学科系统知识的学习。

对科学课程的核心设计也出现在参加"八年研究"的许多中学，无法辨认出物理、化学或生物科目，而物理、化学的事实和生物学的重要原理却渗透在教学中，其组织的中心不是惯常的科目而是吸引着师生的现实问题，诸如，影响某种维生素生长的因素是什么，城市怎样能保持水的纯净等。在探究这些问题时抽取了相关的物理、化学和生物原理，而不管这些原理在科目中所属的逻辑体系。这样既能直接满足学生的兴趣需要，又能形成学生批判地思维和理智上诚实的习惯。① 这种围绕着科学问题的"核心课程"设计，曾大大巩固和发展了 20 世纪 20 年代以来把中学物理、化学、生物等科学科目合并为普通科学的广域课程设计。广域课程保持着各门科学科目的基础，尽可能整合处理各科要素之间的联系，但很难达到实质上的统一。②

"八年研究"中数学课程也主要围绕着数学应用的实际问题尝试综合，尊重学生的兴趣特点进行教学。例如，让学生应用数学逻辑推理原则去分析地区的住房问题或资源保护管理问题，培养学生解决问题的能力。③尊重学生的需要和兴趣，允许一部分学生低于一般要求，鼓励数学兴趣浓厚者远远超出一般要求深入学习。④此外，在课程编制形式上，这种围绕数学应用问题的"作业"形式，有利于减少或消除教材和教材与之间的森严界线。学生不是在算术、代数、几何、三角这样过细划分的科目中学习数学，而是介入到解决问题的情境过程中学习数学。即使是在广域设计的科学、数学和社会研究之间，也试图打破它们之间的分离屏障，有时试图把科学和数学结合起来，但是往往因很难找到联结这两门科目的完满基础而很难成功。⑤一直到现在，这种试图综合各门科目的广域课程设计的努力仍然难以获得完满成功，很难突

---

① Wilford Merton Aiken: *The story of the Eight Year Study*，New York，Harper and Brothers，1942: 53
② 陆亚松、李一平选编《课程与教材》(上)，载瞿葆奎主编：《教育学文集》，297~298 页，北京，人民教育出版社，1988
③ Wilford Merton Aiken: *The story of the Eight Year Study*，New York，Harper and Brothers，1942: 46
④ IBID，48
⑤ IBID，52

破制度约束下的学科中心模式。

拉格在 1939 年发表的《民主与课程》(*Democracy and Curriculum*)的著作中，曾经把这种"核心课程"分成四类。第一类是"文化纪元方法"(The Culture Epoch Approach)，要求在教给学生历史文化史时，把当时的科学、哲学、社会、经济和政治生活作为一个统一的整体来教，让学生对特定时期的特定文化和历史有个全面的了解。但这种类型的核心课程注重过去，导致对当代生活的忽略。第二类是"统一学科方法"(The Unified Studies Approach)，实际上就是广域设计课程，把相关学科合并在一起，如物理、化学、天文学和生理学等结合为"科学"课程。在 1933—1936 年，参与"八年研究"的中学也出现了把历史、社会科学和英语教学合并为一门课的努力，实行两三年后因遭到英语教师的反对而停止了。第三类型是"当代问题"(The Contemporary Problem Approach)，也即是上述的围绕问题为核心的方法。第四类型为"青年需要方法"(The Adolescent—needs Approach)，其出发点是帮助儿童和青少年更好地处理人与人之间、个人与群体之间的关系。为此，研究者对某一年龄阶段的青少年的共同需求作了详细分类，以青少年发展的共同需求为轴心，选择、组织各科相关材料供学生学习。[1]

上述拉格对核心课程四种类型的概括中，可以看出关注内容组织的广域课程退居其次。核心设计课程中占主流的是鼓励青少年有效地参与社会实际生活的各个方面。艾肯认为应该依据社会生活的主要功能来决定课程的框架，因而，组织核心课程的核心应该从社会生活与问题中寻找，以社会生活的主要功能的共同范畴为横轴，以学习者每个学生的兴趣中心为纵轴，两者的交叉点构成核心单元。

三、美国综合课程在 20 世纪中叶的低谷和反弹

关注学生经验和社会问题的核心设计的综合课程，通常被归因于 1957 年苏联人造地球卫星的发射和此后的 10 年里对科学技术科目和学科结构课程的强调而终止。如果说 20 世纪中叶开发的课程带有一定程度的综合的话，则最

---

[1] Wilford Merton Aiken：*The story of the Eight Year Study*，New York，Harper and Brothers，1942：54~67

多反映为学科内的综合和强调探究发现学习。这在著名的 PSSC 物理课程和 BSCS 生物课程中有典型反映。

PSSC 物理课程由四大部分构成。第一部分是"物质和它在空间与时间中的位置",以距离、速度、加速度之间的关系讨论物质的运动,再转向探讨质量、质量的保持,原子的大小和结构及分子的讨论,这种讨论又引导到作为人类构成的物质世界的物理模型观念。第二部分是光学,直接建立光的粒子模型以解释光现象,在遇到困难和矛盾时,引入波现象,用波理论进行解释,由此建立光的波模型。这样做是为了帮助学生尽早树立科学探究的方法。第三部分又返回到从动力学角度讨论物质的运动,与时间、速度、加速度、物质等基本概念密切联系的牛顿定律得到深入的展开。第四部分由讨论物质的电特性和磁特性引出电子、中子、质子等基本粒子,又从电磁波的产生机制说明光是电磁波的一部分,又把学生带入到光既有波动性又有粒子性的思考中。这样,贯穿 PSSC 物理课程的"物质"和"光"两个主题及相关的基本概念,都在最后应用于物质的微观结构领域的学习中得到融会贯通,力图通过此课程把学生成功地引入到现代物理学大门中。[①]

BSCS 是生物科学课程研究(Biological Science Curriculum Study)的简称,BSCS 生物课程研制是于 1958 年在美国科学基金会(NSF)的赞助下进行的,是以学科结构原理为指导进行课程改革的另一样板。所研制的生物课程是以以下九个主题为基础:

①时间长河中生命体的进化与演变。

②生命体的统一性和差异性。

③生命遗传的连续性。

④环境和生命有机体的互补关系。

⑤行为的生物起源。

⑥功能与结构的互补关系。

⑦遗传的连续性:面临变化中的生命保存。

⑧作为探究的科学。

---

① 参见钟启泉主编:《国外课程改革透视》,233~236 页,西安,陕西人民教育出版社,1993

⑨生物概念发展史。

BSCS 生物课程研制了一种关于基本的生物系统的层级大纲，来支持上述主题的学习。这种层级大纲从最简单的和更少包含性的物质单元到更复杂的和包罗一切的存在整体逐渐加深。分子系统形成了适合教学材料发展的最重要基础，也形成了生物群落和万物体系从上到下的层级结构的最重要基础。原生生物、植物和动物这三种主要的生命有机体形式，在每一层级水平上按上述的每一主题来学习，并贯穿于课程设计中，使一些不同种类的生物概念统一起来。在这种设计基础上，BSCS 研制了三套不同的教材，有蓝皮版的分子生物学，强调生理学和生物学的概念；有黄皮版的细胞生物学，强调基因和细胞的过程；有绿皮版的生态生物学，强调生态群落和世界的相互影响。[①]

PSSC 物理课程和 BSCS 生物课程都注重探究过程的学习，教材是作为处理疑难和问题的探究形式呈现，或者是作为概念与实验之间的相互作用，而不仅仅是作为一种逻辑性结论来呈现。例如，在 PSSC 物理课程中，卢瑟福的散影实验建立了原子的核模型，核模型又带来了"为什么这样的原子是稳定的？为什么它不会由于发射光而衰退？"的困惑，从而促进了光既有波动性又有粒子性的思考。教材中尽可能地安排与物理科学研究过程有关的实验，让学生自己操作和观察，得出数据与图形，分析结果与实验规律。[②] 在 BSCS 生物课程中，也是提倡一步一步探究的教学，在各种实验项目、专题研究中，都体现了观察、疑难、假设、实验、建立模型、验证假设这样一种科学家探究发现的过程。[③] 很显然，20 世纪中期与 20 世纪早期的科学课程改革在注重让学生探究发现，通过"做中学"的行动来学习是相协调的。

在对 PSSC 和 BSCS 进行上述剖析后，可以看到，20 世纪中叶的科学课程改革在其注重学科结构和理论概念的纯粹性上，在其内容更新的程度和便于纳入最新科研成果的灵活性上，在其服务于培养高质量的科学家的学术性

① Wilma S Longstreet and Harold G. Shane, *Curriculum for a New Millennium*, by Allyn & Bacon, 1993：243～244

② 参见钟启泉主编：《国外课程改革透视》，236 页，西安，陕西人民教育出版社，1993

③ Arieh lewy Edited：*International Encyclopedia of Curriculum*, Oxford, New York, Pergamon Press, 1991：898

目标上，在其试图通过培养学生的探索解决科技问题的能力以应付知识的快速爆炸方面，是无可非议和史无前例的。

但实施中的局限也很明显。其一，教师很难胜任在学科结构课程框架中进行探究—发现的教学模式。学科结构的课程体系注重基础性原理、概念、公理、法则的学习，恨不得把学科内容高度浓缩教给学生，完全是一种从上到下的演绎推理逻辑程序。而探究—发现的方法则是从观察现象，提出疑问和假设，到实验分析和验证结果的过程，完全是归纳性推理程序，在实施中需要大量的时间付出。所以要用探究—发现的方法在有限的时间内把高度浓缩的学科结构课程内容教给学生是极端困难的。

其二，这次科学课程改革只是对学科中心课程设计本身的再设计努力，主要关注的是科目内容没有跟上现代科学发展的步伐，并认为是由于学科本身的有机组织没有跟上去的缘故，而没有考虑从科际之间的一体化发展方面寻找解决知识的无限性与学时的有限性之间矛盾的办法。结果使得物理、化学、生物等科目更加界限分明。在这一点上是完全抛弃了 20 世纪之初的核心课程和广域课程设计中合理的成分。

其三，所研制的科学课程教材没有考虑广泛地与传统科学课程之间的协调，没有及时制定适合于新材料的评价纲领，在引导年轻人介入科学发现的过程和达到概念的理解的目标时很难适合当时占统治地位的标准化测验，测验成绩的下降引起家长和教师的不满，认为科学知识为了强调概念和过程作出了牺牲，导致公众转向更传统的课程目标。随着 20 世纪 70 年代经济衰退，教育改革经费削减，60 年代的课程改革宣告失败。

值得关注的是，在 20 世纪中叶综合课程总体处于低谷背景下，小学综合科学课程改革则取得了令人鼓舞的进展。着手研制小学科学课程的不是关注学科结构的大学的学科专家，而是更关注学习的心理过程的教育心理学家。当时研制的 SAPA 小学综合科学课程曾吸引了很多教师，并在相当数量的学校实行。

由美国科学发展协会 AAAS(American Association for the Advancement of Science) 开发的 SAPA 方案：科学———一种过程的探索（Science—A Process Approach），是由美国科学发展协会成员、著名的教育心理学家加涅

(Robert ⌊Gagné⌉)所负责，为幼儿园至六年级研制的科学课程。加涅研制这一课程的组织原则基础是，重点放在科学家做了些什么上，而不是放在科学家知道什么上。从一开始就让儿童有机会主动地参与到像科学家一样工作的任务中，如观察、分类、交流、采用数据、测量、利用空间时间关系，假设、预测、推理等。它在主张"发现－探究"学习方法上与中学科学课程类似，但是把科学强调为一种探索的过程和一套发现的能力，而不是一套命题、概念、原理和公式及特定的事实，和中学科学课程的本质差别在于它们的理论基础。

加涅认为课程需要尊重的是心理结构而不是学科逻辑结构。他把学习看作是从最简单到最复杂的从下到上的归纳过程，认为即使是像问题解决这样最复杂的学习，也是成功地把以前所学习的简单行为联结起来完成的，因而特别重视预备知识，把预先获得智力技巧看成是学习中最重要的因素。故此，SAPA 课程是用"科学家使用的技巧"和"把这些技巧迁移到课程的功能性目标上"这两项外显目标，当做限定科学概念的可观察的操作或行为目标，因而极端重视科学发现技巧的学习。此外，在课程组织上的一个突出特点是学习的内容通常涉及更大范围的教材范畴，打破了科学、数学和语言艺术之间的传统屏障，支持了对教材的更一体化的探索。①

虽然这些很有希望的改革到 20 世纪 70 年代随着联邦政府对教育经费的削减而中断了，但这段时期小学科学课程改革的影响无疑是深刻的，是 20 世纪八九十年代再改革的有益基础。当然，除了有益的经验外，也有可吸取的教训。其中最突出的教训是，SAPA 方案是想抽取出一切科学中最独特，被美誉为可以带得走的能力的东西，把科学探索过程推到了凌驾于科学内容之上的极端。正如波斯纳所指出的，这完全是在逻辑实证主义基础上，把科学过程作为内容中立的科学方法特点来对待。这样对科学容易给学生错误导向：把科学看成是可以脱离具体的内容背景关系抽取出来的一套智力技巧，学生不能理解科学的实质性结构。②

总之，20 世纪五六十年代的综合课程在中学主要体现为学科内的综合，

---

① 参见 George J. Posner，*Analyzing the Curriculum*，McGraw-Hill, Inc. 1992：167～174
② IBID，174

在小学综合科学课程取得了实质性进展。改革得助于联邦政府的资助而大力发展的学校科学实验室设备,多种科学教育媒介,如科教电影、幻灯片、录音带等视听教材,大众传播媒介及随后开发的科学教育软件等,至今都影响着学校的综合理科的发展。但是,由于缺乏一线广大教师的支持,流行的标准化测验又不适合于衡量综合课程教学评价中科学过程技巧和科学概念原理的获得,测验成绩的下降导致公众对传统的支持。加上美国经济衰退引起 70 年代中期教育经费的削减,有关学科内综合的理论讨论和实践都出现低谷状态。

总体处于低谷中的综合课程并非完全销声匿迹。宾尼概括出在 20 世纪 50 年代以课程综合为主题的有四种出版物。第一本著作是 1950 年版的由 PaulHanna 和 ArchLang 所作的一个概述,讨论了与整合有关的背景和方法,展示一个整合的学校的 19 个特点,并重点阐述把主题综合起来的方法。① 第二本著作是霍普金斯完成的一系列有关课程整合著作中的最后一本:《学校和家庭中浮现的自我》(*The emerging self in school and home*,1954)。在这里霍普金斯重申了他对创造的个性与民主社会的关系的信念,并再一次为课程的经验的方法而辩护。第三本著作是美国教育研究协会的第 57 本年鉴,开篇就开宗明义提到:"我们希望用学生眼中统一的教育计划取代那种很多分科课程和不相关的课程外的经验的令人迷惑的拼盘。"第四本著作是一篇小文章,是有关小学中的综合课程的个案研究。②

对 20 世纪中叶关注学科课程改革的反弹,典型地反映在 60 年代学科课程改革领袖布鲁纳的反思中。在布鲁纳的《教育过程》这本书出版 10 年之后,他进行了重新反思:

假如还不晚的话,我相信我将毫不犹豫地宣布,不要把重点放在与历史结构、物理结构、数学连续性的本质相关的事情上,宁可在面对我们的问题情境中来处理课程。我们可能要更好地关心那些问题是怎样被解决的,不仅是通过实际行动,而且是通过知识来解决这些大量的任务,不管这些知识是

---

① Jamse A. beane, *Curriculum Integration*, *Designing the core of democratic education*, Teacher College, Columbia University Press, New York, 1997:31
② 转引自 Jamse A. beane, *Curriculum Integration*, *Designing the core of democratic education*, Teacher College, Columbia University Press, New York, 1997:23

我们在哪里发现的，也不管我们发现的这些知识是怎么形成的。我们可能要把工作和想法转到教育过程中去，要比以前做得更加坚定。[①]

我们可以从三个方面解读布鲁纳的反思。其一，综合课程有利于和年轻人共同创造一种适合年轻人的课程，研究真实世界生活中的问题和关心的话题、从中产生组织的中心或主题，在探讨这些主题中扩展或加深对自己和所处世界的理解，交流其深层意义。其二，这些优势在与学科知识的联系中能够更好地得到发挥，学科本身就包含关于自己和世界的知识，因此，在某种程度上，综合课程也是在一定情境中有目的地使学科知识发挥自身整合和联系其他学科的作用。其三，任何仅仅强调学科结构或者仅仅强调发现探究过程，都可能潜伏着课程本身或学习者心智分离的隐患。

四、20 世纪 90 年代以来综合课程革新实践的新发展

(一)可喜的新发展

20 世纪 90 年代以来综合课程革新实践的新发展，在四本广泛流传的发表物有生动反映。宾尼概括的有两本：一本是 1989 年出版的《科际课程：设计与实施》(*Interdisciplinary Curriculum：Design and Implementation*)。这本书并在督导与课程发展协会的成千上万的成员之间流传；另外一本是 Betty Shoemaker(1991) 的一篇论文《2000 年的教育：整合的课程》(*Education 2000：Integrated Curriculum*)，在书中，她描述了在俄勒冈的尤金为在小学水平上创造主题单元而进行的努力。课程综合包括了除科目以外的所有安排。[②] 此外，还有宾尼的《课程整合》(*Curriculum Integration*，1997)，注重对综合课程的理论与实践进行深层的历史、哲学、社会学理论反思；以及 Susan M. Drake，Rebecca C Burns 合著的《综合课程的开发》(*Meeting Standards Through Integrated Curriculum*，2004)，在阐述如何通过综合课程达成"知\行\为"教育目标框架方面具有突出贡献。

宾尼指出，20 世纪 90 年代是更新课程综合兴趣的阶段。课程综合不仅

---

① Bruner, Jerome S.；*The Process of Education reconsidered*. In Robert R. Leeper (Ed.) Dare to care/dare to act：Racism and education，Washington，Dc：Association for Supervision and Curriculum Development，1971：19～30

② Jamse A. beane，*Curriculum Integration，Designing the core of democratic education*，Teacher College，Columbia University Press，New York，1997：34

仅是为了坚持进步主义方向，而是在多方面汇聚着推进综合课程的动力。其一是知识的应用，培养应用知识解决问题的能力，需要更具有挑战性的内容。其二，是推测大脑在学习中处理信息更强调整体一致性，而不是靠片段的联系来组织信息，认为知识相互关联的一致性越强，越"与大脑和谐"，学起来越容易。其三，按照后现代和后结构主义的观点，知识既不是固定的，也不具有普遍性，语言和行动有多重意义，知识是社会性建构。其四，越来越多的学者认识到真正意义上的问题不能只凭一门单独学科解决，越来越有必要超越学科来看世界(Klein，1990)。例如，问题要置于环境中和人类关系中，要使学习有意义，不要以各门学科领域内部东拼西凑的孤立事实为开端，而应以学生自己的问题为开端。其五，坚持进步主义教育的原则，推崇如完整语言、单元学习、主题课程和以问题为中心设计的"整体学习"，要求结束学科领域内部支离破碎的状况，将课程与更重大的问题和现实冲突联系起来。[①]

新一轮课程整合的兴趣比较突出的特点是，课程整合不仅仅是学科内的整合，不仅仅是另外一种安排学科领域内容的方法，课程整合包含着一种非常不同于学科为基础的方法，具有自身对课程的思考方法，包括它的组织理论和知识的应用。课程综合也不仅仅是为了满足个人的兴趣，而应该体现更广泛的民主社会意图，与冲突、环境或未来这类问题和主题相联系，能为重要的社会目的而应用知识。从活动课程的角度看，综合课程就是师生为自己而动手做。鼓励学生自己参与观察，动手实验，得出他们自己的结论；师生围绕真实的情境合作计划活动，在活动中组织思想和经验，获得概念和能力。

(二)数学和科学课程的内在综合需求

伴随着综合课程上述深层意义上的革新实践发展，诸多课程政策也为学科领域内的综合提供了更广泛弹性的实践尝试视野。

综合课程的上述理念与数学学科课程观念的改变呈现出一致性。由于信息学的方法正在渗透到所有学科中，在数学领域，计算机惊人的数学能力正提供着一种新的工作范式或新的方法论，影响着数学渗透到我们的生活中，

---

① Jamse A. beane, *Curriculum Integration*，*Designing the core of democratic education*，Teacher College, Columbia University Press, New York, 1997：16～18

使得所有专业的科学家、技术人员，都在他们的工作中遇到数学模式问题，这就大大增加了应用领域对理论化数学的需要。同时，随着计算机和计算器的普及，最富于挑战性的难题是，怎样寻找正确的策略使人的能力和机器提供的可能帮助相互补充。[①]

1989 年 3 月美国数学教师理事会（NCTM National Council of Teachers of Mathematics）发表了相应于幼儿园至 4 年级，5～8 年级，9～12 年级的三套数学课程标准，并提出了所有年级的五项一般课程目标。这五项目标是成为数学问题的解答者；学会用数学交流；学会用数学推理；学会尊重数学的价值；对自己学习数学的能力感到自信。其中，成为数学问题的解答者，意味着面对各种新的数学问题情境选择和概括出解决办法与策略，包括处理来自数学中的，来自现实生活和来自于应用数学模式技术对付实际问题的各种新情境。学会尊重数学的价值和增强学习数学的自信，注重的是使学生尊重和欣赏数学在现代社会中和对文化发展的重要性，强调要培养一种"数学性格"，突出数学知识的内在联系和新的数学观念，注意激发学生的学习兴趣和创造性。[②]

20 世纪 90 年代的数学研究突出综合课程设计理念的另一个特点，就是认识到数学的主要分支具有许多结构上的相似点，用某些一般的概念就能抽取和勾勒出这些相似点的轮廓。有人指出，笛卡尔在 17 世纪就认为，几何中的对象和运算直接相对应于代数中的对象和运算，F. 克莱茵（Felix Klein）在 19 世纪指出他那个时代的所有几何都可以被看作在一种空间的变换后面的不变量的研究；而各种对向量法的研究结果则表明，一些基本的概念提供着在几何、代数、物理世界之间的一种强有力的联结。[③] 这些从数学学科本身寻找各门分支之间的质的综合点的研究，是 20 世纪 60 年代的新数学改革中所缺乏的，而且，相比于 20 世纪前期仅仅从各科知识在实际问题中的综合应用中寻找冲破各科目框格隔离的形式，无疑是一种质的飞跃。

① 参见联合国教科文组织 1989 年教育与信息学国际大会专题译文：《教育参考资料》，国家教委情报研究室，1989，1718
② Wilma S Longstreet and Harold G. Shane, *Curriculum for a New Millennium*, by Allyn & Bacon, 1993：227～229
③ IBID, 229～231

综合科学课程的发展可以在美国科学发展协会(AAAS)1989年发表的著名的"2061方案"中找到课程政策的依据。由科学家、数学家、工程师、历史学家组成的委员会，把科学脱盲问题确定为科学教育的基本前提，科学脱盲的性质被理解为：使得儿童能够获得必需的技巧、知识、理解力和态度，从而能像成功地发挥作用的成年人和负责任的社会成员那样行动[1]，认为最重要的是要懂得世界是怎样运转和科学知识变化的性质。以下是该委员会于1990年勾勒的中学毕业生科学脱盲应该是什么样的设想。

①熟悉含有多样性和统一性的自然世界；

②理解科学的基本概念和原理；

③认识使得科学、技术和数学相互依存的更重要途径；

④意识到科学、数学和技术是人类努力的产物，体现典型地联系着人类条件的局限与优点；

⑤能够以科学的方式思维；

⑥为了个人和社会两方面的目的利用科学知识和科学的思维方式。[2]

上述要求显然非常需要发挥综合课程的优势，认识到随着科学知识持续惊人的发展，准备学生成为任何领域专家的课程的局限性，才有可能开放地纳入科学发展的新成果。期望以科学发现和过程为综合的组织基点，促进学生能更富于思考地、更主动地介入科学学习和解决问题的过程中，这些恰恰是综合课程设计可选择的弹性组织中心，更适合引导学生深层次反思：科学探索过程的实质是什么？追求什么样的科学探索过程最有价值？科学探究仅仅是一套模拟科学家发现探索的过程程序吗？或者可以更实质性地说，科学探究是一种已经内化到西方文化中的一种求真的科学精神，是学会收集、储存、提取和评价事实的能力，是一种反省性批判创新的思维方式、性格与倾向，也是一种具有内在的人文价值的追求。

数学和科学课程本身的发展显示出综合课程实践有了更广泛的发展空间。综合课程的主导价值取向是，追求整个学科领域的"鸟瞰式"知识，学科之间

① 参见 George J. Posner, *Analyzing the Curriculum*, McGraw-Hill, Inc. 1992：898
② Wilma S Longstreet and Harold G. Shane, *Curriculum for a New Millennium*, by Allyn & Bacon, 1993：251～252

相互依赖的联系，科学、技术与社会之间的联系，学科内部核心性的基本原理和技巧，培养发现和解决问题能力。整个过程都不能脱离社会生活的无意义的抽象物，而应该联系着作为未来社会公民的学生的生活需要，联系着科学技术对他们的生活方式的挑战。

综上，国际上综合课程革新实践的经验表明，综合课程实践是在冲破重重困难挑战中获得长足的发展机遇。经过 20 世纪初综合课程理论和实践上的准备，迎来了综合课程实践尝试的黄金时期，又通过 20 世纪中叶学科内综合低谷反弹的历练，在近 20 年获得诸多发展。根据宾尼的概括，国际上大约有 80 项研究的正面证据支持综合课程是可行的(Vars，1991)，也有研究提出了批评综合课程的负面证据(Schug & Gross，1998)，尤其是教师在综合课程实施中遇到的困难(DcCorse，1996)①，内地更有学者在颂扬新课程改革新理念的背景中冷静地指出，历史上以儿童经验、生活常识和活动技能取代科学知识教育的思潮从未长时间占主导地位。② 而宾尼、Connie Riopelle 和 Hathleen Harris 的研究则显示，在美国、加拿大和澳大利亚，大量的教师及学生已经分享到综合课程实施中的"真正学习"体验。③无疑这些都说明，综合课程实践领域的发展充满着困难又富有挑战机遇。④国际上综合课程革新实践的历程，给我们积累了宝贵的启示。

第二节　国内综合课程革新实践历程

一、新中国成立前的综合课程发展状况

(一)伴随 1904 年新学制背景中的综合课程萌芽

我国近代西学传入后，教会学校和洋务学堂曾出现格致、博物、理科等以综合性名目命名的课程。1904 年 1 月(旧历 1903 年年底)由张之洞主持制定的《奏定学堂章程》即"癸卯学制"颁布并实行。《奏定学堂章程》规定普通中

---

① 转引自陈健生《课程统整——教师预备好了吗?》，载林智中、张善培、王建军、郭懿芬编:《课程统整——第四届海峡两岸课程理论研讨会论文集》，93 页，香港，2002
② 王策三:《认真对待"轻视知识"的教育思潮——再评由"应试教育"向素质教育转轨》，载《北京大学教育评论》，2004(7)
③ Jamse A. beane, *Curriculum Integration*, *Designing the core of democratic education*, Teacher College, Columbia University Press, New York, 1997: 48
④ IBID, 35

学学制 5 年，章程中的"各学科分科教法"可以看作是我国最早的课程标准。《奏定初等小学堂章程》和《奏定高等小学堂章程》也曾设置格致课，目的是使"知动物、植物、矿物等类之大略形象、质性并各物与人之关系，以备有益日用生计之用"。《奏定中学堂章程》则设置博物、物理及化学课，使"通晓动物、植物、矿物及理化之义"①。

表 2-1　"癸卯学制"规定的中学堂课程以及周课时(1904 年)②

学时\学年\周学科	修身	读经讲经	中国文学	外国语	历史	地理	算学	博物	物理及化学	法制及理财	图画	体操	合计
第一年	1	9	4	8	3	2	4	2	0	0	1	2	36
第二年	1	9	4	8	2	3	4	2	0	0	1	2	36
第三年	1	9	5	8	2	2	4	2	0	0	1	2	36
第四年	1	9	3	6	3	2	4	0	4	0	1	2	36
第五年	1	9	3	6	2	2	4	0	4	3	0	2	36

以壬寅、癸卯学制为界碑，带有近代意义即资本主义因素和色彩的课程计划在中国出现，标志着资产阶级文艺复兴以后形成的百科全书式的学校课程移植到中国。

1912 年教育部订定《小学校教则和课程表》，其中规定在高小设置理科内容，与格致课相同。1913 年的《中学校课程标准》也设有物理化学、博物等名目的课程。

从各学年的内容安排和课程标准看，以上这些大多不是真正意义上的综合课程。物理及化学中的物理、化学都分散在不同的学年，要求逐年分科学习。小学校的格致和理科虽然没有中学堂那么严谨地逐年分科安排，但内容上的分化也清晰可见。如 1912 年高小的理科第一、第二学年安排植物动物和矿物，第三学年安排物理化学以及生理卫生，教则中也未说明各科之间的联

① 人民教育出版社课程教材研究所：《20 世纪中国中小学课程标准·教学大纲汇编》，课程(教学)计划卷，23 页，北京，人民教育出版社，2001
② 余自强：《科学课程论》，16 页，北京，教育科学出版社，2002

络。① 所以,这些以综合性名目出现的课程,实际上是一种课程的简单拼合,没有打破传统分科课程的知识领域,目的是减少课程的门类,以适应当时的师资条件和学生需要及接受程度。

(二)1922年新学制出现具有实质意义的综合课程

1922年11月1日国民政府公布"学校系统改革案"。围绕1922年新学制改革,1923年新学制课程标准起草委员会刊布了《新学制课程标准纲要》。本次学制和课程改革的特点是提倡民主与科学,尊重人的个性发展,强调儿童本位。具体有如下举措。①高中增设科学概论课,包括科学发达史、当代科学大势、科学精神和科学方法,并且随时应重视实验,以期学生获得科学的训练。同时还开设有人生哲学、社会问题等必修的综合课程。②初中课程分为六大门类,即社会科、言文科、算学科、自然科、艺术科和体育科。尤其是算学科、自然科、艺术科和体育科的开设含有综合课程的意味。③初小也开设了自然、社会等综合课程。

表 2-2 1922 年学制初级中学课程表②

学科	必修科目												选修他种科目或补习必修科目
	社会科			言文科		算学科	自然科	艺术科			体育科		
	公民	历史	地理	国语	外国语			图画	手工	音乐	生理卫生	体育	
学分	6	8	8	32	36	30	16	12		4	12		16
	164												
	180												

这场学制改革受杜威影响很大,主要是针对当时中小学教育课程设置的传统弊端开展的。传统教育的最大弊端是脱离社会、脱离儿童、脱离实际。以杜威为代表的实用主义教育则认为"教育即生活""教育即生长""学校即社会""儿童是中心"。杜威"从做中学"的思想强调学生的活动,即使基础知识和基本技能的学习训练也要围绕各种活动来进行。按照这种理论编订的课程就

① 人民教育出版社课程教材研究所:《20世纪中国中小学课程标准・教学大纲汇编》,课程(教学)计划卷,67页,北京,人民教育出版社,2001
② 余自强:《科学课程论》,16页,北京,教育科学出版社,2002

是活动课程。它力图从学生的兴趣和需要出发，以学生的活动或经验为依据来组织教学。在杜威教育思想影响下，综合课程和核心课程受到了重视。前者把性质相同或相近的几门相关学科合并为一个范围较大的学科，包括合科课程(融合课程)、广域课程。后者围绕生活为中心，从问题出发实施单元教学，又称轮形课程。

按照 1922 年颁布的"壬戌学制"，初中课程采用混合制，包括单科和合科教学。当时出版的合科教材的内容主要是物理、化学、生物约占 1/3，此外也还有矿物、气象、地质等内容。教材的内容主要是通过许多知识的学习，总结出科学研究的一般方法。这种总结性的内容是分散的各门单科教学中无法完成的。

1922 年新学制下的中学综合课程依照综合的形式和程度不同，可分为组合性课程、混合课程、综合性问题课程三种。组合性课程如初中必修课中的社会科、言文科、艺术科和体育科。其中社会科是由公民、历史和地理组成，言文科是由国语和外国语组成，艺术科是由图画、手工和乐歌组成，体育科是由生理卫生、游戏、运动、体操和童子军训练组成。组合课程综合范围虽然广泛，但内部综合程度却比较低，无论是教学还是学分计算等基本上仍分科进行。混合性课程如初中的混合算学、混合历史、混合地理、混合自然科等混合性课程，在当时实施困难最大，争议也最多。综合性问题课程是为了提高中学生的生活能力，解决教育与生活脱节、学校与社会隔膜的现象而设置的，如人生哲学、科学概论、社会问题、文化史等。

综合课程成为 20 世纪 20 年代中学课程改革中的新生事物，为当时学校课程发展注入了活力，也符合当时教育发展的趋势。但正是由于其是新生事物，在实施过程中也遇到了不少困难，如师资问题、教材开发问题以及如何教的问题等，都是很大的挑战，并由此而得出结论"确实采用分科教授的学校能得到较优的成绩"[1]所有这些都是该时期的综合课程没能得到很好发展的重要原因。

---

① 中央教育科学研究所编：《中国现代教育大事记》，242 页，北京，教育科学出版社，1988

(三)新中国成立前期我国综合课程实施情况

在综合课程实施的最初几年里，各中学开设综合课程的兴趣和出版社出版综合教材的热情都很高。这是因为新学制中综合课程在发挥儿童主体，融合儿童、社会和生活上显示出了优势。然而随着综合课程实施的深入，问题和困难也接踵而至。由于师资与课本缺乏相当的准备，实施起来方式多样。1929年初中课程暂行标准，对实施最为困难的混合算学、混合自然两科采取了混合制和分科制两种标准，由各校自行采用。原社会科、言文科、艺术科和体育科，则重新分化为党义、历史、地理、国文、外国语、图画、工艺、音乐、生理、卫生、体育等科。高级中学普通科暂行课程标准也删去人生哲学、科学概论、社会问题、文化史等。综合性问题课程代之以传统的历史、地理、物理、化学等分科课程，而且还将历史地理细分为本国历史、本国地理和外国历史、外国地理。

表 2-3　1929 年中学暂行课程标准(初中)[1]

序号	1	2	3	4	5	6	7	8	9	10	11	12	13	14	
科目	党义	国文	外国语	历史	地理	算学	自然科	生理卫生	图画	音乐	体育	工艺	职业科目	党童军	总计
学分	6	36	20	12	12	30	15	4	6	6	9	9	15	不计	180

1932年初级高级中学课程标准总纲彻底恢复了分科设置，明确将初中自然分为植物、动物、化学、物理，采取传统的分科教学。1936年修正中学课程标准也维持分科教学的状态。虽然1940年的初中课程暂行标准曾重新提出过自然科兼采分科制和混合制两种标准，但同年的初中正式课程标准又重新明确自然科教学采取分科制。因为"混合制自然科教学在教材与师资两方面均感觉重大之困难，缺乏成效"[2]。之后的1948年修订中学课程标准，总体上也维持了分科教学，只在初中自然科内容上有一些变动，如将物理、化学合

---

① 余自强：《科学课程论》，22 页，北京，教育科学出版社，2002
② 人民教育出版社课程教材研究所：《20 世纪中国中小学课程标准·教学大纲汇编》，课程（教学）计划卷，154 页，北京，人民教育出版社，2001

并为理化科，植物、动物合并为博物科。虽然这是对课程综合的又一次尝试，而且从课程标准、教材大纲看理化内容的融合程度也相当高，但是由于国民党政府的失败，1948 年的课程标准也未能真正实施。可见从 1932 年至 1949 年中学课程设置基本处于分科状态。1923 年新学制课程标准纲要颁布实施的中学综合课程，实际上只维持了 10 年时间。

表 2-4　1948 年修订中学课程标准(初中)[1]

学科周课时学期		1 国文	2 英语	3 公民	4 历史	5 地理	6 数学	7 理化	8 博物	9 生理及卫生	10 体育	11 音乐	12 美术	13 劳作	14 童子军	选习时数	每周教学总时数
初一	上	5	3	1	2	1	5		3		2	2	2	2	1	1	27
	下	3	3	1	2	1	3		3		2	2	2	2	1		27
初二	上	5	3	1	2	2	3	4		2	2	2	2	2(3)	1	1	31
	下	5	3	1	2	2	3	4			2(1)	2	2	2(3)	1	1	31
初三	上	5	4	1	2	2	3	4			2(1)	2	1	1(3)	1	1	31
	下	5	4	1	2	2	3	4			2(1)	2	1	1(3)	1	1	31

　　总体上来看，新中国成立前期我国的综合课程有了一定的发展，学制上有了相应的规定，许多学者编纂了教科书，一些学校也进行了实践。但是由于综合课程开展起来有一定的难度，理论与实际研究没有很好地结合起来，教材也存在实施上的问题，教师教学起来感觉困难较大，再加上国内局势多变也影响教育改革，所以在实际教学中还是分科为主。应该说综合课程在这个阶段没有得到很好的发展。

二、新中国成立后至 20 世纪 90 年代中期我国综合课程开展概貌

　　新中国成立后直至 20 世纪 80 年代，我国教育界受苏联的影响一直实行学科教学，对综合课程的实施持否定态度，认为综合课程看起来注意了学科之间的联系，实际上往往破坏了知识的系统性。我国中小学的课程教材要使学生掌握科学的、系统的基础知识和基本技能、技巧。所以要求分别设立各

---

① 余自强：《科学课程论》，24 页，北京，教育科学出版社，2002

科课程，严格地按照每一门课程的目的任务组织教材；它们既有各自独立的系统又有着彼此必要的相互联系；各门课程的教材组织既有它的逻辑体系又适应学生的认识规律。这种观点有代表性地总结了我国在 20 世纪 80 年代以前对学科课程和综合课程的基本看法。

但这种看法很快就受到了质疑。吕达较早翻译介绍了英国英格拉姆关于综合课程的作用方面的论述。英格拉姆从认识论、心理和社会方面阐明了综合课程在应对知识的变化、联系知识的不同领域、提供目的的意义、提供有助于学习的课程、促进个性发展、通过分担的教与学、克服训练中的问题以及联系学校与社会等方面的作用。[1] 这给我们正确认识综合课程的作用打开了一扇窗口。

江山野、里宁 20 世纪 80 年代提出，开设综合课程显然有些好处，它便于使学生对文化科学技术及其发展有一些全面性的认识，并且对一些新的学科或跨学科的知识以及各个学科之间的联系有较多的了解，同时教学内容的伸缩性和灵活性也比较大，因此可以较好地解决现在课程设置和教学内容上存在的缺陷问题。但分科开设的课程的重要意义和作用是不能够否定的，如果要以综合性课程完全取代现在分科开设的课程，那会有很多的问题和困难，并且可能产生一些新的缺陷，以致造成一些损失。因为综合性的课程面比较宽，内容比较多，比较适宜于概要性的知识；而不能使其中每一个学科都保持一个独立而严整的学科体系。所以最好把综合性的课程和分科开设的课程结合起来。[2]

课程教材研究所叶立群认为，评价综合课程的作用，肯定综合课程优于分科课程，应该看它的作用是不是分科课程所不能起到的。一些所谓综合课程的优点，如适应社会的需要，吸收新的知识，淘汰旧的知识，适应儿童的发展，引起他们的兴趣，促进他们的学习积极性等，不是只有把分科课程改成综合课程才能办到的。他认为综合课程的确有特殊的作用，第一从认识世界来看，综合能够给予学生一个整体的观念，使学生认识各种现象和因素的

---

① 英格拉姆，吕达译：《综合课程的作用》，载《课程·教材·教法》，1985(2)：3
② 江山野、里宁：《改革课程结构、扩大学生的知识领域》，载《教育研究》，1985(6)

联系和制约，这是世界的本来面貌。第二从教学来看，可以避免有些知识的重复和割裂，可以更认真地选择和组织教学内容，避免分科课程要求体系的完整和逻辑的严密往往过分扩大知识范围的做法，因而也大大减轻了学生的负担。但是设置哪些综合课程要从教学目的、不同学习阶段和教学效果来考虑。①

20世纪80年代后期我国部分地区尝试了科学课程改革实验，开始对课程综合化进行深入的理论研究，有些地方还编制教材进行实验。例如，1985年东北师范大学附属中学的综合课程实验。

东北师范大学附中在高中开设综合课程的实验

东北师范大学附中在高中开设了以下几类综合课程：①全体学生必修的综合课，如人口教育、职业技术教育、环境教育、心理辅导课。这些综合课的目的，在于使高中学生掌握必要的谋生发展的综合知识，将来长大能更好地面对人生、职业和周围的环境。②为文科学生开设《自然科学概论》，为理科学生开设《社会科学概论》。这类综合课的目的，在于减轻学生学习负担，又克服偏科现象，在于拓展学生知识面，增强一专多能的本领。③为文科学生开设文科综合课，如民俗、中国优秀传统文化、西方经典文艺历史人物等。为理科学生开设理科综合课，如高科技讲座、能源教育、多媒体电脑等。开设这类综合课的目的，在于使将来从事文、理科研究的学生，各自在自己领域有更广博的综合知识基础和方法论基础，有更强的综合认识事物的能力，并及早的接触本学科领域最新信息和成果。

在总结经验的基础上，实验组还提出了如下建议：①原国家教委组织一部分人编写综合课大纲、教材，供大家选用。②允许学校开设多种形式的综合课。③培训教师，使教师能教多门课，能教综合课，师范教育要解决这个问题。④建立新的课程验收和评价机制，实行学分制。②

东北师范大学附中（初中）进行的理科综合课程试验，其《自然科学基础》

---

① 叶立群：《中小学课程改革探讨》，见肖敬若、江山野、武永兴主编：《普通教育改革》，29～30页，北京，人民教育出版社，1987

② 广东省教育厅"普通高中综合课程研究与实验"课题组：《普通高中综合课程研究资料汇编》，262页，广州，出版单位不详，1996

是新中国成立后国内编制的第一个初中综合科学课程。东北师范大学附中与东北师范大学于1985年成立了教材编写组，1986年联合了5所中学，在14个初一教学班进行了试验。但是学者余自强认为，该课程内容过多，要求过高，学科系统性太强，可能是这套教材难以坚持和推广使用的重要原因。[①]

1988年在国家教委"全国九年义务教育教材规划会议"之后，上海市和浙江省的综合理科改革实验几乎同时启动，而且在艰辛的改革历程中取得了一定的成效。上海的"理科"课程和浙江的"自然科学"课程在全国基础教育课程结构分科课程一统天下的格局中走出了一条新路，可谓异军突起，引起关注。学者余自强2002年出版的《科学课程论》，从理论与实践两个层面进行了比较系统的总结。

上海市中小学课程改革从1988年开始，1998年进入第二轮改革。这一轮改革是面向21世纪为适应上海日益成为国际大都市的局面而构建的。他们的设想包括以下几方面：①如何将学科中心的课程思想与经验主义课程思想完美融和构成一个有机整体；②如何将追求教育"卓越"与促进教育"平等"结合起来；③如何保证学生的情意态度和基础学力都得到切实的发展；④核心的学科性课程与外围的活动性课程是发展学生情意态度和基础学力的两翼，在学科性课程中强调基础知识的获得与理解，在活动性课程中则更强调对基础知识的内化、综合应用及技能的训练；⑤特别强调课程体制的弹性化，课程内容的多元化。其课程结构由4个课程模块组成，包括基础型课程、拓展型课程、探究型课程、研究型课程。

综合课程是上海市中小学课程整体改革的重要组成部分。在义务教育阶段同时进行小面积试验的有两套综合课程的教材，社会教材以社会学体系为框架融合历史和人文地理的内容；上海师大编写的理科教材采用情境中心论观点围绕20个主题讲述了理、化、生、地知识，注意用各学科共同的概念统领材料，比较接近综合课程中的广域课程。上海市教委教研室编写的综合理科采用大板块结合的编排方式，即通常所谓的拼盘式合科教材。高中阶段采取模块式综合课程，强调课程的发展性与开放性，强调课程的背景、主题和

---

① 余自强：《科学课程论》，117页，北京，教育科学出版社，2002

活动，注重学科课程与经验课程的相互融合，以及各种综合思想、类型的统一，以充分发展学习者的创造性、自主性和批判性。模块式综合课程以学科课程的发展和深化为基点，以人类活动和环境为背景，与学科课程相辅相成。模块涉及的领域包括人类和自然系统、发明和创造、技术和过程、社会和变化等方面。

表 2-5　上海市全日制九年义务教育(6～9 年级)周课时安排表①

年级	广播操	眼保健操	思想品德时事与晨会	公民	语文	数学	外语	历史	地理	社会	综合型(社会)	物理	化学	生物	理科	体育与保健	音乐	美术	劳动技术	计算机	选修课程	体育锻炼	班团队活动	兴趣活动	社会实践活动	周活动总量
						工具学科			社会学科(分科型)		综合型		自然学科(分科型)			综合型	技艺学科						活动课程			
6	每天15～20分钟	每天10分钟	每天15分钟其中3次时事课	1	5	4	4				3				2	3	1	1	2			2	1	每周8课时	每学年2周	35
7				1	4	4	4	2	2		3				3	3	2	1	1	2		3	1			38 / 37
8				2	4	3	3	2	2			3	2			2	1	1	2	2	2	3	1		每学年3周	39
9				2	4	3	3	2					2	3		4	2	1	1	2	3	3	1	每周5课时		39

上海师范大学实验学校的整体改革试验

此次试验坚持既能给学生打好综合基础，又能为每个学生的独特发展创造条件，将两者有机结合起来。试验人员认为综合基础是现代人的必备素质，其内涵比双基丰富，更符合 21 世纪社会发展对人才的要求，有利于学生素质

---

① 余自强：《科学课程论》，28 页，北京，教育科学出版社，2002

全面和谐发展。而进行课程、教材的改革，实施综合课程是培养学生综合素质的突破口。为此，实验学校实行十年一贯的课程结构体系。根据课程内容和学生的年龄，将十年的课程分为以下 3 个阶段。

1~4 年级为低年级阶段，加强工具学科(语文、数学、外语)的综合性和开设综合性学科(社会科学入门和自然科学入门)。这个阶段教学要给儿童社会和自然的轮廓性的整体认识，拓宽知识面，培养学习兴趣，促进学生全面和谐的发展。

5~7 年级为中年级阶段，在分科教学的基础上加强学科之间的横向联系，开设选修学科。使学生养成独立学习的习惯，推动学生找到自己的兴趣和爱好。

8~10 年级为高年级阶段，适当减少必修学科课时，增加选修学科课时。让学生掌握学习的主动权，促使他们的特长、爱好和创造才能得到充分而自由的发展。

在优化课程结构方面，试验组采用组块结构设置课程，即打破单一的学科课程结构，设置多样化、整体化的课程，学科课程与活动课程相结合，分科课程与综合课程相结合，课内教学与课外活动相结合。

为了使课程形成整体化的结构，试验者在安排课程设置时注意 4 个方面的横向选择。第一，注意基础教育实施的整体化，使德、智、体、美、劳五育的要求相互渗透，落实在课程计划中；第二，注意不同课程类型的组合，保证学科课程，加强综合课程，注意实践活动课程，加强艺术、体育课程的统一安排，使多种类型课程结合成合理的课程结构；第三，注意能力发展的整体化与同步性；第四，注意课内外教学与活动形式的统一。

为了实现学科间的联系，试验者采用了分科联合和学科渗透等形式。所谓分科联合是指将各科知识综合在一门学科中，用综合课的形式进行教学，或者由各学科教师在教学中互相配合或者将一门课的原理用到相邻学科中去。为了实现学科渗透，试验者主要采用以下四种方法。第一，编写教材时注意各学科知识内容有机地衔接，减少不必要的重复。第二，用不同的观点将不同学科的知识组合成新的综合学科作为新学科或选修科开设。第三，采用典型题目将同一学科中不同分支的知识形成横向联系的知识网。第四，用专题教学的形式，采用覆盖性大的共同课题将不同学科的知识组成横向联系的知识结构进行教学。

此外还有开设灵活多样的选修课以及建立完善的课外活动体系等措施。

由于课内和课外，校内和校外组成了一个生动有效的整体结构，学生从多种渠道吸收知识，发展能力，保证了学生的和谐发展。①

20世纪80年代后期至90年代中叶，对综合课程的研究范围进一步扩大，除了上海市和浙江省进一步分别在点和面上试验和实施初中课程综合化的设想，广东省对高中综合课程的研究与实验从1996年7月开始启动，集中力量开发综合文科和综合理科两种新课程，即在高一分科教学的基础上，侧重文科类和就业类的学生从高二起学习综合理科课程，侧重理科的学生从高二起学习综合文科课程。以后逐步过渡到将综合课程放到整个高中阶段来构建，从高一起就开设综合课程，形成开放式的课程模式。② 北京市也强调应该整合社会、社区、家庭等各方面的教育影响，综合课程应引导学生走向生活、走向自然、走向社会，为学生的终身持续发展奠定基础，包括侧重实践性的课程和学校自主开发的课程。20世纪90年代人大附中和十一学校的综合实践活动卓有成效，是北京市较早有积极影响的探索，其成果主要反映在高峡等著的《活动课程的理论和实践》一书中③。此外具有综合性质的STS教育也在我国的一些学校开展起来。④

当然，从20世纪80年代末开始，引起举国关注并且对20世纪末的我国新课程改革产生重大影响的综合课程研究，当推浙江省的综合理科的革新探索。

三、浙江省的综合理科实验

浙江省综合课教材的实施迈的步子较大。1988年5月，国家教委在山东省泰安市召开"全国九年义务教育教材规划会议"，在这次会议上，确定浙江省参加编写义务教育教材。同年12月，浙江省义务教育教材编委会成立，并

---

① 广东省教育厅"普通高中综合课程研究与实验"课题组：《普通高中综合课程研究资料汇编》，238~259页，广州，出版单位不详，1996
② 同上
③ 高峡等：《活动课程的理论和实践》，1~2页，上海，上海科技教育出版社，1997
④ 赵学漱等编：《STS教育的理论和实践》，120~123页，杭州，浙江教育出版社，1993

召开第一次编委会会议，讨论课程改革的方案。经过一定的调研，酝酿起草了义务教育教学计划，确定设置初中自然科学课程，以取代原来物理、化学、生物课程以及地理中的自然地理内容，并且编写成教材。1991年9月新教材开始在慈溪市观城区、绍兴县柯桥区、诸暨市三都区3个试验区使用（约五千多初一学生参加第一批试验）。1993年9月，全省初中从起始年级开始试行"自然科学"课程。"自然科学"课程试验扩大，并且分别在1994年和1996年对自然科学课程进行了修订。1997年8月，浙江省教委发文，规定把继续使用《自然科学》合科教材或采用分册教材（具体分为物理、化学、生物和综合4个分册）的决定权下放给各县（市、区）教委。至当年11月，全省11个市（地）教委全部以书面报告的形式正式表态，赞同全部初中继续使用"自然科学"课程合科教材，实施综合理科教学。1997年秋，新版16开本的"自然科学"教材从初一年级起试用，标志着浙江省初中综合理科教材逐步走向成熟。2000年秋，新版16开本的"自然科学试验实习册"一、三、五册开始试用，二、四、六册在2001年春开始试用，标志着"自然科学"课程的实践活动迈出了重要的一步。[①]

　　浙江省规定在初中设置综合理科性质的"自然科学"课程教育目标为"初步认识人类自身及其生存的自然环境，学习自然科学的最基本的概念、原理、规律及其初步应用。初步掌握观察和试验的基本手段和技能，初步形成科学的思维方法。重视培养热爱大自然的情感、探索创造精神以及应用所学知识分析问题和解决问题的能力"。自然科学教材基本是按照生物、物理、化学、综合科学的顺序编排的。这主要是为了适应一线教学的需要和教师的教学水平，便于2～3个教师共同完成一门综合课的教学。

---

① 主要参见余自强：《科学课程论》，前言，第六章，第九章，北京，教育科学出版社，2002

表 2-6　浙江省义务教育初中课程设置表①

年级	学期	公民	体育与保健	语文	数学	外语	自然科学	社会	音乐	美术	劳动技术农业技术基础	家庭生活	职业指导	文化选修·外语	文化选修·自然科学	文化选修·其他	劳动职业技术选修	班团队活动	体育活动兴趣活动	周学习活动总量
初一	上	2	3	6	5	5	4	3	1	1	1							1	3	35
初一	下	2	3	6	5	5	4	3	1	1	1	1						1	3	36
初二	上	2	3	5	4		4	4	1	1	2	1		4				1	3	35
初二	下	2	3	5	4		4	4	1	1	2		1	4				1	3	34
初三	上		2	5	4		4	4	1	1	2			4			1	1	3	32
初三	下		2	5	4		3	1	1	2			1	4	4	4		1	3	32

（必修课程：公民、体育与保健、语文、数学、外语、自然科学、社会、音乐、美术、劳动技术农业技术基础、家庭生活、职业指导；选修课程：文化选修〔外语、自然科学、其他〕、劳动职业技术选修；活动：班团队活动、体育活动兴趣活动）

浙江省初中"自然科学"课程实验

1988 年，浙江省决定在全省初中实施综合课程教学，其中在全国影响比较大、实施地比较成功的是"自然科学"实验。

1991 年 9 月至 1994 年 7 月，"自然科学"课程在慈溪市观城区、诸暨市三都区、绍兴县柯桥区进行首轮试验。在试教中的随堂听课及之后进行的调查显示，学生能够在课堂上比较积极地开展思维活动，课堂气氛活跃，学生能联系实际思考和回答问题，能理解教材中的基本概念和基本规律。实验操作认真正确，实验结果合理，基本达到预定的知识、技能和情感目标。由此调查人员认为，试教的几节教材的内容的难易程度和文字叙述与学生的年龄特征、知识基础是相适应的，受到了学生的欢迎。②

为了更好地推行综合课程，试验人员总结了试教区的经验。一是进行思想上的准备，通过各种形式的宣传扫除人们心理上的障碍。特别是授课教师。二是建立健全的教研网络。三是选择合适的试教老师。第一类是有一定教育

---

① 余自强：《科学课程论》，28 页，北京，教育科学出版社，2002
② 同上书，95 页

教学经验、事业心强又有钻研精神的教师，充分发挥他们的聪明才智，带头探索新教材的教法和学法；第二类是青年教师，他们较少顾虑，应变能力强，敢于试验，能较快适应新教材的教学工作。

在各年级教师的安排上，试验区也采取了一定措施。初一以生物教师为重，同一所学校由两名或两名以上的教师担任，原则上安排不同专业背景的教师任课，以便互帮互学，取长补短，提高教学目标的达成度。第二学年时，有计划地留下一些教师在初一"踏步"，作为"种子"，起辅导和带头作用，另补充一些物理教师任课。到第三学年时，再留下一些教师在初二，并相应补充一些化学教师任课。这样既可以照顾整个试验工作的连续性，又可兼顾后续年级的教学工作。在师资培训上不搞一步到位，而是实行分步培训。

在整个实施过程中，除了引导教师学习教育理论之外，还组织教师熟悉教材、学习教学指导纲要，不断深入领会教材编写意图、结构体系，允许教师有一个认识过程和适应过程。通过集体备课、组织研讨会、开设试教课、实验操作比赛、进行经验交流等手段予以宏观指导，逐步加以提高。试验区规定每周五为"自然科学"教研日，主要活动内容是针对下周教学内容进行集体备课。备课采取"能者为师、分章节备课、写出教案、分章节辅导、各个击破"的方法，通过讲讲、议议、答答等方式进行。既备教材内容，又备教学方法，还备教学思想。为了提高教师动手操作能力，还安排了非本专业教师的实验技能培训和比赛活动，保证了教学任务保质保量地完成。

为了更好地证明"自然科学"的教学效果，试验人员对毕业生进行了跟踪调查，结果显示试验区学生与非试验区学生没有显著差异，这一结果打消了人们对初中综合理科教学质量的怀疑。[①]

余自强在《科学课程论》一书中总结了浙江省综合理科成功实施的原因。

其一，改革符合国内外教育改革潮流，切合实际。比如，"自然科学"课程从理论框架上看，其结构与体系是拼盘式的，并不理想。但从实践效果来看，课程在教学体系安排、教学内容的取舍等方面，比较切合浙江省初中教学的实际，能够为多数教师所接受。与高中理科教材的衔接也较好，学生结

---

① 余自强：《科学课程论》，76～77页，北京，教育科学出版社，2002

束本课程学习后，继续学习高中理科课程没有发生衔接上的困难。因此，高中教师和学生没有异议，社会各界也没有大的反映。

其二，领导的支持。"自然科学"课的成功实施离不开浙江省及国家教委的大力支持。省委领导不仅支持提倡开设综合课程，而且多次召开座谈会，做调查研究，并以"公决"的方式推进课程改革。

其三，专家的支持。教育课程专家对课程实施予以关注和支持。他们通过听课、调查肯定已有成绩并指出存在的不足，并从理论上予以指导。

其四，教学一线的领导和教师的支持。从"自然科学"课程开始实施起，浙江省各级教育行政部门和学校的领导、教师，就把它作为实施素质教育过程中的一个新事物来看待，把它的实施作为转变教育思想的过程来处理，做了大量的工作，付出了艰辛的劳动。他们统一思想，转变观念，分析困难，指导教学，落实教学常规，积极有效地开展教科研活动，并用具体的事例和实验的数据进行宣传，促进各科教学。

其五，课程教材逐步完善。在试教的基础上不断对教材进行调整，在吸取新思想、新技术的同时对教材进行全面修订。[1]

这些积极探索为我国新课程改革中综合课程革新积累了一定经验。我国2001年7月颁布的《基础教育课程改革指导纲要》指出：基础教育改革的目标之一是"改变课程结构过于强调学科本位，门类过多和缺乏整合的现状，使课程结构具有均衡性、综合性和选择性"。具体到课程设置上，"小学加强综合课程，初中分科和综合课程相结合，高中以分科课程为主"。[2] 至此，国家以法令的形式规定了综合课程在基层学校的地位，也有越来越多的学校进行了综合课程的改革。

但是同时也要看到，浙江省自然科学课程还存在一些不足。首先，批评意见大多是针对知识体系提出的，这从一个方面暴露了我国公众的科学观，即仍然将科学视为由概念、规律、理论构成的逻辑体系，注重结果而忽略过程。在这种科学观的指导下，科学课程只能有一种模式，即注重知识逻辑建

① 余自强：《科学课程论》，99～110页，北京，教育科学出版社，2002
② 教育部：《基础教育课程改革纲要(试行)》，2001

构的课程模式。因此自然科学课程受到批评和反对便不足为怪了。其次，浙江省的自然科学课程仍然是对全体学生提出统一要求，在课程中没有体现出差异性和灵活性。这是长期以来我国在计划经济体制下形成的课程模式。在这种模式下，真正的科学探索是无从开展的。最后，虽然跟传统科学课程相比，浙江省的自然科学课程增加了科学方法的内容，但整个课程仍然继承了传授知识的课程模式，对教学方法也未提出明确要求。即便有诸多不足，浙江省的自然科学课程还是迈出了可贵的一大步。

四、新课程改革中的综合课程

(一)新课程改革对综合课程的高期望

1999 年 6 月中共中央、国务院在《关于深化教育改革全面推进素质教育的决定》中指出，要"调整和改革课程体系、结构、内容，建立新的基础教育课程体系试行国家课程、地方课程和学校课程。改变课程过分强调学科体系、脱离时代和社会发展以及学生实际的状况。抓紧建立更新教学内容的机制，加强课程的综合性和实践性，重视实验课教学，培养学生实际操作能力"。

教育部 2001 年 7 月颁布的《基础教育课程改革指导纲要》(以下简称《纲要》)，从课程改革目标、课程结构、课程标准、教学过程、教材设计与管理、课程评价、课程管理、教师的培养和培训以及课程改革的组织与实施九个方面，勾画了 21 世纪我国基础教育课程改革的宏伟蓝图。《纲要》中明确规定："小学阶段以综合课程为主。小学低年级开设品德与生活、语文、数学、体育、艺术(或音乐、美术)等课程；小学中高年级开设品德与社会、语文、数学、科学、外语、综合实践活动、体育、艺术(或音乐、美术)等课程。初中阶段设置分科与综合相结合的课程，主要包括思想品德、语文、数学、外语、科学(或物理、化学、生物)、历史与社会(或历史、地理)、体育与健康、艺术(或音乐、美术)以及综合实践活动。积极倡导各地选择综合课程。高中以分科课程为主。从小学至高中设置综合实践活动并作为必修课程，其内容主要包括信息技术教育、研究性学习、社区服务与社会实践以及劳动与技术教育。"

2001 年 7 月教育部正式颁布的全日制义务教育科学(3～6 年级)课程标准(实验稿)和国家科学课程(7～9 年级)标准(实验稿)中，借鉴了美国等西方国家关于科学教育的一些做法和我国一些实验区的成功经验，对中小学科学课程的基本理念、培养目标、内容标准和实施建议等做一系列规定，渗透综合课程的理念。现以科学(7～9年级)课程为例分别介绍。

科学课程(7～9年级)标准(实验稿)中规定，新课程标准要求教材要体现"面向全体学生，立足于学生发展，能够体现科学的本质，突出科学的探究性，能够反映当代科学研究的新成果，以达到全面提高每一个学生科学素养"的理念。

科学课程(7～9年级)标准(实验稿)中规定，课程内容要突出"整合"与"探究"两个特点：科学课程整合的特点，一是试图超越学科界限，保留带有结构性的基本内容，注意不同学科领域知识、技能之间的融通与连接；二是全面提高学生的科学素养，将科学知识与技能，科学态度、情感与价值观，过程、方法与能力进行结合与渗透，并力求反映科学、技术与社会的互动与关联。

科学课程(7～9年级)标准(实验稿)提出了"提高每个学生的科学素养为总目标"和科学探究(过程、方法与能力)，科学知识与技能，科学态度、情感与价值观，科学、技术与社会的关系4个分目标。

科学课程(7～9年级)标准(实验稿)构建了4个内容领域：科学探究；生命科学；物质科学；地球、宇宙与空间科学；科学、技术与社会的关系。5个领域的内容中，有分有合，科学探究和科学、技术与社会的关系领域以综合为特色，其内容渗透到其他3个领域中去，将5个领域综合在一起。综合的途径主要有3种：反映自然界同一性的统一的科学概念与原理；科学探究的学习方式；科学、技术与社会的主题。

综合理科课程、综合文科课程、综合实践活动等综合课程从此正式成为国家基础教育课程体系的重要组成部分，这也标志着新中国成立以来分科主义课程一统天下的格局被彻底打破。2001年秋季，我国义务教育18科课程标准(实验稿)和各科实验教材[这其中就包括《科学(7～9年级)课程标准》和教材]的实验工作，在我国27个省(自治区、直辖市)的38个义务教育课程改革国家实验区全部展开。2002年秋季随着课程改革省级实验区工作的全面启动，我国义务教育课程体系开始全面进入实验阶段。课程政策对综合课程改革支持力度的加大，使我国综合课程革新实践进入一个新的发展阶段。

(二)新课程改革中综合课程实施现状

综合科学课程的设置理论上顺应了当前教育改革的趋势，符合现今我国基础教育的目标，但由于我国学校系统长期围绕分科课程的实施运作，因此无论在观念上，还是在实施课程的过程中，都存在着许多问题，使得课程的实施困难重重、步履维艰。

东北师范大学李长有在其硕士学位论文中通过问卷形式对综合理科课程改革开展比较好的浙江省部分地区进行了调查。问卷涉及两个方面：一方面调查教师在综合理科课程实施中发挥作用的情况，了解教师对综合理科课程的理解意识；另一方面调查综合理科教材的编写与实施情况，探查教材的结构和内容是否合理。其调查结果表明，按照实施新《科学（7～9年级）课程标准》的要求，教师的素质、教师对综合理科课程的理解以及教材的结构、内容层次等方面都存在着不少问题。

教师素质方面的问题主要表现在：一是学历偏低；二是自然学科的教师一般由原来的理化生教师担任，原本是单科背景；三是综合理科实施后备课时间增加，教师有抵触情绪；四是不愿意接纳综合理科课程，对于"如果有机会，你是否愿意开一门新课程"这个问题，有79.25％的教师填写"否"。

调查结果显示教材内容并没有适当地反映出综合理科的宗旨目标。有97.93％的教师认为自然科学是拼盘式把理化生集合在一起，当问及"自然科学是否是真正的综合"时，有80.5％的教师回答"否"。

调查显示，自然科学的内容仍以知识本位为主，不利于创新能力的培养。教材虽然增加了联系社会问题的内容，但是仍然以学科知识为主，联系生活和技术不够。约51％的教师认为不够贴近学生熟悉的社会生活，77.59％的教师认为自然科学是知识本位的。

另外，自然科学综合课程的评价方式不适应综合理科的需要。评价方式没有走出分科时的评价模式，调查结果表明，有95.85％的教师认为自然科学的评价方式与分科教学的评价方式没有变化；有90.46％的教师认为自然科学的评价方式不利于综合理科的教学，不能从根本上促进综合理科的发展。①

　　作为综合课程的重要部分的综合实践活动，虽然 2003 年教育部颁布的《普通高中课程方案（实验）》中，该板块占 15 个学分，是 15 个学科中占学分最多的，明确了其在整个课程体系中的重要地位，但是实施并不到位。正如本书"前言"中所示，2007 年中央教科所对于全国东、中、西部 12 个省（直辖市、自治区）的综合实践活动实施现状所作的调查显示，远未达到常态开设的实施状态。②

　　而 10 年课改回顾前瞻的系列文章③显示，当初在多门学科课程标准中作为重要理念之一的综合性，以及作为课程结构改革突破口的综合课程，在不同学科实施中呈现不均衡状态。即使是在一些优质师资积累丰厚的学校，一些本身就综合性强的学科，如艺术课、劳技课等较好地实现了综合课程的理念，综合课程给教师专业成长提供了很大发展平台，艺术科的教材开发也体现了综合课程的创新理论，但教师面对创新和综合知识储备挑战，尤其是培养教师的职前和在职课程面对更严峻的综合挑战；一些在考试制度中不占中心地位的学科，如历史、地理、思想政治课综合空间比较大，乡土历史地理的校本课程开发纳入综合实践活动；科学课程比较有力地扩大了科学、技术、社会的综合视野，科学素养的培养更紧密地联系科学探究，而综合本身不是很受关注。而作为其他学科学习基础、工具性、人文性同等重要的中、英、数学科，在课改实施中感受到的压力相对大些，警示泛化、浅化，基础不扎实的声音也不少。④ 因此，课改和考改的实质接轨，课改推进速度与教师的专业成长的协调，一直是近年的强烈呼声，两者也是综合课程革新实践的重要生长点，研究力度也正在加大。

第三节　综合课程革新实践的现实反思

　　纵观国内外综合课程革新实践发展历程，其兴趣可能是集中于社会问题

---

① 李长有：《中学理科综合课程的研究初探》，25～34 页，长春，东北师范大学出版社，2004
② 冯新瑞：《完善上级课程管理体制，保障综合实践活动课程有效实施》，载《教育科学研究》，2010(12)
③ 参见《课程标准实验稿实施十周年特刊》，《基础教育课程》2011(7～8)
④ 胡秦璐：《语文新课程改革纵深发展的难点与突破》，载《新课程研究》，2011(10)

或社会概念，可能是集中于个体的心理需要或创造需要，个体面对的问题以及与关注的问题有关的不同科目之间知识的联系与组织。总之，通过以问题为中心、知识应用、参与性建构，综合课程帮助年轻人体验民主生活。

在整个综合课程实践的实际发展过程中，展示着希望的曙光和对困难的挑战。

一、综合课程革新实践发展的意义

综合课程革起伏曲折的发展历程给我们最深刻的启迪是：综合课程的内在价值扎根在教育最内核的价值中，根植于实现从人的心灵内部引出智慧内核、用真理启迪生命的最高教育理念中。正因为此，无论历经多少挫折，仍然值得教育界志士仁人孜孜以求。

历史的发展过程展示了综合课程发展的深厚基础。

从认识论的基础上说，客观世界本身和研究客观世界的知识本身是相互联系的整体，之所以分化为不同的学科进行研究，不仅是精深地认识事物的需要，也是因为人类认识能力的局限性。

从学科发展的新趋势上说，近年来高度分化的学科之间相互交叉渗透，向协同化、综合化方向发展，学科的分化与综合并驾齐驱。

从人类共同面对的挑战说，人类在现实生活中面临的问题是错综复杂的，往往需要综合应用许多领域的知识才能获得妥善的解决。

从学生经验的内在整合需求说，学生的身心发展尚未分化，认识事物具有整体直觉倾向，形象思维和抽象思维的发展需要协调平衡地介入左右脑活动的操作与实践，认知结构的发展也需要主体对客体的主动操作以及对操作结果的丰富感知，而成功的综合课程与教学可以提供整合上述经验的更多机会。

从教师的专业成长来说，综合课程的挑战也提供了教师成长的契机。活化综合课程的内在魅力需要拓展学习交流空间。虽然潜在的成功途径丰富多样，但其摸索的历程起伏曲折。可操作方案的形成过程，往往既需要展开丰富想象、进行经验重组、闪现创造灵感，又需要擅长理性分析、左右逢源、密织慎思。教师亲历综合课程的创造实践，才能够获得更多更好的专业成长契机。教师在综合课程的探索实践中，不仅和学生共同体验到发现和契合自我的愉悦,更经历改变和超越自我的成长。

从推动学校课程结构革新来说,综合课程可以弥补学校学科课程的不足。学校学科课程之间的框架隔离形式,以及学科知识系统内部的自足性和封闭性,容易造成孤立、片面或零碎地传授系统的基础知识和基本技能,偏重学科知识体系掌握的评估标准又滋长了注重学习结果而忽略过程经验的倾向。综合课程与教学能够为学生的知识系统之间整合、学习过程与学习结果之间整合,知识与经验之间整合、认识的整体性发展、把握和解决问题的全面的视野与方法,提供更多机会。综合课程革新被认为是落实我国《新课程纲要》要求的课程结构、体现"均衡性、综合性和选择性"的重要生长点。

总之,综合课程革新对社会发展的功能和对人的发展的功能,是综合课程持续发展的最深厚基础。正如有关学者指出的,综合课程实施的目的,是向学生提供一种能够使他们与自然、社会、文化和谐共处的整体性、综合性的经验,使他们能够形成与自然、社会和文化和谐共处以实现人类社会可持续发展的积极态度,培养学生对整个生态系统的责任感,使他们学会认知、学会共同生活、学会生存以及学会终身持续发展的综合能力,培养他们的创造力和综合实践能力,使他们接触广泛的自然科学知识、社会科学知识以及人文科学知识。

二、国内外综合课程革新实践呈现的希望曙光

在国际上,加拿大学者德雷克(Susan M. Drake)与美国学者伯恩斯(Rebecca. C. Burns)合著的《综合课程的开发》,反映了在相当范围内进行综合课程革新的可喜信息。书中描述到,课程专家 Connie Riopelle 和一位来自社区的导师,凭借自己在综合方法方面的专业能力与高度热情,领导着一个工作团队进行"构建联系"的综合课程的探索,促进小组内或小组之间产生对话,在前期的五年对学校产生积极效果研究的基础上,继而投入热情再设计和修订综合课程,在思维学习和将概念运用于学习单元的方法方面有了新的进展,分享和评判了评估报告并订正了细则,完成了 Daimlerchrysler 公司和密歇根州教育学院、密歇根州职业和技术教育司的一个合作伙伴计划。其首要目标是发展所有学生的综合课程经验,使用了严格的、与学生的职业兴趣相联系的标准。这个计划由 Dixie Hibner 领导,对来自大约 70 个学区中的 200 所学

校的近一万名从幼儿园到 12 年级学校的教师提供所需要的指导，鼓励这些教师团队进行行动研究。

与这个计划具有渊源联系的是加州索诺马大学教师 Hathleen Harris 的"构建联系"的独特模型。Harris 曾经和来自 42 个州的 500 多名教师一起成功地工作过。在她看来，学生的责任心和关联性，以及两者的衔接，是进程中都不可忽视的最重要的两部分，把脑科学研究理论、建构主义理论和多元智能理论结合起来，以帮助教师们理解为什么和怎么样来创造最有效的、具有教学指导意义的活动。她推荐与现实世界——通常指的是与工作的世界——相联系的、真实的、综合的活动。一个现实世界的问题经常为我们提供了学习活动的基础。另外，教师们需要考虑到学习方式的多样化和个性化。[①]

在国内，我国《新课程标准》对综合课程革新支持力度大增。除了制度规定的综合实践活动凸显综合性之外，各科标准几乎都涉及三方面的整合。

经验的整合——综合应用、开拓创新、融会贯通、跨域转换等经验的整合。

内容组织形式的整合——自然、科技、人文、社会跨学科整合，或学科内的整合，包括应用信息技术、不同学科的内容与方法等要素的交叉渗透、以科学探究为核心组织、主题组织等。

课程和教学过程各要素的整合——课程目标、内容、结构的整合；学习方式、教学方式的整合；处理课程教学问题方面思维方式的整合。

在我国新课程标准中，几乎每个学科都把综合作为关注重点。《历史与社会》被定位为综合课程，顺应人文社会科学各学科间的交叉渗透融通的趋势，培养综合认识方式，形成对历史与社会生活的整体认识及综合运用知识的能力。科学课程也强调知识、能力、情感与态度价值的整合，以科学探究为核心，强调各学科领域知识的相互渗透和联系整合，有助于学生从整体上认识自然和科学，根据统一的科学概念、原理和各领域知识之间的联系来建立开放型的知识结构，获得对科学、技术与社会关系的理解。实践与综合应用被

①　[加]Susan M. Drake，[美]Rebecca. C. Burns 著，廖珊、黄晶慧、潘雯译：《综合课程的开发》，107～108 页，中国轻工业出版社，2007

视为数学课程的重要内容。综合性也被界定为艺术课程的性质之一。杨立梅为综合艺术课程主编的教材，不仅是艺术学科的知识、创作技能、文化背景、风格流派等内容的综合，还是音乐、美术、戏剧、舞蹈、影视等多种艺术学科的综合以及艺术学科与其他学科的综合。综合探索也是美术依据学习方式划分的学习领域之一，音乐则强调通过综合艺术实践，帮助学生更直观地理解音乐的意义及其在人类艺术生活中的价值，其综合主题有如水、手、生命、死亡、环保、战争与和平等。乡土地理也成了地理科中综合性学习的载体。

这些，最明显地反映了综合课程的理念已经内在注入我国的课程政策中，而我国综合课程革新理论与实践结合的探索研究方兴未艾。

学校实践中的综合课程革新探索呈现多元多态、参差不齐的现状。不少教科研实力雄厚的学校，不仅开发和实施了具有鲜明地方特色的校本综合课程，一般体现为研究性学习、综合实践活动等，而且在日常的学科教学中，关注科际知识、学习方式、生活经验之间的内在渗透，综合课程已经内化为学校促进学生发展的重要途径。另外，不少边远地区、教科研力量单薄的学校，仍然把综合课程视为疏离于日常承受的升学压力的额外负担，综合课程只是必要时装点学校门面的调味品。

可喜的是，全国各学科专业研究委员会及一些国家基础教育重大课题，就新课程标准中综合课程的理念转化为可操作实践的问题，进行理论密切联系实践的深入探讨。比如，在2007年5月20日至22日在重庆举办的由裴娣娜教授主持的教育部哲学社会科学研究重大课题攻关项目"我国学校教育创新研究"数学研讨会——海峡两岸第三届数学课程与教学学术研讨会上，一百多名来自全国各地的项目成员校代表和海峡两岸的数学教育研究专家，就"数学活动经验""数学思想方法""数学作为活生生的文化学科""数学语言和数学学习的文化建构""做数学""对数感、量感、形感、空间感建立的积极影响"等问题，展开深入的探索，突出强调我国新课程标准首次写入数学活动经验，并且在修改稿中把其与数学的基本知识、基本技能、基本思想提到并列地位的重要意义。在数学学科领域，对综合课程学习空间进行理论联系实践的探索势头方兴未艾，以下摘录具有代表性。

数学活动论的兴起正是数学哲学现代发展的一个重要特点，应向学生提供充分从事数学活动的机会，帮助他们真正理解和掌握基本的数学知识与技能、数学思想和方法，获得广泛的数学活动经验，实践与综合的阶段性目标也体现了由活动经验的积累到活动经验的提升的发展性要求。①

"让数学回归生活"，以生活中的数学问题为中心，把数学和生活实际问题结合，引导学生在"做"中学习数学。数学教学不再是单纯的公式推导和习题演算，数学问题变成综合复杂的生活问题，是对社会问题复杂性、多样性、变化性的认识和把握，而不仅是学生的理性思维。回归生活的数学学习，目的在于让学生经历理解社会实际问题"数学化"的过程，体验数学知识的内在联系性，并获得研究问题的方法和经验。……视数学为人类历史文化中的一种创造性活动，语言，文化在建构过程中起关键作用。②

这些理论密切联系实际操作的探索，无一不是在拓展数学学科综合学习的探究空间。

从历史发展过程中挖掘的综合课程的革新实践基础，国际上的成功实践历程，我国新课程改革为综合课程革新带来的机遇，以及我国已经在各层面进行的理论联系实践的有意义探索，给未来综合课程的实践发展铺展了希望大道。

三、超越综合课程革新障碍，激活教师内在创新源泉

当然，我们既要挖掘综合课程实践过程给学生发展和教师成长的丰厚回报，也需要直面反思我国实施综合课程中的现实困难。

综合课程作为我国新课程改革中的亮点，现实中却陷入一定的困境：学界一出现不要盲目赶课程改革新潮的批评，综合课程似乎就首当其冲被视为改革时髦而被诟病；在新课改初期曾经被出版机构作为抢占市场重点的综合课程，转眼被出版机构打入冷宫；不少学校教师不堪综合课程革新重负，缺乏条件和资源支持的现实限制以及高考竞争瓶颈的压力，一度导致在综合课程革新过程中初尝甜头的实验区也曾经呈撤退之态。

有关文献指出，由于各种综合课程价值取向的不同，综合的内容侧重点

---

① 摘引自重庆师大黄翔教授在裴娣娜教授主持的教育部哲学社会科学研究重大课题攻关项目"我国学校教育创新研究"数学研讨会——海峡两岸第三届数学课程与教学学术 2007 年研讨会上的演讲《数学活动经验与数学课堂教学目标》

② 摘引北京师范大学教育学院裴娣娜教授在教育部哲学社会科学研究重大课题攻关项目"我国学校教育创新研究"数学研讨会——海峡两岸第三届数学课程与教学学术 2007 年研讨会上，作为项目主持人和研讨会组织策划者的会议总结

各不相同。一是侧重于学科知识之间的整合，诸如相近学科之间的整合，自然学科、社会学科的整合。二是侧重于学校知识与社会生活的整合，期待利用课堂所学知识解决现实生活问题。而生活中的体验、经验也可促进书本知识的学习。三是侧重于知与情的整合，将知识教育与情感培养整合起来。但是现实中由于习惯和传统的影响，在实际操作过程中人们过分强调学科的逻辑体系的完整性，各学科内在的逻辑联系，因而使课程综而不合。① 加上一般局限在对综合课程理念的倡导，而漠视变化的实践和个体独特的经验，因而实际达到的教育功效比较疲软。此外，东北师范大学的梅运焕也认为综合课程的内容有如下弊端：一是体系显得较为庞杂，而且增加或删减课程内容并无客观依据或较为统一的标准(王平 2003)；二是综合课程内容的选择忽视了学生的年龄特点和心理特征，有些课程内容超出了学生的理解能力；三是综合课程内容虽然丰富，却不能包括学校教育全部内容，因此如何处理好综合课程与其他课程的关系也是一个难度很大的问题。综合课程的综合度问题是综合课程中最为困难的一个问题。②

综合课程是否只是课程改革中的新潮时髦？在目前我们穷国办大教育，讲究规模效率大班授课的条件下，综合课程的理念是否只是镜中花水中月，缺乏操作的现实基础？这些问题后面潜伏的更尖锐问题是：专业分化的重要原因并不是人类否认客观世界与人的认识的整体性特征，而是因为人类认识事物的能力具有客观局限性，精深地认识事物本身就足以挑战人类认识能力的极限，使得不能不专业分化发展。那么，当代提倡专业分化与综合并驾齐驱，其跨越人类认识能力局限性客观障碍的发展空间又在哪里？

综合课程价值定位不清晰也容易导致一种认识误区：综合课程是不是仅仅为了平衡专业高度分化的局限，是否跨越学科越多，消除学科界限越彻底，就越能够实现综合课程的价值？如果是那样，追求跨越学科领域的高难度，综合课程岂不又是适合少数英才的精英课程？

此外，学科教育竞争体制中教师长期接受学科知识体系的教育、考试竞

---

① 吴东方：《综合课程的认识论轨迹及其实施分析》，载《青海师范大学学报(哲学社会科学版)》，2005(2)
② 梅运焕：《综合课程的影响因素与实施对策》，载《职业技术教育(教科版)》，2002(13)

争驱使着教师和学生努力成为现行课程知识高效率的消费者，教学效率和进度的客观要求制约着日常教学过程以讲授为主，教师很难脱离知识的权威占有者的角色。因此，要求教师由课程的被动消费者转型为主动的、反思的、批判的课程研究者，期望教师和学生在必要的学科知识技能学习基础上共同探索和建构立体放射状的、触类旁通的整合知识结构，向知识生产者角色进行有意义转换，亟须要学校课程文化和评估的正面导向、教师实施综合课程中所需要的专业成长文化环境。

与困难并存的是，综合课程革新也带给教师们专业成长丰厚的礼物。

首先，在综合课程革新中要求教师积极开发并合理利用校内外课程资源。

通常，课程资源似乎无处不在：社会生活、技术资源、自然资源、校园资源、人的外部世界和内心世界、有形的实体和无形的氛围等领域，教师、学生、家长，以及社会上的专家、特长才艺之士等一切可用于教育的人力资源，静态的教材教参、课外读物、动态的课程设计、实施、评价等一切教育活动，都可谓课程资源。

然而，教师在实践中却往往会身在课程资源海洋却仍然面对"无米之炊"的尴尬。要使教师在综合课程革新实践操作中真正得心应手运用课程资源，学生真正受益于丰富多彩的课程资源，不胜枚举地描述存在各种课程资源于事无益，更迫切需要就地取材盘活课程资源。这特别需要教师用心挖掘，慧眼识珠，寻常脱颖新奇，朽木巧变奇观，信手拈来、事半功倍地让学生受益。

其次，创生课程资源这一教师成长厚礼是综合课程革新最重要的生长点。这一生长点首先基于满足学生的发展需要，包括培养学生面对未来社会挑战所需要的创新素质和应变解决问题的能力，学生可持续发展必需的德、智、体、美基本素养，学生发展的独特特点。这与迎合学生短暂的兴趣、个人偏好有本质区别。教师有一种使命感，责任心，了解学生发展的一个一个相互联系的阶段，在有意营造给学生的一个个鲜活学习情境中，用心展现出课程魅力吸引学生。

最后，教师捕捉到的具有内在魅力的综合课程组织中心，真正成为点燃学生心灵智慧的火炬。一切不合学生的实际发展需要，不合特定情境，无吸引力的组织中心，无论用的技术多么先进，都属于无效滥用。例如，不是用信息技术的优势拓展深化对教学内容的理解，不是为了直观形象展示抽象难懂的内容，而只为感官的丰富刺激，必定会导致让虚拟世界缩减了学生的实践体验。是否形式化滥用技术，唯一的衡量标准是综合课程的组织中心是否成为点燃学生智慧的火炬。

当然，不可否定的是现行的高考标准不能直接对综合课程革新起到正面导向作用。由于理论上对综合课程的价值定位问题都没有达成共识，又缺乏系统持续地综合课程实践探索，能导向综合课程理念实现的终结性评价方式还有待时日。而选拔人才的激烈竞争所要求的客观公正性目前还摆脱不了因循传统的纸笔测验方式。纸笔测验所擅长考查的主要是一定范围内的学科学术性知识与能力，望子成龙的文化又推波助澜追逐高分。

总之，历史证明了综合课程的价值是恒定的，实践经验是丰富的，挫折教训是深刻的，反思是继续前进的动力，挫折和困难是革新的朋友。教师的开放心态是超越现实中综合课程革新障碍的法宝。综合课程革新的摸索需要教师自我超越，心灵允许自己犯错，勇于承担错误后果，反思成败的启发和教训，在实践中长才干，在敞开中增能。正如宾尼所形象阐述的：

我们现今大力鼓吹课程整合，犹如站在巨人的肩膀上一样，我们的前辈，早已走在我们的前面。我们处在几十年前早已经开始的一条长线上，我们是最迟的参与者。环顾今日，我了解我们面临的挑战。也许我们目前的努力会完全被严格的、预先设定的课程所阻挠，而这样的课程确实要满足成年人将其兴趣及期望加诸在孩子身上的渴望。我们的声音可能会被淹没，因为有些反对者采用贫瘠的课程以禁止学生追求其接触自我及社会重要议题的教育权利。有些人想以专制的手段控制学生的心灵而漠视我们，这些人反对这种鼓励学生用心灵审慎地看待这个世界且建构他们自己意义的课程。我们可能会屈服于批判声浪下，因课程整合比实现套装的课程计划更复杂、更困难、更累人。①

---

① Jamse A. beane, *Curriculum Integration*, *Designing the core of democratic education*, Teacher College, Columbia University Press, New York, 1997：102

第三章 综合课程设计原理

　　本章试图用"综合课程的设计原理"这个题目高度浓缩地反映综合课程的宗旨目的、设计的理论依据、设计的目标引导，设计类型和设计的组织中心等一系列重要问题。之所以这样高度概要地处理，主要是希望更清晰地勾勒理论应用于实践的轮廓，以便本书能更好地凸显从理论反思到实践操作的综合课程设计要点。而且，这一处理也非常吻合于课程设计的本义。

　　按照胡森在教育百科全书中对课程设计及其要素的界定，课程设计显然是在课程理论领域中充当理论到实践的中介角色的核心概念。

　　"课程设计是指拟定一门课程的组织形式和组织结构。它决定于两种不同层次的课程编制的决策。广义的层次包括基本的价值选择，具体的层次包括技术上的安排和课程要素的实施。"这些课程要素有"目标、内容、学习活动及评价程序……学习材料、时间、空间和环境、分组情况和教学策略"。(胡森，1985)[①]

　　奥恩斯坦(A. Ornstein)1998 年在《课程：基础、原理和问题》(*Curriculum*：*Foundations*，*Principles*，*and Issues*.)也提出，课程设计所处理的问题几乎就是泰勒原理中论述的

---

　　① ［瑞典］胡森主编，江山野主编译：《简明教育百科全书·课程》，1 页，北京，教育科学出版社，1991

课程编制的 4 个基本问题，主要关注课程目标、学科内容和学习经验、方法和组织、评价这几个部分的性质和安排，涉及多种哲学的、理论的和实践的问题。当课程设计者重点偏重于哪方面时，就产生不同取向的课程设计。①

美国课程学者蔡斯(R. S. Zais)认为"课程设计是一个尤其会涉及课程的实质性结构、形式或组织的术语……它主要关心的是目的、目标与具体目标、内容、学习活动和评价这四个基本的课程要素的性质和安排"。他也认同塔巴在 1962 年提出的观点："课程设计的中心问题是范围、顺序、连续性和整体性。"②

可见，学者们是在广义的或狭义的层面上阐述课程设计的概念。关于这一点，台湾地区课程专家黄政杰在他 1992 年发表的《课程设计》(*Curriculum Design*)一书中有总结：

有学者"认为课程设计系指课程的组织型式或结构，即课程各因素的安排。在许多课程著作中，所谓课程设计，就是指学科中心、学生中心、社会中心等组织型式，较新的著作会提及核心课程、人本课程、能力本位课程、学科结构课程等新兴的课程组织型式"。并指出"实际上，课程设计常融合了各种理论基础，少有纯粹的型式"③。

可见，课程设计一般被认为涉及课程的实质性结构、形式或组织，关心课程的基本要素的性质和安排，这些基本要素通常指目标、内容、学习活动及评价程序。而这些要素的性质，以及人们在课程计划中如何安排它们的态度，在实际的课程中给予这几种要素的不同强调程度，就构成有代表性的几种课程设计类型：学科中心设计(含科目设计、学科结构设计、大范围设计)；学习者中心设计(含儿童中心设计、活动—经验中心设计、开放—选择设计、人本主义设计)；问题中心设计(含生活情感设计、核心设计、社会问题或改造主义设计)。④ 而且，在上述所涉及的种种课程设计类型中，除了典型的科

---

① [美]A. 奥恩斯坦，柯森主译：《课程：基础、原理和问题》，247~248 页，南京，江苏教育出版社，2002
② [美]蔡斯：《课程设计：有代表性的模式》，转引自陆亚松、李一平选编：《课程与教材》(上)，见瞿葆奎主编：《教育学文集》，283 页，北京，人民教育出版社，1988
③ 黄政杰：《课程设计》，86~87 页，台北，华东书局，1992
④ 参见[美]蔡斯(R. S. Zais, 1976)：《课程设计：有代表性的模式》，载陆亚松、李一平选编：《课程与教材》(上)，见瞿葆奎主编：《教育学文集》，283~326 页，北京，人民教育出版社，1988

目中心设计、学科结构设计课程以外，其他列举的课程设计类型，几乎都属于综合课程设计的范畴。

综合课程设计的最突出特点是把教育目的、至少涉及两门学科内容的选择及组织安排与学习活动有机联系起来。联系的一端涉及教育目的和作为教育目的辅助的价值取向和相关理论基础；联系的另一端涉及具体的组织技术层次，如何结合特定的教育情境捕捉到能起整合枢纽作用的组织中心，其中最重要的是人的即席活用的智慧；在这两端中间是综合课程设计的多种形态。

第一节 综合课程设计的宗旨和目的

一般而言，就像任何课程设计一样，进行综合课程设计首先要询问，该课程试图实现的课程宗旨是什么？受到什么样目标的引导？遵循哪些相关的理论原理？对这些问题的探讨，构成本节要讨论的综合课程设计基础的主要内容。

一般认同，课程的宗旨是在理想的、长期的、很难量度的层面上表述课程意向，并且一般又是以一定的教育哲学及价值取向为依据。而课程目的是用没有成就标准的一般性术语表述的取向或结果，如特定的宗旨或学习经验范畴。课程目标则一般是课程设计的指南或指导原则，是用成就标准阐述的预见的教育结果，且往往是可以量度的。

综合课程的宗旨比较集中地内含在对综合课程概念的阐述中。正如第一章所言，综合课程是为了学生获得整合性体验，在更广泛的领域理解知识的意义，使分割开的学习科目产生关联，结合学习经验和社会生活，利用综合性问题、整合性组织中心形成学习方案，促进合作参与和开放探索，经历民主生活体验的实质性学习机会。"整合性经验"含义极端丰富且多层次：学科知识学习经验与社会生活经验之间的整合，科际知识渗透学习的经验整合，获得综合解决社会或生活领域问题的经验，探究过程中的跨域转换和生成创新、创造能力淋漓尽致发挥的经验，以及相伴综合课程实践过程产生的丰富情感体验——在合作中的心灵共鸣，综合创造活动中的流畅自如状态、内发乐趣、倾心投入的极致体验，对人、对事、对自我的一种清澈透视，对某种精神境界的沐浴沉浸。总之，综合课程宗旨追求的经验整合，不仅包含了关于学科内容整合、各种能力的整合运用、知识与生活整合的经验，更包含了涵养人性、升华精神境界的无价经验整合。

综合课程的宗旨目的与课程的各组成部分之间的关系如何？我们先了解在课程研究领域的有关讨论。

首次系统阐述课程各组成部分之间的关系，是泰勒（R. Tyler）的目标——理性课程模式。泰勒课程原理是围绕着四个中心问题展开，认为这四个问题是编制任何课程与教学计划时必须回答的。

①学校应该达到哪些教育目标？

②提供哪些教育经验才能实现这些目标？

③怎么样才能有效地组织这些教育经验？

④我们怎么样才能确定这些目标正在得到实现？[①]

然而，来自美国八年研究实践又对实践具有积极指导意义的泰勒原理，尽管突出的是清晰描述的目标的具体指引，没有突出课程的宗旨须贯穿末梢，可在八年研究期间对历史上处于黄金时期的综合课程实践很有积极影响。但是，由于这个模式也使得中央规划和集权管理易于实行，加上追求规模化、效率化、标准化评估的学科竞争体制，这种理性——技术导向的课程模式，容易导致把课程过度地简化，把课程分离成可以量度的东西，一切都按照逻辑体系被线性地计划预定，知识积累成了压倒一切的目的。因此，泰勒原理中没有突出为何学的宗旨价值问题也就成了众矢之的。

莫礼时曾经以图 3-1 直观地显示课程的宗旨和目的与课程其他组成部分之间的关系。

最底下的平行四边形的四个角，是"目标、内容、教学方法、评核"，最上面的宗旨和目的贯穿于这四个组成部分。认为，课程的四个基本部分是课程的意向（含宗旨、目的、目标），课程的内容，推行课程的方法，课程的评核。而课程的技术方面（规划、组织和改善的问题）则相对独立于这四个基本

---

① [美]泰勒，施良方译，瞿保奎校：《课程与教学的基本原理》，导言第 2 页，北京，人民教育出版社，1994

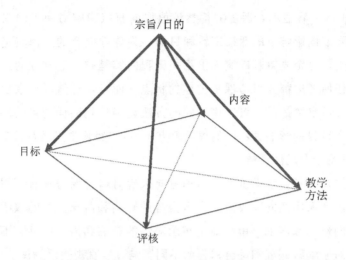

图 3-1　课程宗旨/目的对课程的目标、内容、教学方法、评核的贯穿指导作用

部分，更复杂地影响课程的是社会政治方面（课程由谁决策、是否执行、受哪些因素影响）。①莫礼时还进一步反映课程的宗旨目的及其后的哲学理念，宗旨目的与课程内容、教学方法、课程评价之间的内在联系，如表 3-1 所示。

表 3-1　不同的教育哲学取向及意向宗旨与课程各个部分之间的关系②

取向	学术理性主义取向	社会及经济效益取向	经验主义教育哲学取向	社会改造主义取向
意向宗旨	促进智力、认知能力发展，关注如何学习	为社会提供现在或未来的人力需要	提供促进学生个人和智力发展的机会	学生是社会的改革者、改变者和评论者
课程内容	注重学术性学科的知识、技能和价值观	注重与将来就业有关的或有用的知识和技能	注重学问的综合和全面整体性过程	注重社会的需要、问题和理想
教与学的方法	注重教师的解说和教导式的教学法，鼓励探究技能	强调技能的掌握和运用反复训练形成自动化技能	强调学生的活动和自我学习，教师为辅助者	着重相互作用、小组活动和学生对社会事物的参与
评核	强调测验学生的知识、技能，严格学术训练	强调评核学生运用知识和技能的能力	着重学习经验的质量和学习的过程	着重学生的互评和参与自我评核的需要

---

① ［美］莫礼时，陈嘉琪等译：《香港学校课程的探讨》，3～4 页，香港，香港大学出版社，1996
② 同上书，12 页。表格中最上面一行的术语有所调整，原"社会重建主义"按照内地习惯改成"社会改造主义"；原"以儿童为中心"改成"经验主义教育哲学"

表 3-1 的内容显示，课程的哲学价值取向直接影响对课程的宗旨意向的描述。不同取向影响下的课程宗旨和目的，为课程内容的选择奠定了逻辑基础，然而要从这个逻辑基础演绎出相关课程内容是有一定难度的。对教与学的方法的任何考虑都要参考课程内容的特点。而且，显然课程宗旨目的与方法之间的关系是微妙的，可以用不同的方法途径达到同样的目的。课程的价值取向和宗旨目的影响到不同的评核重点，显然"经验主义教育哲学""社会改造主义"更关注形成性评核。

上文提及的各种哲学价值取向和意向宗旨对综合课程具有不同程度的影响和需求。如果用宽的双线箭头表示强势的影响和需求，窄的双线箭头表示中等程度的影响和需求，单线箭头表示弱势的影响和需求的话，不同的课程意向宗旨对于学科课程和综合课程的不同影响可以直观表示为图 3-2。

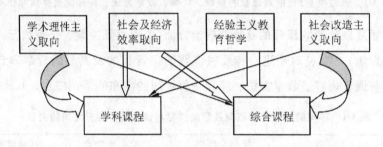

图 3-2　不同的教育哲学取向对学科课程和综合课程不同强度的影响与需求

很显然，综合课程比学科课程受到更多教育哲学理念的支持，但是在现实中，由于学术理性主义与教育系统人才筛选竞争制度联盟占领着强势地位，综合课程比学科课程弱小得多。

无论如何，上述观点试图从理论上弥补泰勒原理忽视教育价值取向可能导致在实践中"失之毫厘，谬以千里"的欠缺，突出课程的宗旨目的应贯穿各个部分的意图，这种愿望是良好的，尤其对于引导教师自觉用相关理念支持行为，有一定的实践指导意义，也更贴近我们讨论的综合课程的特点。但是，由于任何课程的宗旨目的后都有相关的教育哲学理念，且综合课程从宗旨目的到实践各环节非常复杂，我们尚需要进一步探索综合课程有关理论原理的铺垫。有关综合课程目标的讨论，也应该深入探讨。以成就标准呈现的可以量化的课程目标，如何在一定的价值取向下，与内容选择、教学方法和评核之间形成平行的互动关系，并起到实质的指导作用。

第二节　综合课程设计的有关理论依据

对综合课程起核心指导作用的宗旨或目的后面都有潜在的理论预设，包括哲学的、社会学的、知识观的理论预设。此外，综合课程设计的组织技术更直接地需要现代行为科学为理论基础。在第一章，我们已经在对"关注内容关联"和"关注经验整合"这样两种理论源流梳理的基础上，阐述综合课程的概念，其中已经牵涉到杜威的经验主义教育哲学，及赫尔巴特的"统觉原理"和"相关原则"。在这里，我们只是有选择地、补充性地阐述其他几种在综合课程设计中可以作为重要参考依据的相关理论。

图 3-2 直观地显示，在各种影响课程宗旨意向的教育哲学取向中，社会改造主义和经验主义教育哲学一样，非常强势地影响综合课程，其理念也极其需要靠综合课程来实现。因此，下面对相关理论依据的阐述，在教育哲学取向方面重点选择对社会改造主义做必要的补充交代。此外，有关知识的"分类"与"构架"、与综合课程有直接联系的知识论，心理学中对综合课程设计具有直接启迪的相关原理，也在有限的篇幅中有选择地反映一二。

一、社会改造主义理论

社会改造主义认为教育的根本价值是社会发展，学校以改造社会为目的，敢于建立新的社会秩序，倡导设计以重要社会问题为中心的核心课程。

社会改造主义产生于 20 世纪 30 年代西方资本主义社会爆发世界性经济危机之际。其代表人物康茨（G. S. Counts）、拉格（Harold Rugg）和布拉梅尔德（T. Brameld）等，突出宣传学校教育改造现今社会、建立新社会秩序的使命。社会改造主义以实际的社会问题为核心，并以解决这些问题的线索组织这些内容，强调社会实践活动或社会问题解决能力的培养，更多地将学校课程作为实现社会目的的工具。布拉梅尔德在 20 世纪 50 年代提出"必须努力使课程结构具有有意义的统一性"的理念。课程目标统一于改造主义理想社会的目标，各门学科的内容统一于社会问题。课时安排统一于解决问题的活动。关注共同生活的目标，并寻求新的完善人的手段，注重集体过程，追求旨在达到"社会的自我实现"的学习过程。①

改造主义课程的重点是学校课程以社会生活经验为核心，并指向社会生活经验的改造。因此将当代社会生活各层面上困扰人们的关键性和有争议的问题，例如人口问题、环境问题、贫困和饥荒等问题，作为课程设计的来源。学生在了解这些问题的过程中，可以修正个人和社会的价值体系，学生将成为"社会改造的工具"，从而最终达到改造社会的目的。这种思潮对综合课程具有持续的影响力，到了 20 世纪 80 年代，社会本位的综合课程在国际上比较典型的有"科学—技术—社会课程""国际理解教育课程"等。②

改造论者还将学校课程视为一种时代精神的建构者，一种主动选择和超越现存社会生活经验习性的力量。这种观点为 20 世纪 70 年代以来的课程再概念论者所弘扬。正如张华阐述的，学校课程有权利也有义务在时代精神的建构中贡献自己的力量。……学校课程与其他社会生活经验的关系就是一种对话、交往、超越的关系。学校课程主动选择社会生活经验，并对社会生活经验不断批判与超越，而且不断建构出新的社会生活经验。③

然而，无论怎样突出教育对社会改造的目的，也需要通过学生经验改进的中介才可能实现。社会改造主义归根结底还是衍生于经验主义教育哲学的一个分支，要想更多地实现社会改造的目的，必定需要落实到学生获得整合性学习经验上。而且，要实现学校课程改造社会和建构时代精神的理念，必定受到社会上形形色色力量的影响。下面关于知识的"分类"和"构架"的观点，提供了有关社会和学校课程教学之间关系的不同视框。

二、知识的"分类"和"构架"④

伯恩斯坦 1971 年在《论教育知识的分类和构架》(*On the Classification and Framing of Educational Knowledge*)一文中提出，"一个社会如何选择、

---

① 参见赵祥麟主编：《外国教育家评传》第 3 卷，127～131 页，上海，上海教育出版社，1992

② "科学—技术—社会"即"社会中的科学和技术"，20 世纪 80 年代始日益受到重视，关注科学技术的进步对于人类生活社会进步的积极和消极影响。国际理解课程主要指是随着国际化时代不同国家、民族、文化彼此之间交往范围的扩大和交往程度的加深而出现的，本质上体现"多元主义"教育价值观，以尊重并提升不同国家、民族、文化间的差异为特征，在尊重差异的前提下相互理解，展开交往与合作。

③ 张华：《论课程选择的基本取向》，载《外国教育资料》，1999(5)

④ 此部分在吴国珍的"课程组织"基础上修改，见钟启泉主编：《课程论》，第六章，163～200 页，北京，教育科学出版社，2007

分类、分配、传递和评价知识，反映了权力的分配和社会控制的原则。"[①]他从四个方面来衡量课程的地位：课程的时间量、内容量，对师生而言内容的强制性和选择性，各种不同内容之间的封闭性和开放性，不同内容之间界限的清晰程度。这构成了"分类"和"构架"的基础。

(一)分类与构架

"分类"涉及内容之间差异的性质和清晰程度。分类强度的变化极大地影响到课程的结构。通过考察某一内容与其他内容之间的界限是清晰的还是模糊的，各种内容之间的隔离程度如何，可以区分出集合型课程（Collective Curriculum）和整合型课程（Integrated Curriculum）两种类型。相互隔离程度高的内容，它们之间的关系是封闭的，内容之间界限分明，属于强课程知识分类，被称为"集合型"课程；相互隔离程度低的内容，它们之间的关系是开放式的，内容之间界限模糊，属于弱课程知识分类，这类课程则称为"整合型"课程。

"构架"用于描述课堂上教师和学生对课程的控制程度，涉及教育者和被教育者之间特殊的教学关系，也涉及在教学的联系中传递内容与非传递内容之间边界的清晰程度，包括师生校外日常社会方面的知识与在教学关系中被传递的教育知识之间的联系。教学的基本结构是通过构架强度的变化而形成的。

(二)分类与构架的强度制约内容控制的程度

分类和构架的强度彼此制约着教师与学生受课程内容控制的程度。集合型（分类强）的课程具有严密的结构，教师和学生对课程的主动选择程度低，受到课程控制的程度高；整合型（分类弱）的课程具有相对松散的结构，教师和学生对课程主动选择程度高，受到课程内容控制的程度低。

分类和构架的强度也制约着教师与学生在教与学中的权力关系。分类强则教师权力小，师生都受到课程内容与评价强有力的监督，容易形成班级中的认同意识和同一性，分类弱时，则呈现相反的特点。构架强则减少了学生

[①] 伯恩斯坦：《论教育知识的分类和构架》，见麦克·F.D.扬主编，谢维和、朱旭东译：《知识与控制——教育社会学新探》，61页，上海，华东师大出版社，2002

对学什么、什么时候学、如何学的选择权力，而增加了教师在教学中的控制权力，构架弱时，则呈现出相反的特征。

分类的强度和构架的强度能够彼此独立地发生变化。从知识组织的角度看，通过把一定的分类强度和一定的构架强度相联系，可以确定"教育编码"的类型。涉及分类强的教育知识的组织是"集合编码"，涉及分类强度弱的教育知识的组织是"整合编码"。"集合编码"和"整合编码"都有一系列亚类型，随分类和构架强度的变化而变化。不同的课程类型可以由图 3-3 直观显示。

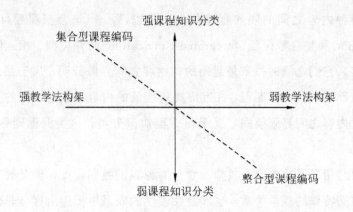

图 3-3　伯恩斯坦课程的集合编码和整合编码[①]

如图 3-3 所示，除了分类和构架都强或都弱的集合型课程编码或整合型课程编码，还有不同的居间课程编码，如弱分类强构架型，教师对课程内容有很大的自主权但教学中对学生却严密控制；还有强分类弱构架型，师生都受课程内容体系的严密控制而教师仍然设法让学生高度灵活弹性地学习。在这里，我们可以看到，课程的分类以及不同类型课程对于综合课程的影响。教师和学生在教与学中的主体地位，毫无疑问受到社会背景、知识分层、评价标准、教与学的内容体系等复杂因素及关系的影响，同时也相当程度地受到教师的影响。

伯恩斯坦从权力和社会控制的视角讨论课程的分类，认为权力与社会控制的原则通过教育知识的编码而得到实现，提出分类和构架的性质影响了权

---

① 伯恩斯坦：《论教育知识的分类和构架》，见麦克·F.D. 扬主编，谢维和、朱旭东译：《知识与控制——教育社会学新探》，61～89 页，上海，华东师大出版社，2002

威或权力的结构，这些结构控制了教育知识的传播，以及所传递知识的形式。一般而言，集合编码都涉及一种知识的等级组织，它具有一种创建等级现实的功能，能够进一步塑造人们的意识，在现实的教与学的过程控制教与学的主体。同样，整合编码的联系性理念将使人们更加关注科目的深层结构和一般的知识原则，即更加重视建立知识的过程，而不是获得知识的状态。它也影响教育的取向，形成一种自我导向，增加教师和学生的自主权力。

因此，从集合编码到整合编码，反映了一种重新分类及改变权力结构和控制原则的愿望，这种编码的变化涉及知识分类和构架的变化，权力结构与分配的变化，以及控制原则上的变化。现存的教育身份、知识是否渊博的判断标准、知识是否得到有效传递的标准、知识是否得到有效实现的标准等都将发生变化。而且，知识本身进一步的分化和整合，现代社会劳动分工变化建立的不同技能概念，教育整合编码的灵活性所内含的平等理念，其社会化形式所具有的内在渗透特质，被认为是整合编码发展的基础。①

(三)伯恩斯坦关于课程分类与构架对综合课程设计的启示

伯恩斯坦关于教育知识分类和构架的观点给综合课程设计研究的启迪是深刻的。一方面，任何现实的课程组织结构的实质改革，都将面对在学校长期占主流地位的学术性课程文化价值的抵触，将触及其后的社会控制和权力关系。因而，它比仅仅理论上构思多种课程类型应该如何优势互补要困难得多。同时在另一方面，课程领域自身的矛盾演化，教师课程整合创新潜力的发挥，推动着课程再概念、学校文化再生、权力结构再造，也推动着给知识重新分类及改变权力结构和控制原则，在这种种努力的过程中，教育知识编码从集合型到整合型的发展也被赋予了积极意义。

伯恩斯坦关于课程分类涉及社会控制和权力关系等复杂背景因素的论述，启迪我们需要在现实更复杂的动态冲突关系中，寻找综合课程设计与学校强势的学术性学科课程之间的互补关系，在对不同课程类型性质的更深层认识基础上调节平衡点，从发挥综合课程的优势整体促进学生丰富发展和满足教

----

① 伯恩斯坦：《论教育知识的分类和构架》，见麦克·F.D.扬主编，谢维和、朱旭东译：《知识与控制——教育社会学新探》，61～89页，上海，华东师大出版社，2002

师内在专业成长需求的高度，选择有利于发挥师生潜力的主题进行设计，左右逢源整合资源并合理安排课程实施涉及的各种要素。

三、真正的共同体模式

帕尔默论述的真正学习共同体及其认识论基础，是给予综合课程最直接理论支持的现代认识论之一。帕尔默认为，客观主义者模型已深深地埋入在我们的集体无意识之中。要形成真正的共同体，有必要先把埋入在我们集体无意识之中的、神话式的客观主义直观地展示出来（见图3-4），揭示其本质，以便更容易描述真正的教育共同体的前景和它的运作方式。

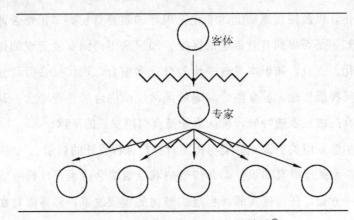

图 3-4　客观主义者关于认知的神话①

帕尔默指出，这个神话式的、但占主导的认知真理和表述真理的模式有四种主要的元素：

①知识客体是指"脱出于"某处、在物质和观念空间上纯洁的、为某个既定领域的"事实"所描述的东西。

②专家是一些被训练去认识这些客体的纯洁模式的人，他们不会让自己的主观意识玷污这些客体的纯洁。这种纯洁的知识客体的守护者的训练，发生在远离生活的、需要抹除个人自我感受的、被称之为研究的地方。

③外行是指未受教育而且充满偏见的人，他们完全信赖专家为他们提供客观而纯洁的知识。

---

① 转引自[美]帕克·帕尔默著，吴国珍等译，杨秀玲审校：《教学勇气——漫步教师心灵》，100页，上海，华东师范大学出版社，2005

④障碍波是指在客体和专家之间以及在专家与外行之间的传输点——让客观的知识向下游动，同时阻止主观性从下向上回流。

客观主义一心追求知识的纯洁性，要不惜一切代价避免主观性的渗透——就算代价是知识的"非文明化"，是文明顺着排水沟流失，是致使我们无法适应真实生活的复杂性，也在所不惜。

在客观主义者神话中，真理从上向下流动，教育是一个把真理运送给学生的系统；而一个受过教育的人能记住而且重复专家的建议，真理就好像是经过消毒过的传送带输送而蓄存起来的纯洁产品那样。

这个神话错误地描写了我们的经验过程，极度地扭曲了我们的教育方式。

真正的共同体代表着相当不一样的认知（见图3-5）。在真正的共同体中，犹如真实的生活，不存在纯粹的知识客体，也没有绝对权威。在真正的共同体中，真理并不生活在假设之中，而教育要远胜于把假设运送给消极的听众。在真正的共同体中，认知、教学和学习的过程看起来并不太像生产线，它看起来更像一个市民大会，不太像一个官僚机构，更像一个热闹的集市。

帕尔默认为这种真正的共同体是最有影响力的社会模式。在这个共同体的中心，总有一个主体，其地位相当于客观主义阶梯的顶端的客体。主体可以用来发展关系；而客体则不能。这种区别对认知、教学和学习的过程起着决定性的作用。当我们把他者、课程、综合课程看成能主动发展关系的主体时，我们就不会疏远它，我们就是在关系中、并透过关系认识它。同样的道理，综合课程可以被视为可以与心灵互动的有魅力的"主体"，师生凝聚于富于魅力的伟大事物周围，就形成了以综合课程"主体"为中心的学习共同体。

师生与综合课程魅力"主体"之间产生心灵互动，其认识论的基础就在于此。正如帕尔默所言，人类本性适合于建立各种联系，"现实是共同联系的关系网，我们只有存在于这种共同联系中才能认识现实。……只有亲身处于共

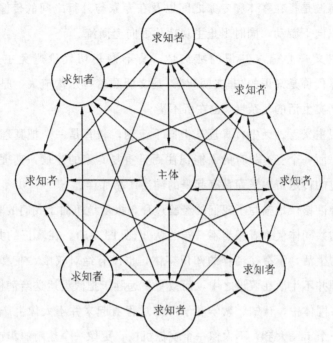

图 3-5　真正的共同体①

同体之中，我们才能理解现实"②。这种共同联系包括了我们与人类（本文称为"他人"）的联系，也包含与非人类（本文称为"他物"）的联系，非人类的他物（如课程或综合课程）可以被称为"主体"，可以赋予它通常只会赋予人的尊敬和权威，赋予它"本体"的意义。

当我们把综合课程视为"主体"时，我们就亲身处于联系中、并透过联系认识它。综合课程这一"主体"本身也参与认知的辩证，以它自己的身份优势纠正我们的错误，朝我们呼唤，吸引迷住我们，给我们惊奇。让我们感受到与之互动对话的综合课程和我们同等重要和强大，是能够吸引求知者永远聚集其周围的伟大事物，这样综合课程的"主体"魅力就更有力量召唤我们去认知，去教学，去学习，去改变我们的生命力量。③

这种学习共同体模式及其认识论基础，直接要求教师"活化"综合课程这

① 转引自［美］帕克·帕尔默，吴国珍等译，杨秀玲审校：《教学勇气——漫步教师心灵》，100页、102页，上海，华东师范大学出版社，2005
② 同上书，95页、100页
③ 同上书，106～107页

一有生命的主体。教师在现实环境中进行综合课程革新实践的案例，更能够让我们感悟到综合课程的灵魂，是创设和生成能吸引迷住我们的富于魅力的伟大事物。

开放的课堂展现了学生的内在魅力[①]

北京市中关村一小　张征老师

说到这个魅力课堂，因为我是带五六年级语文的，而五年级现在又面临抽测的压力。当你作为一个五年级语文老师，接手一个新班的时候，内心就会特别矛盾。一方面想在课堂上多给孩子一些有创造力的，有创意的，带给他们美好回忆的这种体验；但一方面你又面临全市的排名。所以我们都是先要完成课程规定需要完成的任务，同时又在课堂上尽量带给孩子一些文学性更强的、趣味性更强的东西。

五年级课本中有一篇张晓风的《我喜欢》，去年就是在这个时候正好讲这篇。她那篇文章写得真是非常美好，对于孩子的语文素养，对于他们观察世界，感受世界，感受这种人性的美好是特别好的一篇文章。当时我们大家共同去欣赏，然后再仿写。在仿写的过程中，因为她那篇文章也是分为两大部分，一般的孩子在前面也是写大自然中让自己觉得很美丽的东西，后面写人文社会中的亲情呀、友情呀，精神上的享受，读书的美好等。

我们班有个孩子，他是以后要进音乐附中的，他就属于在音乐方面很有造诣，其他各个方面也都是很优秀的一个孩子。他的文章重点写的都是关于音乐方面的。当时那篇文章写得非常美，原文我就不太记得了，因为是去年的事情了。之后呢，因为我们语文老师除了要带语文，要带写字，要带综合实践，还有艺术欣赏等综合类课程。于是我就把每周仅仅一次的艺术欣赏课，全权交给孩子们，他们准备什么，我们就欣赏什么。曾经欣赏过剪纸，欣赏过风筝，孩子们会介绍中国的风筝有多少个流派，然后都来自于哪儿，他们会搜集很多很多这方面的资料。有一个孩子的爸爸是某民间艺术协会的，然

---

① 转引自吴国珍主持的北京市教育科学规划办"十一五"2007年度重点课题"引发新教师心灵智慧的叙事探究"课题组2010年10月30日在北京四十四中学举办的跨校教师聚焦"魅力课堂"和"中小学心理危机干预"叙事探究活动中张征老师的叙述素材，其小组聚焦的话题是"开放的课堂展现了学生的内在魅力"，研究生李梦瑶整理录音，吴国珍选摘，张征修改。主要内容已经组合发表于《教师月刊》2011年第6期。

后他们就去采访那种老艺人，还把视频拿回来在班里分享。这一次，这个喜欢音乐的孩子就说，我可不可以在艺术欣赏课上做一个电影欣赏的小专题。然后整个四十分钟就都交给他，他是给大家介绍欣赏了两部影片，一部是《音乐之声》，里面涉及很多民歌，还有一些孩子们喜欢的歌曲。还有一部电影，我觉得也特别值得咱们老师看，就是法国的《放牛班的春天》。然后他把里面比较经典的曲目跟大家讲，因为之前很多同学都看过这部电影，但是可能就当做一种娱乐，欣赏完了就算了。这个孩子会介绍曲目的背景啊，有的曲子他会说你听这是什么的和声，然后现在进入哪个乐器，调起一个小的高潮，然后会给我们一个什么样的感受。四十分钟下来，孩子们都意犹未尽。之后我们用了两个中午班的时间，又把这两部电影从头到尾看了一遍，孩子们真的有不同的感受。当时我就在想，在抽测那么紧张的压力下，孩子们能够分享得这么好。这无形中让每个孩子，其实因为他们高年级了嘛，就会开始对人生有一个朦朦胧胧的想法。他们看自己的爸爸妈妈生活得这么辛苦，要去上班，要面对工作的压力，但是也会抽出时间比如周六周日的时间带他们去老舍茶馆呀，去听音乐会呀……然后他们就会说，其实学习也是这样的，一部分是用来考试的，就像大人的社会责任一样要去上班，然后一部分是用来欣赏这个世界的，欣赏同学之间的情感等。可能将来自己的人生也会这样，有的时候会有点儿纠结，要面对那些压力，然后另一方面就是自己一定要记得，有时间的时候能静下来的时候要去欣赏，要去感受，并且更多的时候能把它记录下来，传达给周围的人，也是传达人与人之间的一种情感。我觉得这样上语文课还是挺美好的。

但是五年级的时候这样的课不多，正好今年带的还是这拨孩子，带到六年级。孩子们在一开学就有一个希望，能不能更多地让他们主导这个课堂时间，包括我们现在的综合实践课。这个课之前是科学老师上的，这个学期让班主任来带，我把这个权力交给了班里的男生。他们自己去设计一个小的课题。曾经做过水的表面张力实验，他们会结合科学课上学到的一些小知识去做，什么样的水的表面张力能有什么样的变化。有的是放洗涤灵，有的放蜂蜜，有的放牛奶，因为好像男孩子有这种常识，或者他们之前已经收集过资料了，他们就过来考我，而现在我呢，就觉得每次跟他们上这课之前，也要去查点儿资料。还有一次挺有意思的，就是他们做关于陀螺的。用废旧的纸盒和胶条去做陀螺。有两个奖项，一个是看谁的陀螺做得最漂亮；另一个是看谁的陀螺转的时间最长。好像他们五年级的时候科学课做过一次。周五下午的第一节课，整个班级同学，女生都愿意把自己的陀螺做成最漂亮的，男生都愿意把自己的陀螺做成转得最快的。一开始他们在做这个课题的时候，我都觉得不可能，就用那么一些东西，一个胶条，怎么能做一个陀螺呢？后来一看他们真是挺心灵手巧的，设计得挺巧妙的。就是中间的转的那个东西，我觉得他们真的挺有创意的……还有其他学科的综合渗透内容，我这班主任也能够在学生那里接触到，比如，学生的数学日记，买车位和租车位哪个更合算，买车买房银行借贷分期付款，养老保险，储蓄理财等；他们还常会提醒我这文科生老师，说这是最基本的，让人感到数学和生活结合真的非常有魅力。

我觉得就咱们的课程设置，现在真的是越来越贴近孩子了。另外还有一个就是每节我的语文课开始之前会有五分钟的时间，就是咱们学校的那个课前五分钟，孩子们就会设计他们喜欢的专题，随便什么主题都可以，可以是一个PPT，可以是一个朗诵，可以讲一个故事。孩子们到高年级以后，他们就越来越喜欢做PPT。我记得咱们北师大有的研究生做了一些那个什么课程就是发到我们校长的那个邮箱里，其中有一期是关于介绍启功先生的，你们还记得吗？我们的孩子在看了PPT之后，他们第一时间就发现配的文章就是在《读者》上的一篇文章。然后他们就特别喜欢把自己喜欢的小文章啊，喜欢的伟人啊做成PPT来介绍。每节语文课的前五分钟孩子们可能会结识一个伟人，可能会结识一个文学家，也可能会分享一篇特别好的文章，我觉得这是一个非常好的积累。

两年下来，孩子们的积累本上就会记到很多东西，有的时候可能是一个不太知名的作家写的一篇让人很感动的文章，然后孩子们都会去查，有的孩子就会在家里面让爸爸妈妈把文章打印出来，给班里每个同学发一份。有的同学喜欢上一个新的作家后，就会把这个作家比较适合他们读的书买回一套放在班级的小书架上，大家去分享。我觉得这个吧，它不仅是一个魅力课堂了，把整个班级的学习、读书氛围都带动起来了。

张征老师贴近学校真实教育生活的叙事，显示了教师在综合课程实践探索中，不仅对于弱分类弱构架型的课程（如语文和综合实践活动课）而言，师生在学习中享有很大的自主性，而且对于强分类课程，如上述叙事中提及的数学，还有本书实施和评价章节引用的化学案例，教师仍然设法让学生高度灵活弹性地学习。就是说，基于真正的学习共同体的教学，是抗衡知识的分类与架构中的种种控制力量、大大拓展综合课程发展空间的重要依托。

四、相关心理学依据[①]

可以作为综合课程设计依据的相关心理学原理很多。下面只是概要阐述与综合课程设计理念关系密切的一些观点，包括在观念上明显抗衡于"分类"与"构架"中透出的种种控制力量的人本主义、建构主义和多元智能理论，此外，也将简要概述和综合课程设计技术有关的认知心理学原理。

(一)人本主义心理学

人本主义心理学吸纳存在主义的观点，把人的存在看成是人的潜能得到实现的一种能动的、贯穿一生的动力过程，又经由存在主义接受现象学的方法，采用"回到事物本身去"的所谓本质直观，为论述和展开人的存在这一根本问题服务。人本主义心理学侧重从整体上看待人的高级本性和低级本性，把丰富的情感因素看做是发展整体的人不可缺少的因素，倡导培养整体的、创造型的自我实现者。其代表人物及主要观点有马斯洛(A. H. Maslow)关于自我实现的完满人性，对自我实现和心理健康极其重要的美感高峰体验，整体的人格特征，创造性人格和创造性直觉等方面的论述，以及罗杰斯(C. R. Rogers)关于人际关系的理论，整体的人的学习、充分发挥作用的人等思想。[②]

按照人本主义心理学理论，人本化的课程必须是整合的，自我实现的人应该接受经验的所有方面。对学习者来说，词语的、非词语的、运动的、身体的、精神的、情感的、情绪的、感官的等诸方面的体验都同等重要。课程是一种弥漫性的、丰富的经验，可运用于个人发展的许多方面，倡导从自我

---

① 此部分主要参考吴国珍著的"课程组织"，见钟启泉主编：《课程论》，第六章，北京，教育科学出版社，2007

② 参见吴国珍著：《人本化教育》，见赵祥麟主编：《外国教育家评传》，第三卷，上海，上海教育出版社，1992

实现、个体解放、价值重构等价值观出发，推行能够让学生体验到人性所能及的极致境界的综合课程。

在人本化课程研究中，直接以综合课程的形式出现的是温斯坦（G. Weinstein）和范蒂尼（M. D. Fantini）的合成课程。强调思维的、情感的和行动的一体化，把"关切"视为课程设计与实施的重心。认为关切不同于仅仅让活动吸引学生的兴趣，关切表示他们的心理的、精神的和社会的基本驱动是比兴趣更深层更持久的东西。教师依靠把学生的关切居于重要地位，能够形成新的内容和技术，可能提供把社会心理的因素同认知的因素结合起来的途径。这种课程模式以学生的关切作为联结课程、儿童需要和兴趣及社会的纽带，以"关切"作为协调学习者的认知、情感和行动之间平衡关系的杠杆，包括如下8个步骤。

①作为小组成员的学习者，要求关切他所在的小组。

②分辨学生的关切，认为学生的关切影响到课程的内容和组织。最重要的关切，就是利用这种课程模式促使对一个人教育体验的控制，对自己的命运的控制力，并相信自己的观念、价值及决定是重要的，培养良好的自我意象和人际关系技巧。

③诊断，即了解学生的需要和关切。

④组织观念，即围绕着原理、观念、原则和概念来形成特殊的课程内容，而且这种组织是建立在学生的关切基础上。

⑤内容媒介，内容可取自于传统资源、校外经验和学生自己三个方面。

⑥学习技巧，包括基本的读、写、算技巧和学会怎么样学习的技巧。

⑦教学程序，主要解决以什么样的手段来使得学生掌握适当的知识和技巧的问题，这些知识和技巧是他获得控制自己的生活的力量所必需的，强调教学程序必须考虑到能极大地影响情感领域及个人的学习风格。

⑧学习结果，虽然表明了必须对学习结果进行评价，但对"结果"侧重关心的仍然是学习者的行为同广义的教育目的和自由教育观念之间的关系，而

不是清晰陈述的具体目标与可测可观的外显行为之间的关系。[①]

人本化课程研究大多同样是停留在含糊的观念形态，有些具体的课程试验也不关注预定的计划、对课程的界说和确定的内容及最终达到的结果，而只讲活动过程本身，也带有明显的不易指导操作的缺陷。然而不可否定，这种理论适合关注过程的综合课程来实现其理念。

(二)建构主义

建构主义者汲取了当代脑科学和认知心理学研究的新成果，指出知识和技能只有镶嵌在具体的生动情境中，才能更容易被认知主体所理解和迁移；知识只有在联系和互动中才能显示出意义。建构主义挑战传统教育思维方式，课程和教学不是为了行为训练而是为了产生理解，持续学习的有效动机的培养不应该主要通过严酷训练，还应该通过引导学生体验快乐。

而综合课程正是将知识和技能置于一种真实的背景中去学习和运用的理想组织形式，在相当程度上，综合课程是实现建构主义理念的更适当平台。综合课程的重要功能之一是提供建构知识的特定语境，另一重要功能是鼓励在开放的问题探究过程中动态生成知识。因此，以下概述的有关建构主义观点，恰恰是综合课程最需要的理论基础。

建构主义强调知识是被主动建构和社会建构的。学习的本质是个人主动建构意义的过程，是主体对客体的建构，是"在我们与他人由语言组成的关系中的转换"[②]。而语言的意义又产生于社会互动，语言的意义是通过社会的相互依赖获得，事物的意义起源于个人与其同伴的社会性互动。因此，特定语境中的合作对话，知识对脉络情境的适宜性，社会互动语境中的相互适应性协调，是认识作为一种适应性活动的重点。概念、命题和特例之间的关系是在特定的语境中发展的，如果概念、模式、理论等能证明其对于情境脉络是适宜的，那么它们具有生命力。

建构主义强调，合作和对话过程是教育过程的核心，知识是随着对话的继续而被不停地生产出来的东西，要想让学生变得富有知识，就必须创设某

---

① 参见 Wilma S Longstreet and Harold G. Shane, *Curriculum for a New Millennium*, by Allyn & Bacon, 1993(74)

② [美]莱斯利·P. 斯特弗等，高文等译：《教育中的建构主义》，27 页，上海，华东师大出版社，2002

种开放平等的师生、生生对话关系。学校教育要提供学生对话的确定位置，就必须消解权威。而成功的对话需要彼此之间真诚的激活关系，在不断进行的社会交流中生成和整合意义。意义即是社会交往行为中认知活动的产物。学习者的意义建构产生于问题情境或目标设定情境，最有效的学习是通过建构和表达对个人有重要意义的作品。

从建构主义看来，教师的综合课程规划和综合课程教学艺术是反思的和互动的，要擅长以"隐喻"激发师生的平等对话，在教学中让隐喻和逻辑相互作用，着眼于学生的智慧成长和个人发展而不断再构和转化，理解和接纳学生在再构过程中表现的干扰、缺点、错误和困惑，在共同探索和解惑中达成共识和产生共鸣。

(三)多元智能理论

美国心理学家加德纳(Howard Gardner，1943—)的多元智能理论(the Theory of Multiple-Intelligences)可用他在 1983 年提出的、人类具有的七种智慧潜能来概括。

语文智慧，包括幽默感，再认及再现能力，理解字词的顺序和意义，教与学的能力，言语表达能力，说服他人按某计划方案行事的能力等。

逻辑—数学智慧，包括抽象模式识别的能力，归纳推理能力，演绎推理能力，运算能力，科学地理性思考的能力，辨识事物之间关系和联系的能力等。

音乐智慧，包括对声音反应灵敏，善于辨识音调与音质的能力，会欣赏音乐，认识音乐的法则、结构和原理，懂得如何创作曲调旋律与节奏。

肢体—动觉智慧，包括运动和舞蹈能力，哑剧表演的能力，身体机能强健充实，身心联系感强，能通过身体增进感知力，能控制随意的或预先设计好的动作等。

视觉—空间智慧，包括图形表达能力，操作图像的能力，在空间穿梭往返的能力，形成心像的能力，活跃的想象力，在空间辨识物体关系的能力，在不同角度准确感知事物的能力。

人际关系智慧和内省智慧，包括语言和非语言沟通能力，小组合作能力，换位思考能力，创立与维系关系的能力，能灵敏感受到他人的情绪、动机和感受，能敏感洞察潜在的企图、行为与立场，自我认识能力和元认知能力。

2000 年，加德纳又增加了对自然观察者智慧、神灵智慧和存在智慧的讨论，认为每个人都具有这些智慧的潜能，每个人都有各自独特的智慧组合。加德纳主张以深入的方式教导数目较少的课题，提供学生表现的各种不同机会，让学生体会到怎样做才算是专家。他提出只有提供了选择机会的从容学习才可达到真正的丰富。①

多元智能理论为拓展综合课程发展空间而革新课程结构提供了理论依据。在学校占统治地位的学术性课程原来在很大程度上只是介入语文智慧和逻辑－数学智慧而已，其他诸多智慧的发展空间大大萎缩。课程结构改革的关键是腾出其他多元智慧发展的空间，让每一位学生天生具有的潜在智慧都有权利被理解和尊重，都有机会展示自己的强项智慧，有自主机会去规划、去选择适合于自己潜能发展方向的不同课程，以不同的学习方式去想象事物的各种可能性，去尝试、冒险和创造，在学习中做，在做中反思，在创造机会中成长和产生更多智慧。

(四)超越"由下而上"和"由上而下"

上述有关理论是从综合课程设计理念层面，在课程结构调整、处理师生与课程的关系、营造探究情境等各个角度提供理论依据。下面则从综合课程设计的基本组织需求上，理解有关的心理学依据。综合课程设计需要超越一般的"由下而上"和"由上而下"的课程组织序列思路。

1."由上而下"的课程组织

课程序列"由上而下"的组织是一种演绎的组织思路，是指应该围绕作为学科实质结构的基本概念、主题、或者原则，将学科内部大量相关的具体事实组织在一起(施瓦布，J. J. Schwab)。这种组织思路基于西方根深蒂固的理性主义认识论：所有的知识都源于作为基本真理的通用规则，思维和求知是演绎假设推理的过程。演绎假设的观点认为，科学的所有观点原则上都起源于基本理论。

---

① 参见[美]Linda Campbell 等，王成全译：《多元智能教与学的策略——发现每一个孩子的天赋》，2～4 页，北京，中国轻工业出版社，2001

"由上而下"的组织思路显然是学科取向的。现代课程改革中的极端形态是 20 世纪中叶波及全球的学科结构课程改革，一味主张让学生学习"学科的缩影"，删除许多具体的事实和主题，导致大量学生难以消化课程而失败。尽管如此，"由上而下"的组织思路基本上适合现代学校占主流的学术理性主义课程要求。而且，在认识论领域、课程研究领域、学习心理研究领域和学校课程实践领域都可以找到支持者。如加涅（Gagne）的"先行组织者"，美国教育心理学家奥苏伯尔（David P. Ausubel，1918－2008）的有意义接受学习理论。在数学和理科课程中非常注重"先行组织者"的作用，呈现新的有关原理之前，先激活学生已有知识结构中与新原理有关的知识点，使之清晰起来，成为有意义地接受新原理的稳定的同化点。

2."由下而上"的课程组织

课程序列"由下而上"的组织是一种归纳的思路，其认识论上的假设是，所有人类复杂的一般知识和技能，都能够被分解成特定的简单基本元素，这种分解工作可以不断重复，直到被分解成最简单的基本元素为止。持这种归纳组织思路的典型代表是桑代克（Edward Lee Thorndike，1874—1949），假设智力是一个人形成许多 S-R 联结的功能，任何复杂学习，甚至解决问题能力的学习，都是依赖同一种生理联结，只不过要求更多的联结罢了；智力的差异在于经验，学习是由经验引起的行为的相对持久的变化。

加涅在他 20 世纪 60 年代开发的"科学———一种过程的探索"课程中，提供学生模拟科学家进行科学探究操作的机会，学习的重点在于科学家怎么做而不在于科学家知道什么，强调学生获得科学探究技能和方法的价值，其潜在的课程序列组织思路仍然是"由下而上"地对科学探究经验的积累；同时，布卢姆（B. S. Bloom）的掌握学习法宣称一切达成目标的成功学习都建立在先决认知条件和先决情感条件基础之上，相信如果将目标按照合适的顺序排列，并有高质量的教学，足够的时间，所有人都能学会学校教的东西。这些是典型地主张课程应该按照"由下而上"的阶梯层级来组织学习目标的观点。①

---

① George J. Posner, *Analyzing the Curriculum*，McGraw-Hill，Inc. 1992：140～165

3. 综合课程需要超越"由上而下"和"由下而上"

无论是"由上而下"的还是"由下而上"的组织思路，都是以这两点为前提假设：相信我们可以预测学生有某种稳定的学习心理过程，相信人类的理性可以在快速发展变化的社会需求和知识更新中抽取出最重要的、最基本的知识精华，来适应于某种稳定的心理过程建构基础教育课程体系。一直被沿用的、如按照学科逻辑体系，由简到繁，由整体到部分，由部分到整体，按照时空关系组织安排等，被认为能够在不同程度上适合学科逻辑体系和学习心理程序，与"由上而下"和"由下而上"的组织思路也有相当部分的一致之处。

而综合课程的内容组织则更多考虑将技术与人文、理性与直觉、科学与灵性、严肃与游戏、网内之鱼和网外之鱼相互结合，课程的丰富性需要允许多种可能性和多种解释，适量的不确定性、异常性和模糊性。这些后现代主义课程观的思想特点，显然超越了"由上而下"和"由下而上"的线性组织思路。

当然，仅仅依靠"由上而下"和"由下而上"的理性组织不能够解决的问题，同样也不可能仅仅依靠抛弃理性思考来解决，正如我们不能梦想只要打乱了知识的逻辑体系就能够灵活培养创造性一样。真正的超越是包容地把握理性与直觉、科学与灵性、严肃与游戏之间的张力。

认知心理学成果显示，提高信息加工过程效率和复杂程度的更重要途径，是扩充大脑工作记忆中单个编码单元的信息含量。单个编码单元拓展的重要途径是充分发挥图式和表象表征的优势。因为表象能够简约地表征空间信息，需要形象思维充分发挥优势，图式更有利于使一个编码单元尽可能包含更多的信息，更需要发挥抽象思维的优势，因此，提高信息加工过程的效率内在地需要形象思维和抽象思维优势互补。

已有研究表明，图式的内部机制是由长期记忆中的命题网络和复杂技能相互镶嵌而成，具有联系宽厚的理论背景提纲挈领省略细节的特点。一般而言，专业领域的知识结构主要是围绕核心概念或"大观点"组织的、用图式表征的大块知识单元构成，它们在解决复杂问题和促成迁移方面起了重要作用。有关专家与新手解决问题过程的比较研究表明，专家的认知结构比新手的认知结构中有更多的围绕核心概念或"大观点"组织的、用图式表征的大块知识单元(Chi et al，1982；1958)。① 以此为参照依据来组织综合课程，对达到培养学生综合解决问题能力和获得整合性经验的宗旨，具有重要意义。

从内部心理信息加工过程而言，不同类型的加工编码单元涵盖了逻辑的和形象的、循序渐进的或立体跳跃的信息加工表征方式，为纵向与横向的课程组织联系提供了最活跃的内部整合机制。以内部信息加工过程特点为依据对课程组织顺序的预先安排，绝对不是相互隔离的线性封闭系统，而是能够彼此开放弹性地发生网络联系，吻合于人的自主学习综合探究的心理需要，能够较好地应对现实中处理变化和复杂性问题的客观挑战。

(五)螺旋式设计原理

螺旋式的课程组织要求在不同阶段渐次提高所重复学习的主要概念和观念的深度和繁复程度，是试图把内容的逻辑关系与学习的内部心理过程综合起来。

螺旋式课程(Spiral Curriculum)组织方式的理论基础，是美国认知心理学家布鲁纳(J. S. Bruner，1915—   )于 1966 年在与人合著的《认知生长之研究》(*Studies in Cognitive Growth*)一文中提出的认知发展阶段理论。继瑞士心理学家皮亚杰(Jean Piaget，1896—1980)以"图式"(Schema)作为衡量儿童内部认知结构发展状况的研究思路，布鲁纳以"再现表象"(Representation systems)作为衡量学生内部认知发展的指标。"再现表象"指一组系统的规则，一种反映外部世界事物之间的联系的内部认识系统，用来储存、转换、再现所遇的信息，也称为"编码系统"、表征系统、"认知结构"或"内部模式"等。布鲁纳乐观地认为内部的认知结构可以反映外部学科结构。②

"再现表象"的表现媒介在不同的年龄阶段由低到高呈现为三种再现表象系统(或表征形式)："动作式表征"(Enactive Representation)(0～5、6 岁幼儿)，通过动作认识事物；"形象式表征"(Iconic Representation)(5、6 岁～青春期)，借助头脑中的形象和表象进行认识；"符号式表征"(Symbolic Representation)(青春期及之后)，抽象思维为主 。这即为布鲁纳认知发展的三个阶段。

---

① 转引自[美]约翰·D. 布兰思福特等，程可拉等译：《人是如何学习的——大脑、心理、经验及学校》，41 页，上海，华东师大出版社，2002
② 参见施良方：《学习论——学习心理学的理论与原理》，201～220 页，北京，人民教育出版社，1994

布鲁纳认为这三种再现表象系统之间的相互作用是智力发展的枢纽。为促进从较低级的再现表象系统向较高级的再现表象系统的转化，教育应该为学习进行"创造准备"，而非皮亚杰适应性的"等待准备"。在转化过程中，学科结构必须与不同年龄阶段学生的认知结构相适应，优秀的学科结构必须尽量简要，尽量带有迁移性，知识结构的学习和基本原理概念的理解可以最大地促进原理和态度的迁移。

为适合不同再现表象阶段"创造准备"的学习，有必要螺旋式地组织课程，并且相信以这种螺旋式的课程组织方式可以实现如下假设：任何学科都可以通过在智育上诚实的方式有效地教给任何发展阶段的任何儿童。

诚然，布鲁纳的这个假设，以及关于内部认知结构可以对应反映外部学科结构的观点，后来受到很多质疑。但是，把有关教育心理理论应用于课程序列组织的操作值得首肯。而且，螺旋式的课程组织方式尤其在人文社会学习领域被广泛应用。我们可以结合塔巴设计的著名的"概念的螺旋发展形式"案例，加深对螺旋式课程组织形式的理解。综上，第一章阐述的关注学生获得整合经验和关注综合课程科际内容联系和组织这两大理论源流，以及上述可以作为综合课程设计的理论依据的种种观点，构成我们设计综合课程的潜在理论背景。知识的"分类"与"构架"，帮助我们冷静地面对综合课程革新后的种种压力，包括学校强势的学术理性主义价值取向、教育评价的功利驱动、人的心理习性或惰性等。而经验主义教育哲学、社会改造主义、人本主义心理学、多元智能理论所呼唤的价值，似乎是在意识形态领域抗拒这些压力力争更理想的综合课程理念的精神砥柱。同时，建构主义和真正的共同体模式，以及相关心理学原理，则为处于种种力量相互作用的学校中的教育者，提供理念引导实践的操作启迪。而把种种理论转化为实践的一个重要中介，是综合课程设计目标的确定。

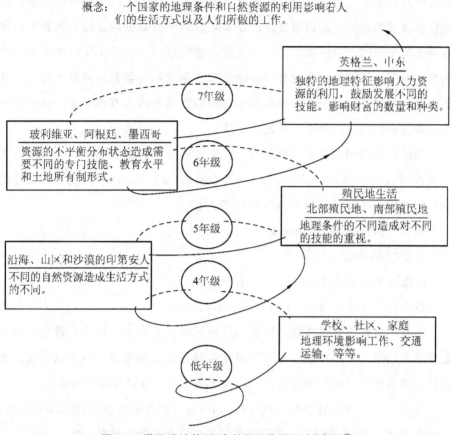

概念：　个国家的地理条件和自然资源的利用影响着人们的生活方式以及人们所做的工作。

7年级

英格兰、中东
独特的地理特征影响人力资源的利用，鼓励发展不同的技能。影响财富的数量和种类。

玻利维亚、阿根廷、墨西哥
资源的不平衡分布状态造成需要不同的专门技能、教育水平和土地所有制形式。

6年级

殖民地生活
北部殖民地、南部殖民地地理条件的不同造成对不同的技能的重视。

5年级

沿海、山区和沙漠的印第安人不同的自然资源造成生活方式的不同。

4年级

学校、社区、家庭
地理环境影响工作、交通运输，等等。

低年级

图 3-6　塔巴设计的"概念的螺旋发展形式"案例①

第三节　综合课程设计目标

一、吸取各种课程目标的优点

有关课程目标的阐述中，渗透在很多方面产生影响的仍然当推 20 世纪重要的教育研究成果——布卢姆的教育目标分类理论。布卢姆关于认知、情感和动作技能三个领域的教育目标分类研究成果被大量引用，对实践中如何清晰地陈述课程目标、对在操作层面把课程的目标确定与课程教学的评价紧密

---

① 转引自[美]塔巴：《内容的选择和组织》，见陆亚松，李一平选编：《课程与教材》（上），见瞿葆奎主编：《教育学文集》，530 页，北京，人民教育出版社，1988

结合起来产生了广泛影响。尽管该分类体系用描述学生行为变化的术语来阐述情感领域的目标招来很多批评，在实际应用中所划分的目标分类维度肯定有调整改变空间，但该成果的一个重要本质特征——从学生实际产生变化的角度，而不是仅仅从课程内容与活动安排的角度阐述各领域的课程目标，从而使课程的本质立足于学习经验和学习内容之间的内在有机联系，这一点是布卢姆教育目标分类理论的最重要贡献。

当然，布卢姆的教育目标分类，在描述最为明确的极端上，会被理解为是可以用 ABCD 规则来概括的行为目标（behavior purpose）。换言之，描述明确的行为目标应该满足如下 ABCD 规则。

A 指行为的对象（Audience）；

B 指行为（Behavior）；

C 指行为的情境（Context of Behavior）；

D 指行为完成的程度（Degree of Completion）[①]

显然，这种追求清晰描述的行为目标把重点放在来自校外的课程目标和鉴定学习结果上，本质上是把课程规划看做是技术性工作，对于具有高度综合性、复杂性、灵活性和开放性的综合课程而言，有较明显的局限性。

在理论上，展开性目标（evolving purpose）和表现性目标（expressive objective）只承认行为目标的一定适应范围，对综合课程更适合一些。

展开性目标不关注由外部事先规定的目标，而是强调教师根据课堂教学的实际进展情况提出相应的目标。英国课程学者斯腾豪斯（L. Stenhouse）认为学校教育中，技能的掌握和知识的获得可以用行为目标来描述，但社会价值和规范的确立、思想体系的形成用行为目标描述肯定行不通。后两者必须建立在教师进行教学研究的基础上，根据学生在课堂中的表现而展开。人本主义课程观则认为课程的功能在于为学生提供个人自由发展的学习氛围。学生的个性完善和人性丰满发展比可测量的课程标准更重要，显然也倡导展开性目标。

表现性目标也称"游离目标"。美国课程专家艾斯纳（E. W. Eisner）认为应该准备三类目标：适合指导行为活动的行为目标，适合指导解决问题活动的

① ［美］莫礼时，陈嘉琪等译：《香港学校课程的探讨》，16 页，香港，香港大学出版社，1996

解决问题目标，适合表现性活动的表现目标。表现性目标的重点放在认知灵活性、理智探索和高级心理过程，对于活动所产生的效果只作不明确的描述，多见于美育和具有创意的科目。①

很显然，综合课程似乎更适合展开性目标和表现性目标，同时也需要恰当地发挥行为目标的优势。在综合课程领域，一方面需要淡化对目标清晰明确描述的要求，同时仍然期望对综合课程的实施评价以基本的操作指引，尝试把宗旨目的、价值取向及过程体验融入比较清晰阐述的综合课程目标中。综合课程目标确定的重心应转向理解，需要更多地关注学校情境、课堂过程、学生需要、教师真正做了什么。教师需要参与综合课程规划、就综合课程的教育价值以及适合学生独特性问题与家长沟通，与校长和学生进行深入的对话。

二、基于实践指导的综合课程目标

基于实践指导的综合课程目标首先需要回应实践中的问题。有关文献指出，综合课程目标的表述模糊影响了综合课程的实施。对如何将有价值的综合课程理念和宗旨转化为具体可行的目标，目前缺乏系统研究，而且，目前有关综合课程设计与开发的有关文献及实践过程描述，对综合课程目标的表述比较笼统、概括化，没有将目标所需的内容和所涉及的问题表达出来，没有明确教师、学生在实施课程时应做些什么，只是表明了开发者的意图和确立目标时的一种价值取向，并非真正意义上的综合课程目标。因而，难以切实指导综合课程的实施。②

从课程实施的操作层面上来讲，综合课程目标作为教学的出发点和归宿，指导教学活动的开展并大体界定教学内容的范围。综合课程的目标显然被包含在新课程标准中阐述的知识、能力及情感态度价值观中，从某种意义上来说，综合课程实施更适合达成知识、能力及情感态度价值观三维目标。

国际上有关研究显示，为综合课程搭建"知/行/为"的目标框架具有重要的操作指导意义。

"知/行/为"框架中相应的内容，"知"是指经得起考验的个人观点/概要，

---

① 参见[美]莫礼时，陈嘉琪等译：《香港学校课程的探讨》，17 页，香港，香港大学出版社，1996
② 王平：《对综合课程实施困境的思考》，载《天津市教科院学报》，2003(1)

跨学科概念、主题、事实；"行"是指低层次的技能和跨学科的技能；"为"是指品格，价值观/信仰/态度/行为。如果比喻"知"是树根，"行"是树干，"为"就是"果实"，是对于整个社会都有益的。"知"与"行"彼此之间相互作用都是为支持"为"提供一种平衡。

为使创建出来的"知/行/为"桥梁更加强大，教师们必须决定应该如何回答以下问题：

- 学生们最想"知"的是哪些知识？
- 学生们最想去"行"的是哪些事情？
- 学生们最想"成为"哪种类型的人？

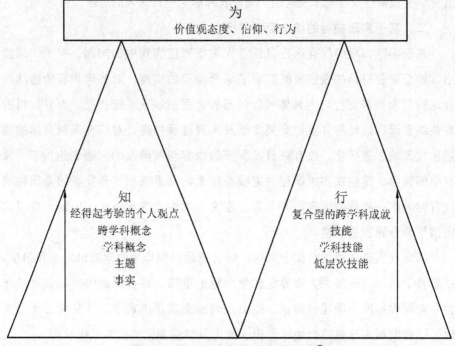

图3-7 "知/行/为"桥梁的建构材料①

很显然，"知/行/为"框架与我国新课改的知识、能力及情感态度价值观三维目标具有内在一致性。有关研究指出，"知/行/为"框架，不仅在为某个

---

① [加]Susan M. Drake，[美]Rebecca C Burns，廖珊、黄晶慧、潘雯译：《综合课程的开发》，35～37页，53页，北京，国轻工业出版社，2007

学科提供服务上非常有帮助，对跨学科进行综合课程设计具有内在价值，更具意义的是，从"知"到"行"，再到"成为"层面，每个层面的建构材料都经历从低层次的事实技能到学科概念技能，再到跨学科概念技能，直到整体影响个人的态度信仰行为，是一个逐级提升内化的过程。通过"知/行/为"桥梁，在实施过程中把目标、教学和评估联合起来，非常具有操作性启发。

三、综合课程设计的具体要求

综上，结合笔者多年指导研究生设计综合课程的体验，以及长期和一些校长教师的切磋交流，可以把综合课程设计的具体要求总结如下。

①确定主题要明确、集中、有价值，其中除了社会价值以外，对个体发展的价值应该体现在学生能否获得整合的经验和锻炼综合解决问题的能力上。

②综合课程单元设计应该以最大限度地充分发挥学生和教师想象、创新、综合解决问题等潜力为第一原则，此外，也适当考虑现实学校教学环境与条件的限制和资源的利用。

③课程设计要有一个画龙点睛的题目，其题目要适合于组织两个或两个以上的学科中的内容。有机组织两个或两个以上的学科中的内容是综合课程设计的底线。

④明确阐述课程目的，并且将总目的分解为课程目标，尽可能较清晰地陈述学生的整合性经验的表现、综合解决问题的能力、情感态度价值观及行为倾向等在特定的综合探究情境中可能发生的变化。

⑤认真构思探究的问题情境和提供给学生的挑战机会，精心设计如何激发兴趣吸引学生。对于需要学生一定的知识背景为基础的综合课程，则要求描述学生的知识背景、起点能力，学生从起点能力到所要求达到的目标之间，需要什么样的支持条件。

⑥在设计中需要说明时间、人员、环境安排及其可行性。可以弹性安排时间，或课中或课余，或分散或集中，也可以长周期慢节奏安排。时间总长度主要根据活动主题弹性安排，但一项活动即使是长周期慢节奏，跨度也最多不超过一学期。

⑦统筹安排综合课程单元设计的教学步骤，除了安排其阶段性、连贯性和层次性以外，还要突出综合性、整体性特点。

⑧紧扣主题适当地安排学生一定的实际操作活动。诸如考察、收集整理分析数据、实验操作、设计制作、讨论、解决问题，写论文或实验报告，以及进行成果答辩等。无论选择什么操作方式，都需要写明确活动或操作的特点和成果要求，确定成果评价标准。

⑨自我反思的重点是对上述各要求的考虑是否都服务于人性陶冶和获得整合性经验，如何充分发挥师生想象、创新、综合解决问题等创造潜力。对所设计的综合课程计划的自我评核，可以参照以上要求有重点地进行。

第四节　综合课程设计的类型

当我们明确了综合课程设计的宗旨目的、理论依据和操作引导的目标后，就需要进一步梳理综合课程设计的类型，帮助教师在一定的课程类型归纳模式中，清楚如何因地制宜地选择设计类型，认识到最关键最需要创造性灵感的，是捕捉最适当的组织中心并配以案例解释。最后，还需要帮助校长和教师在整体的课程结构中寻找革新生长点，这是更大的难题，将延伸到综合课程的实施中继续讨论。

一、综合课程设计的初步分类

已有文献中，表述综合课程类型的名目繁多，比如文科综合、理科综合、综合实践活动、相关课程、融合课程、广域课程、核心课程、交叉课程、跨学科课程、多学科课程、活动课程、经验课程、体验课程、衍生课程、拓展课程、协调性课程、组合式课程、混合式课程、社会中的科学和技术（简称STS）、综合学习、研究性学习，合科教学、主题教学、设计教学等。人们还在继续创造着综合课程的其他名称。

而名目繁多的综合课程类型，大都可以从不同角度给予初步归类。

从课程的内容范围角度，有文科综合、理科综合、社会中的科学和技术（简称STS）等。

从表达综合课程跨越学科的程度及组织形式角度，有相关课程、融合课程、广域课程、核心课程、交叉课程、跨学科课程、多学科课程、协调性课程、组合式课程、混合式课程等。

从综合课程实施中学生的经验状况看，有活动课程、经验课程、综合实践活动、体验课程、衍生课程、拓展课程、潜在课程、悬缺课程等。

从教与学的设计过程带有综合倾向的角度来表述的，有综合学习、研究性学习，合科教学、主题教学、设计教学等。

在林林总总的分类中，可以按照课程理论与实践发展源流中梳理的两大线索——关注学生获得的整合性经验和关注综合课程学科内容之间发生的联系，来进行综合。

二、关注学生获得整合性经验的分类

前文阐述了伯恩斯坦(Basil Bernstein)的一种关注重新分类及改变权力结构和控制原则愿望的集合型和整合型分类范畴。这种观点涉及现存的教育身份、知识是否渊博、知识是否得到有效传递或实现的标准的变化，有助于我们深入理解在课程组织结构的实质改革与学校学术性课程文化价值冲突之间的张力，对推动课程结构类型的改革联系于权力结构和控制原则的变革，具有积极意义。

按照伯恩斯坦的分类框架，可以把学校课程划分成集合型课程和整合型课程两个大的类别。波尔雅(A. P. Pollard，1994)对这两种类型课程的特点有简洁的概括，如表 3-2 所示。

表 3-2　集合型课程和整合型课程①

集合型课程	统整(整合)型课程
严格不变	较弹性
科际有区别	科际较少区别
有阶层性	较少阶层性
强调教育深度	重教育宽度
内容封闭	内容开放
学习的状态	学习的方法
说教式的教学法	自我调节的教学法
严格的教学队伍组织	弹性的教学队伍建设
明确的评价	进展性评价

①　转引自[美]莫礼时，陈嘉琪等译：《香港学校课程的探讨》，71～72 页，香港，香港大学出版社，1996

上述用集合型课程对应整合型课程，很类似我们把工程学式课程对应于园艺学式课程，但与我们通常用分科课程对应综合课程是不同的。因为，集合课程带有的说教式教学法、学习内容的封闭性以及对学生学习经验的疏离，未必一定是分科课程所固有的特点。换言之，不能够把由集合型课程向整合型课程的发展简单理解为由分科课程向综合课程发展，而是要求无论课程的组织中心是学科、是社会问题、还是学生的兴趣需要，都有必要把学习内容与学习经验内在有机结合放在首位，集合型课程向整合型课程发展的实质，是为学习内容与学习经验的整合提供更多机会。

与上述显得沉重的集合型课程与整合型课程分类很不一样的思路，是把追求学生经验的整合和课程结构均衡美的追求相联系，而且其内在价值一直不断吸引追随者在理论与实践领域的探索，相应也推出了让人应接不暇的课程类型。比较有影响的有融合课程（confluent curriculum）和超越课程（a curriculum of transcendence）、潜在课程（Hidden curriculum）、"悬缺课程"（the null curriculum）和"留白课程"（the empty/blank curriculum）。

融合课程和超越课程是学者致力弥补学科课程的不足而提出的人本主义课程。融合课程重视人的情感因素、主观知识和直觉知识对学科学习的个性意义，给学生提供更多结合生活背景负责任地进行选择的机会。① 而通过在学术中寻找个性，通过增强学术性课程的整体性、探究性和综合性，而超越传统学术性课程的局限的思路，也典型地反映在 20 世纪六七十年代，美国课程学者费尼克斯由学问中心课程向人本主义融合课程的转变中。②

从 20 世纪 70 年代以来对学生实际体验到的课程的最热门研究是潜在课程。潜在课程是以学生的实际经验为中心的。对于学校物质和人文环境、校风和班风、教师人格影响、师生关系，教材中的隐性信息等的熏陶力量，不管是不是教育者有意计划的，学生实际上通过情感、态度、人格的中介已经潜移默化地受到了深刻影响。这些研究对整体建构现代学校课程文化、推动以学习促发展的优质学校管理改革，具有深远的意义。与综合课程的价值具

---

① 倡导融合课程的主要融合主义者包括温斯坦（G. Weistein）、范迪尼（M. D. Fantini）、夏皮罗（S. B. Shapiro）、梅茨（G. Metz）、布朗（G. I. Brown）等人。参见 McNeil, J. D. *Curriculum: A Comprehensive Introduction*(2 rd ed.), Boston, MA: Little, Brown, 1985: 11
② 参见张华：《课程流派研究》，164～165 页，济南，山东教育出版社，2000

有内在一致性。

还有些课程类型的论述典型地烘托出综合课程迫切需要的发展空间。美国课程专家艾斯纳(E. W. Eisner)在 1979 年出版的《教育想象：学校课程的设计与评价》(*The Educational imagination；On the design and evaluation of school programs*)一书中，用"悬缺课程"(the null curriculum)的概念，强调学校中要关注该教而没有教的课程，主张应结合学生心智能力、情感陶冶等方面的自主发展需要拓展核心课程①。台湾地区课程学者陈伯璋等提出"留白课程"(the empty/blank curriculum)概念，借用中国古典山水画中黑白相间、浓淡相映、实虚搭配的"飞白"美，论述在学校课程结构中腾出空白时间，放逐儿童心灵进行自由创造的重要价值。②

三、关注科际内容之间所产生联结程度的分类

依综合课程最简单的本义，即使得两门或两门之间的学科产生关联来分类，比较简单清晰。以下是按照综合课程组织中科际内容之间所产生联结的程度阐述的五种分类。

最简单综合程度的是"相关课程"，保留现存的学习科目，只是调节两门或两门以上与某个学习主题相关的内容使之可以同时平行学习，以达到增强学生在学习这种主题时能够获得整体体验的目的。

其次综合程度的是广域课程，把包含不同学科的主要元素组合起来形成综合学科，提取各学科间的内容、方法、原则、原理中的一致性去设计课程，如把历史、地理、政治、经济中的主要元素组合起来形成"社会科"；把物理、化学、生物组合起来形成"综合科学"。

较高综合程度的是"跨学科式的统整"，把两个或更多的学科部分组合为新的学习领域，如把地理和生物中的有关部分组合成"人口教育"学习领域。

综合程度最高的是"超越学科的统整"，把焦点放在主要的学习经验或重要的社会问题上，如能源、生态、战争、吸毒、暴力、种族歧视等社会问题，

---

① E. W. Eisner, *The Educational imagination；On the design and evaluation of school programs*. New York, Macmillan, 1979

② 陈伯璋：《留白课程在课程改革中的意涵》，见《新世纪课程改革的省思与挑战》，109～112页，台北，台北师大书苑，2001

但不尝试组合新学科(P. Morris，1996)。[①]

综合上述观点，从分科到最高程度的综合可以呈现为一个连续的系列：

| 分科课程 | 相关课程 | 广域课程 | 跨学科综合 | 超越学科综合 |

综合程度

这种以课程设计组织中科际内容之间所产生联结的程度来衡量的综合课程，在实施中面对的困境是，科际之间内容的综合程度越高，实际操作和专业挑战的难度就越大。这种困难促使学者更多关注学生学习综合课程中所获得的经验整合状态，而非科际内容本身之间的整合程度。[②]

四、构建一种综合课程类型分析模式

在第一章阐述综合课程概念中，提及判断是否是综合课程的基本底线：只要是课程中涉及两门或两门以上学科之间的联系，那么就可以是综合课程。第二章梳理了关注学生获得整合性经验和关注内容的组织技术这样两大理论源流。因此，本书对上述的初步分类再次归纳，可以依据涉及两门学科内容之间关系的就是综合课程这一判断底线，关注经验和关注内容组织的这样两条历史发展线索，以及相关的综合课程理念及设计原理，建立分析综合课程类型的模式。

图 3-8 直观显示在综合课程的内容和组织(包括学科之间内容的关联程度，关注社会问题和学生成长心理需求)与教师和学生获得的实际成长(包括综合解决问题的能力和体验到的整合性经验)之间的联系。

在图 3-8 中，OB 射线表示关注设计组织中科际内容之间所产生联结的程度，依次有相关课程、融合课程、广域课程，跨学科课程和超越学科课程。学科课程被排除在外。BA 射线表示以社会问题为核心组织的综合课程所处理的社会问题的复杂程度。BC 射线表示以学生成长心理需求为核心组织的综合课程所面对的成长心理需求问题的复杂程度，以及教师在引导综合课程教学过程中自身的超越成长的复杂性。这三条射线，都属于教育者设计综合课程时处理的内容范畴。一般

---

① 参见[美]莫礼时，陈嘉琪等译：《香港学校课程的探讨》，69 页，香港，香港大学出版社，1996
② 吴国珍：《走出综合课程改革困境的反思》，载《教育发展研究》，2006(3)

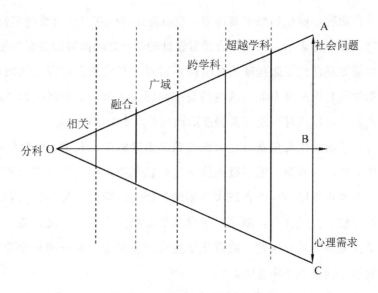

图 3-8 综合课程设计类型分析模式

而言,某射线越长,介入该维度的内容复杂和丰富程度越高。

在进行综合课程设计时,一般而言,要确定在 OB 射线上处于哪个位置,主要依据所处理的问题情境所需要的背景知识。此外,内容的选择可以是处理社会问题的内容,可以是青少年成长需求方面的内容,也可以两者兼而有之,或两者均衡或按需倾斜。然而,设计中非常困难和具有巨大的创新空间的是如何把这三者整合起来,形成具有吸引力的问题探究情境,并且与学生经验的变化联系起来。这关联的枢纽,主要依靠将在后文专门阐述的组织中心。

三角形内的垂直方向的几条实线的长度,表示学生实际获得的综合解决问题的能力,这里直观显示的是理论预期值,科际内容之间产生的联结程度越高,所处理的社会问题越复杂,或者越是能满足学生成长的心理需求,教师越具备综合课程设计与实施的胜任力,就越能够锻炼学生综合解决问题的能力。但是,实际上学生是否锻炼到预期的综合解决问题的能力,还受到实施中的各种因素特别是人的差异因素的影响。

沿着三角形内的实线延伸到三角形之外的虚线,表示理论上预期的学生获得的整合性经验,它与获得的综合解决问题的能力有相吻合之处,也有不一致的地方。就是说,学科之间内容整合程度不高,处理的社会问题不是太复杂的综合课程，但是如果实施得当，也可能让学生获得整合性的丰富经验。同时，这些虚线还表示，无论综合课程设计的学科之间内容的关联程度如何，都可能对应处理任何复杂程度的社会问题或青少年成长需求方面的内容，也可能借助学科知识解决专业领域内的复杂问题，并非一定要高度整合程度的跨学科内容才可以处理一定复杂程度的社会及人类生活的问题。

此外，影响学生真正获得整合性经验的因素很多，其中，学生的年龄特点影响很微妙，一方面，低年级围绕学生经验兴趣跨学科设计综合课程的空间更大；而高年级因知识内容逻辑体系的严密性，增大了跨学科内容设计综合课程的难度。另一方面，随高年级学生经验能力水平的提高，综合运用相关知识解决复杂的社会问题，或者从学生实际获得经验整合的角度设计综合课程的发展空间也在不断扩大。

这个综合课程分类模式比较适合纳入一些重要的综合课程类型。比如，核心课程就是试图通过选择恰当的组织核心，把广泛的人类社会问题及生活问题、学科知识、学生经验三者紧密联系起来。从内容取向上来说，不同的教育哲学立场会选择不同的核心，当然，核心课程一般被认为比较适合实现社会改造主义的理念；从内容组织上来说，核心课程关注的是选择组织中心，无论什么类型的综合课程，活动课程也好、经验课程也好、不同程度的科际整合课程也好，要使之成为有机整体，都必须要有富于创新活力和整合力的组织中心。所谓主题教学、主题设计等，其实就是指在教学或设计中围绕一个组织中心进行有机整体的安排。

因此，组织中心是综合课程设计的难点，也是进行综合课程设计中创造力发挥的最重要生长点。

第五节　综合课程设计的组织中心

综合课程强调真实问题解决的学习，进行情境化学习，发展思维力、批判性质疑能力等，倡导生成高水平的，更具挑战性的课程，使学生获得更广博的知识，具有一定的科际渗透力的组织中心是设计综合课程的枢纽。这种组织中心是环境中和人类关系中的问题，主要由值得关注的有关生存世界的重要关键问题、联系于学生需要的富于魅力的伟大事物、能够唤起学生生命活力潜能的吸引力话题、学科内部有生命力的话题等所构成。组织中心具有赋予知识有意义的目的和使知识情境化的功能。

恰当的组织中心不仅是不同学科内容、学习经验之间的联结枢纽，也是学科之间的重要概念、命题或话题，是横向结构组织和纵向序列组织的整合枢纽，还是激活综合课程的活动主体创造性思维的生长点。

一、组织中心的内容来源广泛

组织中心的内容来源非常广泛。宾尼认为综合课程的组织中心是把学校的课程和更宽广的世界连接起来的有意义的问题和事件。综合课程主要是围绕真实世界中的富有个人意义和社会意义的问题和难题来组织，并联结相关的知识，使知识情境化，赋予知识以有意义的目的。这样的组织中心要比另一些中心更有发展前途。

组织中心之一是已经被包含在独立学科内部的话题。比如"殖民地居民的生活""十进制""运输""神话传说"或者"中世纪"。这些话题在小学和初中（现在乃至高中）应用了很多年，广为人知，很受欢迎。

组织中心之二是社会问题或社会冲突，如"冲突""环境""未来的生活"或"教育"。多年来，进步主义教育家将社会问题作为组织中心，但在很多学校的保守的氛围下，这些主题看来遭人非议。

组织中心之三是年轻人自己的问题和他们关心的事情，包括"与同伴相处""学校生活""个人选择"或者"我是谁"。年轻人关心的事，常常作为"情感教育"的特别议题。

组织中心之四可以称为"吸引力话题"，如"恐龙""苹果"等。这样的主题在小学和某些中学很普遍，常常包括实验和其他有趣的活动。尽管如此，这样的中心是否有足够的价值？到底吸引了谁？受到质疑。

组织中心之五是过程取向的概念，如"变化""系统""循环"。这些概念围绕实际生活运用于各种事物的发展过程中。

其中年轻人关注的事情和社会冲突，十分清晰地联系着综合课程资源。个人和社会关注的事情是实在的生活"要素"，很可能成为年轻人应用知识和经验的组织主题，这种组织中心会使整合更有可能发生，更起作用。不管什么组织中心，最重要的是师生富于活力的参与，才可能是有趣的，引人入胜的，让人激动的。正如威廉·史密斯(William Smith，1955)所阐述的：

一个真实的学习情境必须符合下列条件：①必须围绕与年轻人密切相关的问题。②必须关注年轻人了解的生存世界的重要和关键方面。③必须唤起学习者身上有活力和有潜力的行为。因此，一个完好的课程将包括一系列自然的和重要的经验单元，每一个单元都以一个真实的问题为中心，不考虑学科分界限制，每一个单元的最终结果都是生存能力的提高。显然地，……整合的实质在于学习者，而不是老师应用学科知识。整合是一个有活力的、有创造力的过程。[①]

国内有学者概括出主题设计应遵循趣味性、综合性、自主性、开放性、生成性、可行性，围绕人与社会、人与自然、人与自我、人与文化、人与科技，选择主题，并且通过分解主题概念的下位概念清晰设计思路。[②]

二、追求活化课程魅力的组织中心

综合课程设计是师生充满活力和创造力的学习探究过程。教师期望用源自心灵的优秀教学激活学生源自心灵的优秀学习，就必须教师投入自我生命与综合课程建立生命联系，唤醒活化综合课程魅力的意识，营造活化综合课程魅力的情境，凸显综合课程的内在魅力，用心灵沟通与伟大事物魅力的联系，引领学生看到一粒沙中的世界，一朵野花中的天堂，让富于魅力的伟大事物成为师生共同专注的焦点，将活生生的生命和活生生的课程交织相融，进入一个自由的世界，这样的组织中心才可以赋予综合课程灵魂。

活化课程内在魅力的途径丰富多彩，可操作方案的形成过程，往往既需要展开丰富想象、进行经验重组、闪现创造灵感，又需要理性分析、左右逢源，密织慎思。亲历创造实践是最好的成长契机。笔者在指导多届研究生创新设计综合课程的过程中，总会感动于充溢着创造灵气的教育其实就存在于每一个人的心中，诞生于每个人生机勃勃的创造热情中。

年轻学子富于原创力的设计作品，凝聚着实践智慧和生存关怀，透着年轻人的原创灵气，让人感受到心灵的震撼、美的沉浸、生命的凝重、生活的

---

① *Beane，J. A. curriculum integration：Designing the core of democratic education. New York：Teachers College Press*，1997，14~15
② 黄纯国：《信息技术环境下综合实践活动主题设计研究》，载《现代教育技术》，2009(2)

甘醇和创造的欢乐。这些创新设计作品为教师提供开发综合课程的启迪，既是捕捉酝酿创造灵感的资源库，又是激发教师自主创新的引子，也是教师在自主创新中发现和超越自我的靶子。这种体验让笔者深信，只有教师的原创活力才是综合课程点燃新生代创造生命的火种。

设计能够活化课程魅力的组织中心，也是营造开放的探究学习情境的重点。新颖、独特、整合力强的组织中心，具有平凡变神奇、提纲挈领、有机整合、化繁为简、化理念为实际探究行动的力量，具有赋予知识有意义的目的和使知识情境化的功能。组织中心是活化课程魅力的最活跃细胞，是值得教师沉淀优秀的课程素养不断开发的生长点。

对组织中心的重构需要调动宽厚的知识和能力背景。重构过程需要关照各种复杂因素及其关系，主要的关照点包括：

对于由简到繁，由整体到部分，由部分到整体，时空顺序、学科体系、逻辑关系、基本知识技能基础的通常考虑。

对于锤炼抽象的概念，分析问题的方法，容忍差异的态度，分析数据的技能，掌握学习的策略方法，乃至更复杂的概念形成，态度发展，思维过程的关注。

琢磨可以促进学生反省思维建构的探究方式，贯穿思考—行动—反思的循环过程，以生存世界的关键问题设计更复杂的发展性主题，不断地挑战学生和促进发展。

创设综合课程组织中心的过程需要面对上述纷沓而致的挑战，必然要经历创造性混乱的考验。只有挖掘教师的智慧潜力，以挑战自我的勇气把握成长契机，以欣然投入取代畏难退缩，以放松的潜意识酝酿取代紧张焦虑，以同伴间开放的学习交流取代故步自封，那么，就能够捕捉到具有有机整合活力的组织中心，使面对的复杂探究情境豁然开朗，联系通畅，纲举目张。

此外，激活学生的好奇心是组织中心活化课程魅力的奥秘所在。课程是否能够被活化，是否有迷住学生的魅力，首当其冲是要激活学生的好奇心，这是教师活化课程魅力的最重要生长点。要使得课程具有魅力激活学生的好奇心，需要教师投入真心感受到学生的好奇心，活化课程魅力的能力作为教师课程素养之内核，最鲜明地体现在教师是否心系学生的好奇心。

比如，新颖有吸引力，而且提供了开放的探究空间的问题，也是良好的组织中心。如以下案例所示。

"月亮绕着地球转。解释一下月亮为什么没有掉下来?"这对于新生来说是个很复杂的问题。……新生对月亮、重力、空间有很多疯狂的观点。他们也有很多问题。……有些学生感到自己没有这个能力,但还是愿意去试一试,……大多数学生被那个问题彻底难住了。同时也被这个问题迷住了。[①]

活化课程魅力的立足点在于吸引学生的好奇心。真心投入理解和激励学生的好奇心,才是整合强有力的组织中心的法宝。为了能够活化课程魅力成功地吸引学生的好奇心,首先要了解学生的好奇心,认识到激发好奇心的重要条件不仅是让学生信任教师,还要让捕捉到的组织中心先强烈吸引自己,设计的综合课程先深深感动自己。

让课程先感动自己

北京市中关村一小　胡文利老师

每当我们在做一节课的时候,尤其是在备课的时候,我们就要问自己,你是否首先感动了自己,然后才能感动学生。我也有过切身的体会。去年在做学科带头人那个示范课时,四年级上册有这样一节课,折线统计图。当时书上的例题是栽蒜苗。蒜苗要经过两周的时间生长,学生看出来并用折线统计图进行描述。我当时做了这样一个调查,考虑到我们大多数的学生属于城市的孩子,我给他们下发了一个调查统计表,你喜欢书上栽蒜苗的例题吗?如果不用书上的内容,你更喜欢用哪方面的知识作为我们今天的例题内容呢?调查的结果是:喜欢书上例题的占全班总人数的21.7%,不喜欢书上例题的占全班总人数的78.3%。喜欢体育内容的占13%,而喜欢自然生物科学现象的达到50%,还有少部分同学喜欢航天及社会活动,也就是有一部分学生他们的知识是相当广的。

根据这样的书面调查,我当时就没有选用书上的例题作为教学内容,而是选取了一个学生们都十分感兴趣的属于生物自然科学方面的知识——深海中的两种动物(鲸鱼和磷虾)的内在联系来构思这节课。而实际的课堂教学表

① Eleanor Duckworth and the Experienced Teachers Group,卢立涛等译:《教师互动——交流与学习》,136～137页,北京,中国轻工业出版社,2004

明，真是先感动了我自己然后又感动了学生。其实，这个故事是我暑假的时候随我女儿一块儿去图书馆看书时，在一个少年科普杂志的书架上，信手拈来翻到的。这本书是美国作家写的，上面鲜明的图片和数据一下子迷住了我。鲸鱼和磷虾是生活在南极深海当中的两种动物，它们常常是不为人知的。通过对深海当中两种动物游动的折线统计图，尤其是当我把这两条折线图重叠在一起的时候，孩子们惊喜地发现，原来深海当中两种动物之间不为人知的秘密，鲸鱼在游动的过程中是在吃磷虾的。我又请编辑部的老师帮忙找了一段关于深海当中鲸鱼捕食磷虾的片段，让孩子们观察，让孩子们去体会一下当时的壮观景象。记得当时的课堂是寂静的，而后学生们又是欣喜的。我当时真的非常的感动。我想，这是心灵的一种共鸣。[1]

三、组织中心发挥不同功能的案例

(一)组织中心是有机整合的枢纽

李坤崇、欧慧敏于 2000 年提出一种同时关注概念和学科的综合课程模式，认为概念综合课程或科际综合课程虽然起点、终点不同，但两者均为了协助学生成长与增进解决问题的能力。然而学生成长、解决问题能力亦为学科目标，因此，设计统整课程时不宜截然划分、划地自限，应依据学生实情。能依据概念性质取材自学科者，取材自学科，无法取材自学科者，可设计生动的活动。因此，提出整合概念和学科的主题整合模式，如图 3-9 所示。

图 3-9　概念或学科的主题整合模式[2]

---

① 引自 2007 年海淀读书工程现场会中关村一小阅读帕尔默《教学勇气——漫步教师心灵》小组的片段。
② 课程与教学学会主编：《课程统整与教学》，见李坤崇著：《主题统整课程之理念与设计》，第 103 页，台北，扬智文化，2000

以上课程整合模式非常直观地显示出，作为综合课程组织中心的主题，可以成为学科概念和活动之间相互嵌入的枢纽。

对于主题的选择，除了上述涉及的课程的宗旨和目标、有关理论依据、广泛的来源，以及追求活化课程魅力等方面的考虑，林智中等建议的以下考量角度颇有启发：

①主题之前先有学生。

②考虑主题对学生的价值。

③从学生角度考虑学生的生活与社会。

④从综合角度研究课程知识。

⑤资源的可获得性。

⑥根据活动展开过程和活动情境的需要，不断生成新主题。

⑦尽可能就地取材，体现社区特色，并可以与地方课程开发和校本课程开发活动结合起来。[①]

对于活动设计，李坤崇、欧慧敏建议，要关注活动内容与综合课程的主题之间、各项活动内容及安排顺序与主题分解的目标系列之间的适切性；活动指导语引导学生学习的具体、明确程度；整体活动及各项活动的容量、组织方式、学习活动单元纳入评量的适切程度。[②]

可以用概念网络来建构整体活动及各项活动目标系列的联系。例如，宾尼在以下"未来的生活"案例中，围绕"未来生活"这个组织中心，展开"未来的生活方式""未来的人口""未来的科技""未来的社区""未来的个人"等下位主题，形成概念网络，并且配合设计相应的探究问题以及设计相应的活动。而且，要成功地进行系列活动必然要依赖相关学科知识背景。

① 林智中、张善培、王建军、郭懿芬编：《课程统整——第四届海峡两岸课程理论研讨会论文集》，见李臣之著：《综合实践活动"主题设计"探讨》，38~39 页，香港，2002
② ［台］李坤崇：《主题统整课程之理念与设计》，见课程与教学学会主编：《课程统整与教学》，279 页，台北，扬智文化，2000

"未来的生活"概念网络，问题举例和活动举例①

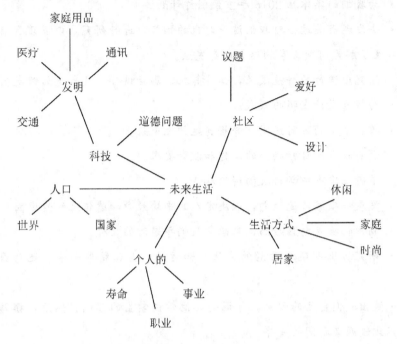

"未来的生活"概念网络图

问题举例

• 我未来能活多久？我将来会成什么模样？我未来会健康吗？我未来能实现我的目标吗？我未来能挣足够的钱来养活自己吗？我未来会面临生死攸关的情境吗？我将来是否还要做父母现在所做的事？我的孩子将来会逃学、吸毒等吗？将来我能改掉坏毛病吗？我将来会上大学吗？未来世界将如何变化？将来我们会有一位不是白人的总统吗？未来我们能攻克癌症和艾滋病吗？未来我们能生活在水下或者别的星球上吗？将来会有什么新的发明成果呢？

活动举例

• 提出我们的城市在 2020 年的发展规划建议，特别是在土地利用、交通运输、教育、资源保护、政府与医疗保险等方面的建议。

---

① Beane, J. A.: curriculum integration: Designing the core of democratic education. New York: Teachers College Press, 1997: 54～55.

- 设计一种"时间之囊"以预测自己。

- 为我们的集体在 2015 年重聚制订计划。

- 去发现有关过去对我们这一时代的预言，进行研究，以发现预言的真假，以及了解为何预言家相信它们会发生。

- 研究出流行的科技成果，如计算机、影音设备、汽车是如何发明的。

- 为将来设计发明的模式。

- 作出个人的时间线图，并将其延伸至未来。

- 调查与个人目标相关的工作和教育要求。

- 举行一次有关新科技的辩论赛。

- 发展一项家族健康史，以决定人的平均寿命和遗传上的健康因素。

- 利用化妆或电脑绘画，来想象我们年老时的模样。

- 研究防止或延缓衰老的方法，如运动、美容整形手术、还有医疗科技等。

- 做出我们自己的预测，并调查其他学校学生的预测；然后，撰写研究报告以比较两者之间的差异。

上面这个案例是典型的超越学科的设计，把焦点放在主要的学习经验或重要的社会问题上，如能源、生态、战争、吸毒、暴力、种族歧视等社会问题，但不尝试组合新学科。

在笔者指导研究生设计综合课程的过程中，大多数主题是这类关注对社会和个人具有重要意义的问题，涌现了不少视野开阔、厚德载道、富于灵气的探究主题。如"伯乐相车""突发性水污染紧急预案""拍卖""四合院""蹦极""艺术""上善若水""战争与和平""丝绸之旅"等不一而足。而且设计日益精致富于吸引力。在环环相扣的学习探究活动中，整体关照到与主题有关的社会与文化发展和环境污染问题，关注认识自我，关注生命。学生的形象思维、抽象思维和综合解决问题能力、创新思维潜力得到自由发挥、学术性知识与非学术性知识运用相互配合。

笔者多年组织和体验"引发教师心灵智慧的叙事探究"活动平台，拓展一线教师和年轻学子的实质对话和共赢空间，会时而领略到微不足道的豁然贯通。例如，叙事探究中教师们会问，与自己的内心真诚对话，拥有内在的轻灵明净，确实让教师们很受益，能否依此方向引导学生？虽然大家自然认同其价值，但很清楚对于年龄小、体验少的学生，引导方式的转化挑战创造性。而这些问询自然渗入自己大学课堂对学子们综合课程设计的引导，富于灵性的年轻心灵的创新设计，会出现鲜活凸显富于魅力的伟大事物的佳作，对打开引导学生心灵成长的课程教学窗口，带来令人神往的春蕾。如以下的课程设计案例。

"声音"的综合课程设计思路

北京师范大学教育学部 2010 级教育学本科　宣　琰

［课程概述］

学时：本课程共 9 个学时，计划一周 1 学时，于学期中期结课。

授课对象：高一或高二学生，对知识背景无过多要求。将对象定为高中生主要是考虑到此时他们的心理成熟程度与独立思考能力已达到能够接受本课程全部内容的能力。

课程特色：真正从学生的感官经验出发，围绕一个人生命中不可避免的事物——声音进行探索，而不是用一个主题将学科知识进行机械地切割、堆砌；每一部分内容的呈现都是为了引导学生更好地进行思考与体悟，知识是智慧的助产婆，而不是教学的最终目的；注重学生艺术素质的培养，在自主创作中体会自由，在欣赏他人中学会尊重，在交流分享中体验自足。

课程主体包括课程导入、认识声音、聆听声音、捕捉声音、体验分享五部分。

一、课程导入

呈现一段声音材料（音乐人小河 after time）和一段描述声音的文字材料（诗人里尔克《马尔特手记》的篇章）：

"我无法改变睡觉时必须敞开一扇窗户的习惯！街上的电车发狂似的响着车铃穿越我的房间。汽车从我的身上疾驰而过。有一扇门砰砰地开关。在某个地方，一块玻璃坠了下去，摔碎了。我可以听见那些大块的碎片在哈哈大笑，小块的碎片在嘻嘻窃笑。接着，从这一幢房屋的另一边，忽然传来一种沉闷的、被抑制的声音。有人在上楼；正在渐渐地走近，走近，永无止境；就在那儿，在那儿待了好长时间，然后走了过来。接着，又响起大街上的喧闹声。一个女孩在尖叫："啊！讨厌，请安静一点儿吧。"一辆电车令人兴奋地疾驰而来，接着碾过头顶，碾过一切东西，驶向远处。有人在喊叫。很多人在争先恐后地奔跑。一条狗在吠叫。这是怎样的宽慰呀：一条狗在吠叫！临近黎明的时候，甚至有一只公鸡啼鸣起来；而这带来的是无限的安慰。之后，我一下就睡熟了。"

——《马尔特手记》里尔克

作为个体的人，我们是于何时遇见声音的呢？答案是在我们没有出生的时候。更为奇妙的是，人死亡时最后消失的功能也是听觉。这是否意味着声音对于我们来说有着非同寻常的意义？

世间万物都与声音有关。我们人类需要声音，也无法回避声音。然而，我们真的认识声音吗？就像对待阳光、空气与亲人这些在我们日常生活中习以为常的事物一样，我们对于声音，忽略得太久了。

因此，从现在开始的半个学期内，我们将走上一段发现之旅，请大家抛开对声音的种种成见，以一双孩童般的清澈的双眼，重新认识声音。

二、认识声音

步骤1　探索声音本身

声音何以产生：音叉振动实验。

声音的性质：介绍振幅与频率。振幅影响音量实验。

声音的传播与空间感知：我们每时每刻都存在于不同的空间中，声音是我们感知、认识空间的秘密途径。

步骤2　探索人类的听觉器官

由宏观到微观介绍人体解剖结构：耳的结构——耳蜗的结构——柯迪氏器的结构

步骤3　探索人体与声音的互动

"世界真的是我们所听到的那样吗？"

听觉生理与听觉心理两者间的不对等：人耳对高频声音更为敏感；声音的遮蔽效应

步骤4　讨论课：声音如何影响人的情感。

为学生提供几种基本的参考文献，如《礼记·乐记》《声无哀乐论》《剑桥西方音乐理论发展史》及其他与声学心理学相关的研究成果，让每一位同学就自己感兴趣的一种文献进行深入阅读并加以批判思考，一星期后进行课堂讨论，教师将依据讨论中各同学有效信息的贡献率及个人观点的合理性、创新性进行考评，讨论结束后每位同学需要结合讨论内容向教师提交一篇论文以阐明自己的最终观点。

活动课：自制一种乐器。

要求学生能用自制乐器奏出音阶，并且制作者必须向听众说明如何调音。于课程末验收成果。

三、聆听声音

阅读材料《为了听觉的尊严》(《视野》2009 年第 24 期　赵功强)

法国哲学家罗兰·巴特认为我们应就"听到"和"聆听"这两个概念进行区分：前者是一种生理功能，后者是一个心理行为。日常生活中，我们往往止步于前者，而遗忘了聆听。

深度聆听将聆听内在的自我与仔细地聆听结合了起来。深度聆听与冥想相关，它是对沉浸于海量信息的拒绝。

步骤 1　发现自然

聆听专辑《森林狂想曲》中来自台湾原始森林的生灵。

介绍世界自然音乐大师丹·吉布森(Dan Gibson)与他的自然音乐。

活动：聆听专辑《Songbirds by the Storm》和《Nurturing Rain》中的音乐，要求学生用一张白纸，表达聆听体验。可以选择用线条与色彩，亦可以采用文字的形式，甚至是剪纸、折纸或是拼贴画这一类的手工作品。于课程末验收成果。

步骤 2　发现社会

让学生闭上眼睛，聆听《张玮玮与郭龙的故事》。

"叙事改变了人的存在时间和空间的感觉。当人们感觉自己的生命若有若无时，当一个人觉得自己的生活变得破碎不堪时，当我们的生活想象遭到挫伤时，叙事让人重新找回自己的生命感觉，重返自己的生活想象的空间，甚至重新拾回被生活中的无常抹去的自我。"

　　　　　　　　　　　　　　　　　　　　——《沉重的肉身》，刘小枫

介绍姚大钧与"中国声音小组"(China Sound Unit)：通过记录本土的日常的声音去捕捉社会的流变。

声音万花筒环节：向学生介绍几项有趣的声音艺术作品——麦可思·纽豪斯的《时代广场》(Max Neuhaus，*Times Square*，1977)；克里斯蒂娜·库比什的《电流行走》(Christina Kubisch，*Electrical Walk*)；达维德·提多尼的《林茨气球》(Davide Tidoni，A Ballon for Linz)。

步骤3　发现自我

观看动画《柔软的角》(日本动画《虫师》第三集)——一个有关声音、寂静与生命的故事。

"当你对生活失去信心的时候，记得将双手紧紧贴在双耳之上，你会听到熔岩般壮丽的声音，那是你的血液在身体中滚动的声音，坚定而有力。"

四、捕捉声音

步骤1　了解实地录音

向学生们介绍什么是实地录音，包括实地录音的定义与发展历史。

阅读殷漪的文章《我为什么要做实地录音？》，下文为其中片段：

"……和100年前相比，我们的听觉环境发生了很大的变化，特别是在城市中。环境噪声的音量很高，许多细节的声音都被掩盖掉了。我们"听不见"很多声音。实地录音让我有机会再次让那些细小的声音浮现出来。通过录音设备，听觉敏感度被人为提升，同时被训练的还有听觉的敏锐度。对于许多从事音乐创作和声音制作的人来说，这是一种很好的训练。雅尼斯·宪纳克斯(Iannis Xenakis)在进行粒子合成技术实验时有没有听过沙砾流动的声音呢？……"

步骤2　活动：捕捉声音

学生通过自制的接触式地麦完成个人的实地录音作品，课程末将举办声音聆听聚会，邀请家长一同欣赏同学们的艺术作品。

五、体验分享

最后一次课，将对课程中的三次活动成果进行集中展示，包括乐器鉴赏会、个人录音作品聆听会和"自然·印象"聆听体验成果展。学生可以邀请对他而言重要的人来参加最后一次课，老师将会为学生准备正式的邀请函。

结束语

我们关于声音的旅程即将告一段落，但这并不意味着你们探索声音的脚步也随之停滞。走出课堂，你们面对的是真正的生活，在这生活中，对于声音的感悟与思考将伴随你们的一生。以下是一些小小的建议：

随着实地录音技术的逐步普及，越来越多的人开始涉足这一领域，带来的作品水准参差不齐，望同学们在聆听前加以选择。面对当代艺术亦同理，切忌浮夸。

聆听他人的声音作品只是为了借此引导你们关注声音现象，切不可本末倒置，只顾关注作品或作者本身而忽略了身边真实的声音。试着建立属于你个人的声音图书馆吧！

多出去走走，不管是去野外漫步，还是在都市中穿梭，只要用心聆听，你一定会有意想不到的收获。

最后，希望你们牢记本次课程唯一希望你们学会的两件事——学会聆听和认识你自己。

(二)组织中心营造开放的问题情境

适当的组织中心可以营造开放的问题情境，以便锻炼鼓励学生在开放的探究中锻炼综合解决复杂问题的能力。

案例：Ashton 岛——可再生能源问题①

内容：关于利用可再生能源的知识和解决问题的作业

课时：1～2 课时

预计用于物理、化学、综合理科的 GCSE 考试，讲解能源，可替代能源和燃料时可以联系可再生能源问题课程的目的。

1. 补充和修正以前关于可替代能源和可再生能源的知识。

2. 进一步认识能源储备问题和可再生能源的重要性，特别是在不能用化工燃料，或化工燃料需要保存的情况下的重要性。

---

① 详见青岛外国教材研究所主编，董振邦等译校：《社会中的科学和技术——英国中学理科革新教材》，37～43页，青岛，青岛出版社，1995

3. 发展解决问题的能力以及运用科学知识进行富有想象力的探索的能力。

知识点的准备：

可再生能源和不可再生能源的概念。

可再生能源包括：太阳能、太阳板、太阳能电能、太阳能电池、地热能、潮汐电能、风能、波能、其他(垃圾的能、植物能、腐烂物质的能)。(原教材配有详细的知识点内容)

Ashton 岛：问题情境。

Ashton 岛位于太平洋中，离大陆有若干英里，你是由 20 人组成的科学考察队的一员，要在那里考察这个岛 5 年，你是承担为考察队提供所需全部能量这一任务的专家。该岛的环境是：

没有油、煤，

没有天然气，

白天天气热，

夜里天气冷，

有很强的西南风，

有山，

有流速大的河流，

有森林，

有温泉。

Ashton 岛：要解决的问题。

①考察队需要四所木建筑物和一个实验室，设计两个方案以供这些建筑物取暖。

②为这些建筑物设计一个热水源。

③设计为做饭供热的两种可能的方案。

④你将怎样提供为机器所需的电？

⑤这个考察队有药品和化学药品需要时刻保持冷却，你要怎样保持电冰箱的持续供电？

⑥岛上的什么天然资源应该注意保护？

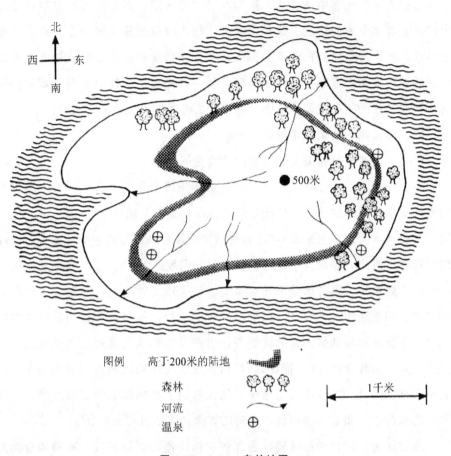

图例　　高于200米的陆地

　　　　森林

　　　　河流

　　　　温泉

图 3-10　Ashton 岛的地图

⑦在地图上，标出你打算在何处建设上述建筑物，标出你必须提供的各种能量的生产设备，文字说明怎样把能量传送到建筑物，解释为什么单单选择这些地址。

⑧如果考察队仅有有限的钱用于能量供给上，你的回答是否有所不同？解释你的回答。

值得注意的是，这个课程设计的综合探究问题情境是英国综合理科教材中预计用于物理、化学、综合理科的 GCSE 考试。换言之，该案例显示考查学生综合解决问题能力是可以用纸笔测验进行的。假如我们期望发挥终结性评价促进学生综合解决问题能力发展的正面导向作用，这一类的命题出现在我国选拔人才的试卷中是必然，正如本书前言所示，近年的高考改革已经在大踏步朝着这个方向迈进。这样，综合课程不仅仅是提倡的理念，教育改革的诉求，而且随着新课程改革的深入，综合课程逐步融入竞争性制度中成为常态的课程教学组成部分，已经呈现有朝一日之态势。这对于促使师生们投入才智在开放的问题探究情境中学习和成长将产生很大的牵引力量。

四、涉及课程结构变革的组织中心

(一)综合课程革新需要配合课程结构变革

综合课程革新总是在人、物、事的整体关照中寻找生长点，其中最重要的支持是学校整体的课程结构能够给综合课程腾出发展空间。

从最基本的词义上来看，"课程的结构指课程各部分的组织和配合，即探讨课程各组成部分如何有机地联系在一起的问题"[1]。换言之，当课程组织的讨论深入到如何使得各部分之间有机配合产生累积效应时，就触及了课程结构问题。课程结构首先涉及不同类型课程的比例，如学科课程与活动课程的比例、必修课程与选修课程的比例等；也涉及课程从宏观层次到微观层次的呈现方式，由教学计划(课程计划)提出各级学校课程设置的门类及顺序，由教学大纲(课程标准)详细规定教学计划内各门课程的详细内容和要求，由教科书将这些内容和要求按照教学活动的规律具体地展现出来。[2]

本书认为，综合课程需要配合课程结构均衡美。就是说，不同课程类型在时间比例的分配上能够在美的境界彼此优势互补、相得益彰、整体均衡协调。这种"美的境界"是以学习课程的学生实质上获得身心健康和谐发展，能够焕发出生命活力美为根本衡量。

追求课程结构均衡美首先需要面对的问题是，腾出自由空间与引导学生形成受益终生的基本技能所构成的一对悖论关系。形成必要的基本技能可以直接为腾出心智自由运用的空间服务，而充塞事实性知识和技能训练的课程又会严重扼制心智自由。要使课程结构体系开放地纳入有价值的综合课程，非得在课程结构改进中摒弃"学科臃肿症"，腾出"留白"空间。课程结构均衡

---

① 施良方：《课程理论——课程的基础、原理与问题》，123 页，北京，教育科学出版社，1996
② 参见丛立新：《课程改革与课程微观结构的研究》，载《教育研究》，2000.7

美的追求，应该体现为以富于活力的组织中心为枢纽，在纳入综合课程与腾出"留白"空间之间保持适度的张力，达到"精而深"而非"广而泛"。可见，寓不同类型课程之间的均衡于课程设计模式实质变革的活力中，是综合课程革新所需要的课程结构改革的实质。

从"均衡美"的境界审视课程的横向结构，首先要摒弃的是现代学校课程的"学科臃肿症"。然而，"学科臃肿症"是知识经济社会学历化竞争的产物。"学科臃肿症"以及其后知识分配和权力控制的现实，正如 M. 杨（Michael F. D. Yong,）在 1971 年发表的名著《知识与控制——教育社会学新探》（*Knowledge and Control——New Direction for the Sociology of Education*）中尖锐指出的，知识是被社会建构的。在权力结构和知识之间、获得知识的机会和把握知识价值的机会之间，知识与它在不同社会的功能之间存在密切联系。学生的学业失败不完全是学生个人的动机、能力或环境造成的，而是构成学校课程过于封闭的学术体系本身造成的，是封闭的课程阻碍了学生接近能够获得社会高回报的知识，就连那些在封闭的课程体系中取得成功的学生也很可能仍然是失败者。[①]

从逻辑上说，避免"深而窄"或"广而浅"的臃肿症的出路是稀疏适度的"精而深"。设置"精而深"的课程体系，其"精深"与"广博"的视域融合，要求摒弃两种错误偏向，一种是被目前终结性评价中的标准测验所驱使，压抑生命活力的过度基本知识技能训练，另一种是脱离基本的知识技能训练而一味拔高开放探究，这两者都不利于整合不同课程的优势发挥最佳功能。对整合具有重要意义的有两方面：一是提供开放的问题情境，包括学科知识体系内的开放问题情境，也包括跨学科的开放性综合问题情境；二是激活个体心灵智慧的学习，有利于个体感知、情感、想象、创造等心理过程的积极介入。[②]

下面两个案例，直观鲜明地展示了具有比较深厚的哲学理念铺垫的组织中心，会直接触及课程结构的变革。

---

① 参见麦克·F. D. 扬主编，谢维和、朱旭东译：《知识与控制》，45～50 页，上海，华东师大出版社，2002
② 参见吴国珍：《课程组织》，见钟启泉主编：《课程论》，第六章，北京，教育科学出版社，2007

(二)制衡课程结构变革的组织中心案例

第一个案例，是未来主义者站在进步主义教育立场上，提出的涉及比较大跨度的课程结构变革的未来主义课程设计方案。这个设计方案通过"未来主义"这个组织中心，从六个方面组织年轻一代必须学习对处理和控制未来更有用的知识和能力，形成一套课程结构体系。

案例：一个未来主义课程设计[①]

未来主义者把进步主义教育的基本观点概括为，相信知识处于不断的改造过程中，没有任何一套知识在其重要性上能替代所有其他知识，儿童的兴趣是学习的主要动机，个人本质上是社会的，年轻一代有能力处理本质上不确定的未来。因而，课程设计必须考虑不确定的未来，学校科目的主要核心应围绕着日益增加的个人处理未来的知识与能力来安排。

但是与传统的学科设计不同的是，不是仅仅要求学生学习每一门学科独特的结构、概念、原理、事实和过程，还要学习对处理和控制未来更有用的知识，并把这类知识划分为六个领域：

①交流和信息处理(Communication and Information Handling)；

②不确定性(Uncertainties)

③价值发展(Values Development)；

④民主的公民(Democratic Citizenship)；

⑤探究 (Inquiries)；

⑥未来(Futures)。

"交流和信息处理"科目重点是发展计算机操作的知识、影视技术、阅读、写作等现代交流手段和技巧，是为了满足人们理解、操作和控制结果的需要，信息的利用和传播的需要，理解技术爆炸的时代和我们生活中持续不断地变化着的关系的需要。

"不确定性"科目主要是探索变化的概念及其相关的现象。这一科目覆盖很广，同代人内部的分裂、经验的浓缩、文化的惰性、社会生活过度的不安

---

① 参见 Wilma S Longstreet and Harold G. Shane, *Curriculum for a New Millennium*，by Allyn & Bacon，1993：207～211

等，都是不确定性科目的关键主题。特殊的主题可能包括诸如爱因斯坦的相对论及其带来的我们对时间和宇宙本质理解方面的剧变；人类持续没有找到满意的核损耗的储存方法以及它可能对人类的生活产生的影响等。

"价值发展"科目涉及学生在活动中形成他们作为个体和作为民主社会公民的价值。这种价值发展的过程被认为是分析性的，是从基于主观的批判性评价走向介入了理性分析和对自己的反应进行评价的客观性过程，并要求学生参与到创造性的生产活动中，以批判性的评价方式，达到他们自己的逻辑严密的无可辩驳的判断，从而建立他们个人的价值系统和民主社会为基础的价值系统。

"民主社会公民"科目集中于发展学生的民主社会公民事务中作决定的技巧。要求具有丰富的政治现实知识，热情活跃地参与民主政治生活，善于在复杂冲突的情境中作出明智的价值判断，并能根据不断变化的情况修改调整自己的决定。

"探究"科目涉及对各种科学研究的探究。这些科学研究有各种方法论基础，包括从经典的科学研究到诸如混沌学这样的、与传统范式断裂的探究模式的研究。学生应该在掌握搜集信息和发展知识的一般研究方法基础上，分析比较因不同的知识结构而导致的某些原理和知识的种类的区别，通过这些比较研究来选择自己进一步探究深造的领域。

"未来"科目主要为了发展学生在形成可能的未来方案中所必须学习的过程、态度、方法和技巧，以及预测未来趋势的综合能力。它在如下方面可以作为其他五门科目的联结中枢：适合于趋势分析和推测的工具与方法取自于探究科目的学习；对可能的未来社会、政治、经济性质的判断必须借助于价值发展和民主公民科目的学习；想象未来多种可能性的能力受到不确定性科目的促进；而在形成可能的未来方案中所必需的表现技巧，则要求综合利用在交流和信息处理科目中学习的影视、计算机、写作等技巧。

上述未来主义的课程设计方案触动到了学校整体课程结构变革，革新力度比较大，需要具备一定的主观和客观条件。假如没有相配套的课程结构的整体调整，以及课程、教学、评估的一体化安排，要实现这类课程设计方案是比较困难的。显然，这个需要涉及课程结构大幅度改革的方案，与上述的案例"未来的生活"很不同，"未来的生活"这一类课程方案可以在学校学科课程体系中寻找适当的发展空间，比如，我国新课程改革中的研究性学习中可以纳入，学科课程中也可以适当渗透。

下面一个案例中的组织中心"知识论"，也需要触动课程结构的整体改革。

案例："知识论"课程——涉及课程结构整合①

IB 课程结构中的"知识论"。IB 指国际中学文凭课程（International Bacca-laureate Curriculum）

IB 课程探求在课程中体现普通教育宗旨。IB 课程试图超越内容与技能之争，聚焦于学生的四种思维模式——分析思维、经验思维、道德思维和审美思维。

IB 课程结构的和谐美

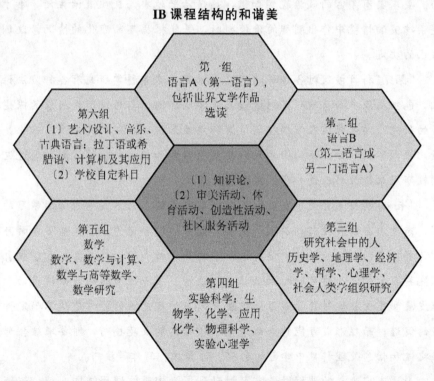

IB 课程尝试探求以一种相对均衡和谐的课程体系取代科目林立、各自封闭的课程体系。

---

① 参见钟启泉主编：《课程设计基础》，193～219 页，济南：山东教育出版社，1998

IB 课程的核心是知识论(Theory of Knowledge)。居于 IB 课程结构核心地位的有:

知识论是每位学生都必须学习的。

每人必须参加每周半天的审美、体育、社区服务等活动。

围绕核心课程的有:

每位学生必须从六组课程中的每一组科目中至少选修一门。

IB 课程相信大学前阶段最重要的不是学到什么,而是具备学会学习的热情和基础。课程设计非常关注这三个问题:"知识论"课程如何体现教育哲学?"知识论"课程如何联结各组成部分?"知识论"又是如何选择内容和组织教学的呢?

知识论课程面对的问题领域:

1. 知识是什么?(真理?假说?谬误?)

2. 知识的增长方式主要是积累还是批判?

3. 如果亚里士多德的学说永远被作为真理传授和接受,人类恐怕只能永远徘徊在真理的大门之外了。

4. 如何检验知识的真理性?

即使已经被大量经验性证据证实了的真理,恐怕仍然应该被作为有待于证实或证伪的假说来看待。这不是主张怀疑一切,是主张应该对所谓已知的"规律"或"原理"持审慎态度。

知识论课程目标:

1. 探究人们认识世界万事万物的基本方法并加以检验。

2. 揭示各门学科之间的区别与联系,揭示各种知识的异同。

3. 帮助学生意识到主观偏见和社会文化偏见的存在。

4. 知识论不是用传统意义上的哲学课的内容(如各种思想流派)来讨论上述问题,而是使其内容覆盖围绕它的六组科目的知识领域,由取自各知识领域的材料融会交织而成。

IB 知识论的课程内容:

第一部分(第一章 语言和思维在知识中的作用)

第二部分(第二章 对知识的逻辑严密性的要求)

第三部分　知识体系(第三章　数学；第四章　自然科学；第五章　人文科学；第六章　历史学)

第四部分(第七章　道德判断；第八章　政治判断；第九章　审美判断)

第五部分(第十章　知识与真理)

　　上述"知识论"课程方案相信通过围绕"知识论"的核心来组织课程，能够探究和检验人们认识世界万事万物的基本方法，认为这样帮助年轻人学会学习和具备学习的热情和基础是最有价值的，因而不仅要围绕"知识论"选择内容和组织教学，还要特别关注"知识论"课程如何联结各组成部分，揭示各学科之间的联系与异同。要实现这一教育理念，自然需要整个课程结构的革新和配合。在我国有一批优秀学校，如上海大同中学，已经在实验班范围尝试这类课程结构整体变革，并取得可喜成就。①

　　目前，我国高中课程改革中，课程结构上为综合课程腾出的专门时间是综合实践活动，包括研究性学习、社区服务与社会实践、劳动技术教育、信息技术教育这四大领域。有学者称之为跨学科的综合课程。②此外，课程结构由学习领域、科目、模块三个层次构成。其中，学习领域其实也是为综合课程发展的必要铺垫，而模块设置是最受关注的亮点，也是综合课程的重要生长点。协调学科的逻辑体系要求与学科动态发展的开放性需求之间的矛盾，可以为学校灵活安排课程、提供学生自主选择机会、鼓励学校特色发展创造条件。此外，综合课程的底线性质是涉及两门学科之间联系的课程与教学，在整个课程体系中几乎可以无孔不入的发展空间，是学科渗透。

　　当然，要真正在新的课程体系中，提供给综合课程的发展平台，实现综合课程的理念，归根结底还是要依靠教育者的原创力，富于活力的组织中心需要靠心灵智慧的滋养。这点，我们将在后续的综合课程实施中进一步展开。

---

　　①　《合作与探究——上海市大同中学校本课程开发及分析》，http：//www.lw23.com/paper_85758541_2/
　　②　钟启泉：《综合实践活动课程的设计与实施》，载《教育发展研究》，2007(2A)

第四章 综合课程革新实施

第一节　综合课程实施取向及模式

一、概念阐述

富兰(M. Fullan)认为，实施是把某个事物付诸实践的过程，这些事物对进行改革尝试的人来说是新的。[①] 课程实施是把某项改革付诸实践的过程。它不同于采用某项改革(决定使用某种新的东西)。实施的焦点是实践中发生改革的程度和影响改革程度的那些因素。[②] 而谢勒、亚历山大和刘易斯(Saylor，Alexander&Lewis)认为教学过程是课程计划的实施，这个过程通常(但不一定)涉及"教"——学校环境内出现的教师与学生之间的互动。[③]

以上课程实施的定义中包含两层含义，其一侧重把改革付诸实践，其中很可能包括教学；其二是关注实践中发生变革的程度及影响变革的因素。我国学者施良方指出，在学校可以自己确定课程的那些国家，比较流行把课程实施界定为变革，而在学校主要是实施教育行政部门制订的课程计划的

---

① [瑞典]胡森主编，江山野主编译：《简明教育百科全书·课程》，157 页，北京，教育科学出版社，1991

② 同上书，156 页

③ 转引自李子健、黄显华：《课程：范式、取向和设计》，311 页，香港，香港中文大学出版社，1994

◆ 139 ◆

国家，把课程实施界定为教学比较盛行。①

富兰尖锐指出了改革的复杂性和不确定性，认为改革是非线性的，过程中充满了各种不确定性与变数。改革是这样的有计划的旅途：宛如乘着一只会漏水的破船，在不合作的水手驾驶下，驶向没有航海图的水域。②

本书认为，即使是在集权管理体制下把课程实施理解为教与学，到了综合课程的实施阶段，也一定比在计划设计阶段更加牵涉到方方面面的深层变革。对综合课程动态实施过程中起到重要促动作用的，是学校课程领导愿景的前瞻性，也涉及人力、资源、时间的投入和重新调配，相伴随的是学校文化再生和课程结构再造，教师赋权增能的要求，学生成长需求的变化，以及由此带来的学校民主生活方式的变革。所有这些，都是影响综合课程实施的重要因素，也是综合课程实施研究的重点。

本书初步把综合课程实施理解为将综合课程计划付诸实践的具体过程。关注的焦点是综合课程实践中实际发生变革的程度及影响变革的因素，也关注在持续的实施过程中，综合课程革新因素逐渐被制度化（institutionalization）或常规化（routinization）的过程。比如，我国新课程纲要规定从小学至高中设置综合实践活动并作为必修课程，其内容主要包括：信息技术教育、研究性学习、社区服务与社会实践以及劳动与技术教育，就是综合课程革新因素在课程结构体系上被制度化的体现。而综合课程实施的持续内驱力，在很大程度上依赖于综合课程评价与人才选拔制度接轨的制度化常规化过程。

对我国中小学而言，综合课程的出现本身就意味着一种变革，因为推行综合课程是为了弥补现有分科课程的不足，使二者能够取长补短，共同促进学生的发展。加上我国学校主要是实施教育行政部门制定的课程计划的传统，综合课程实施更多地被认为是执行新课程纲要规定的综合实践活动的过程。而实质上，正如历史发展过程和我国目前许多学校和研究团体进行的综合课程革新实践所显示的，真正意义的综合课程革新范畴比这要丰富广泛。综合课程实践中实际发生变革的程度及影响变革的因素，是本书关注的重点，我

---

① 施良方著：《课程理论——课程的基础、原理与问题》，133～134 页，北京，教育科学出版社，1996
② 参见［加］迈克·富兰，中央教育科学研究所加拿大多伦多国际学院译：《变革的力量——透视教育改革》，35 页，北京，教育科学出版社，2000

们将配合我国新课程改革背景下综合课程实施的学校个案进行分析，重点阐述能够给予教师操作引导的综合课程实施原则。因此，接下来的一章，是以个案学校多样综合课程整体革新促进教师专业成长的历程，对本章阐述的理论进行鲜活诠释。

二、综合课程实施的创生取向

上述对于课程实施概念的讨论聚焦了本章关注的重点，综合课程实施中实际发生的变革以及涉及的复杂因素。综合课程实施重点考察，在不同的取向下，对课程实施中各因素之间关系的不同认识，对课程实施中人的能动作用的不同认识，导致课程实施中不同程度的变革。

不少学者引用美国课程专家辛德尔(J. Snyder)等人 1992 年的归纳，认为课程实施取向可概括为忠实取向、相互适应取向、课程创生取向。

课程实施的忠实取向(fidelity orientation)衡量课程实施成功的基本标准是课程实施过程实现预定课程计划的程度。在这种取向中，教师是课程的忠实执行者和课程的被动消费者。课程知识是由课程专家在课堂之外，用他们认为最好的方法为教师创造好了的。课程变革被认为是一个线性的过程：在课堂外预先开发、按照计划实施，按照计划中预先设计好的结果去评价。

课程的相互适应取向(mutual adaptation orientation)认为，课程实施过程是课程计划与课堂和学校实践情境在课程目标、内容、方法和组织模式等方面相互调整、改变与适应的过程。这一取向重视深入探讨课程变革过程的本质和影响课程实施的各种因素，把课程变革视为一个复杂的、非线性的、不可预知的过程。教师是课程计划主动的积极的消费者。

课程实施的创生取向(curriculum enactment orientation)是课程实施研究中的新兴取向，认为真正动态的课程是教师与学生联合创造的教育经验，课程实施本质上是在具体教育情境中创生(enact)新的教育经验的过程。课程知识不是一个权威产品或事件，而是一种"人格的建构"，外部设计的课程被认为是点燃学生心灵火炬的资源 。师生也是课程知识的创造者。课程专家应该成为点燃教师心灵之火炬。①

---

① 参见张华：《课程与教学论》，327～333 页，上海，上海教育出版社，2000

上述课程实施不同取向的描述，实际上尖锐指出了在观念上影响课程实施的三大倾向，反映出综合课程实施的关键在于观念的革新和整体把握现实的复杂性。毋庸置疑，综合课程的革新实践显然要求在创生取向上实施，即使是被认为整合程度比较低的科际渗透综合，也需要教师把学科、学生和自我三者内在融合，编织适宜地联结学生、课程和自我的网络，帮助教师以源自心灵的优秀教学激活学生源自心灵的优秀学习。

在综合课程的创生实施过程中，知识和经验的动态生成被尊重，课程是被社会建构的。教师在课程实施中倾心活化综合课程的魅力，把富于魅力的伟大事物推到课堂的中央，让它真真实实、生动活泼、有声有色，以至于能令教师和学生围绕它入迷地探究、质疑。伟大的事物是如此活跃，以至于教师可以当学生，学生也可以当教师，彼此都可以就伟大事物发表其见解。

这无疑对教师的专业能力提出了很高要求，需要教师具有联合能力，能够将自我、所教学科和他们的学生编织成复杂的联系网，以便学生能够学会去编织一个他们自己的世界。……好老师形成的联合不在于他们的方法，而在于他们的心灵。……当优秀教师把他们和学生与学科结合在一起编织生活时，那么心灵就是织布机，针线在这里牵引，力在这里绷紧，线梭子在这里转动，从而生活的方方面面被精密地编织伸展。[1]

综合课程实施的创生取向，给教育者实践智慧的挑战是空前的。信息化社会的不确定性、复杂性、多元多变性，社会问题的复杂性，网络互动影响的扩大，青少年图像阅读和表达兴趣激增，年轻人的语言、思维、学习方式、交往方式呈现出的综合性、全息性、情境鲜活性、多元选择性、互动合作性等变化，所有这些，都直接挑战综合课程实施中可即席利用的智慧。面对这一挑战，只有让综合课程生长于贴近于师生心灵的、高度个性化的自我生命中，契合于师生的个性和生命根基，贴近能够唤起想象和创造热情的真实生活，才会有活化综合课程魅力的创造空间。

然而，正如不少文献指出的，现有的教师囿于分科教育传统的影响，创

---

① ［美］帕克·帕尔默，吴国珍等译，杨秀玲审校：《教学勇气——漫步教师心灵》，11页，上海，华东师范大学出版社，2005

造性、主体性、生命的热情难以被调动起来，或是循规蹈矩、因循守旧的落后的观念阻碍了对综合课程更为深刻的认识，或是素养沉淀不够很难达到这个要求。且教师由于缺乏系统的有关综合课程的培训，大多数教师受传统习惯影响难以接受并实施综合课程，这是综合课程实施所面对的最大的困难。[①]

因此，在实践操作层面理解综合课程实施的情境、模式，结合鲜活的案例揭示实践中发生改革的程度及影响因素，探讨促进综合课程实施的原则，对帮助教师在综合课程实施中获得专业成长很有必要。

三、适合综合课程实施的情境模式

如上所述，综合课程的综合性和复杂性，动态生成的创生取向，参与主体面对的动态建构挑战，一定比在计划设计阶段更加牵涉到方方面面的复杂因素，学校领导的支持，人力、资源、时间的整体调配，学校文化再生和学校课程结构再造，教师赋权增能的要求，学生成长需求的变化，以及由此带来的学校民主生活方式的变革，所有这些，都要求综合课程实施中进行清醒的实施情境分析。

对于学校层面分析综合课程实施情境比较有启发的，是英国的著名校本课程专家斯基尔贝克（M. Skilbeck）的学校课程情境设计模式，包括情境分析；目的制定；建立方案；阐述与实施；检察、回馈、评核和重整这五个大的环节。

斯基尔贝克认为，课程设计是一种手段，教师借助于这一手段使学生洞察文化价值，提高认知能力，矫正和改变经验。这种文化传递受到意识形态和不同社会团体的压力。而且，课程发展关键在于学校及教师，所以要求课程设计和实施者先就学校情境进行分析评价，认定学校层级是促成真正变化的重要因素。

在这一模式中，"情境分析"是一个关键性概念。情境分析指对构成情境的校内外各项交互影响因素的分析。

外部因素有文化和社会的变迁和期望，包括父母的期望、雇主的需要、

---

① 吴东方：《综合课程的认识论轨迹及其实施分析》，载《青海师范大学学报》（哲学社会科学版），2005(2)

社会的假设和价值观、不断改变的关系(如成人与儿童间的关系)及意识形态;教育制度的需求和冲击,如政策文件、考试、教育当局的期望要求或压力、大型课程计划、教育研究等;教学内容性质的不断变化;教师资源系统的贡献,如教师培训学院、研究机构等;以及流进学校的教学资源。

内在的影响因素及转变状况,包括学生的性向、能力和清楚界定的教育需求;教师的价值观、态度、技能、知识、经验、特别的优点、缺点、角色;学校风气和政治架构;共同的假设和期望,这包括权力分布、权力关系、达致共识的方法和对不同意见的处理;物质资源,包括工厂、设备和增加资源的潜能;已注意到的和感受到的问题和现存课程的短处等。

第二阶段是根据情境诊断的结果,准备目标,包括师生行为的目标,学习结果的目标,教学及表现的目标。在此阶段显然特别需要吸收各种观点的长处。第三阶段是建立方案,包括执行目标所需的资源,设计教与学的活动、活动顺序、活动模式及特别要求的行为方式。第四阶段是阐述与实施,这包括引进课程改变所面对的问题,如机构内新与旧的冲突、抗拒和混乱等。要对这些问题有所准备,并要根据经验作检讨,进行有关研究和革新理论的分析,以及极富想象力的预测。最后一个阶段是监察、回馈、评核和重整,包括设计监察和沟通系统,准备评核进度表,保证评核过程的延续性和及时改进调整等。[1]

很显然,斯基尔贝克的情境分析具有一种综合性的优点,在其灵活性、适应性和可实施性方面,不仅适合指导校本课程设计和实施,对综合课程的设计和实施也很有启发价值。

四、基于问题解决学习的综合课程实施模式

国内有学者提出,基于问题解决学习的模式应成为综合课程教学的首选模式。

基于问题解决学习(Problem-based Learning,PBL),是建立在建构主义理论基础上的一种教学模式。它强调分小组合作学习及评价,并在此过程中

---

[1] M. Skilback, *School based curriculum development and teacher education*. Mimeograph. OECD. 1976:96

培养学生自我指导学习、问题解决，以及小组合作技能等。该模式大致包括以下几个环节：①组建学习小组，并为每个小组配备一名促进者（facilitator），宣布合作学习的规则模式；②设计或提供新问题，小组进行研讨；③伸展问题并寻求新的解决；④学习成果的展示与交流；⑤解决问题后进行反思或迁移。此外，教师给学生学习搭好支架有利于完善基于问题解决的教学模式，以避免可能出现的知识零散和浅薄化等缺陷。

综合课程采用基于问题解决的教学模式，学生在解决问题的过程中构建知识，然后再利用这些灵活掌握的知识去进一步解决问题，可以建构综合性的知识基础，有利于知识和能力的迁移。它还可以培养学生的问题意识和解决问题的能力以及综合思维能力。因为现实问题往往具有综合性，单靠某一科知识和某种技能很难解决，所以在尝试解决问题的过程中学生必定调动综合智慧和多种知识、技能。此外，该模式还可以培养学生的主体精神和反思能力以及合作意识和合作能力。[1]

教师的信念在实践中形成，也只能通过实践去改变。有研究指出，基于问题解决的教学模式对综合课程开发与实施的起步较有建设性，学校集中教科研力量，第一步"只做一个"设计周密的、有趣的、有意义的跨学科学习单元，一旦它取得了成功（如果进行了有效的计划，它定能取得成功），教师们就会想要更多的尝试，从而踏上综合课程的道路。[2] 这种情况已经出现在我国教育较发达地区的许多学校中，其主题广泛涉及思想、历史、文化、人文和科学、环境保护、地域民俗等，具有比较好的教育效果。然而，明显的欠缺是参与的教师和受益的学生范围有限。

在我国，目前大量被报道或者被观察到的综合课程实施案例中，比较常见的也是基于问题解决的综合课程实施模式。其中，有大量的是实施新课程标准中的综合实践活动。除了可以延伸到课堂以外进行，还有许多是在课堂中进行的。学科综合的程度和层次也比较多样。

通常，综合课程实施的模式也指的是综合课程的教学模式。它和一般的

---

① 黄伟：《综合课程实施中教学模式的构建》，载《课程·教材·教法》，2004(2)
② 刘宇：《初中综合课程实施现状及策略研究》，载《课程·教材·教法》，2002(11)

教学模式有内在联系，是"依据教学思想和规律形成的，在教学过程中必须遵循的比较稳固的教学程序和方法策略体系"①。但同时又呈现更开放的探究情境、更多的弹性灵活和更灵动的多彩变化，因而更需要教师即席捕捉教育契机，发挥教学机智。

与一般的教学模式贴近的综合课程实施模式，更适合我国学科教育竞争比较激烈的大背景下，适当地把综合课程引入课堂，一般体现为在学科学习的基础上，综合运用不同学科之间相关的知识点，去解决贴近学生生活经验的综合性问题。比如下一节引述的"维生素 C 的化学综合探究"案例比较有代表性，也与我国目前仍然竞争激烈的学科教育体系有更大的协调空间，往往可以吸引大多数有心探索的教师参与，容易被优秀教师内化为某种行为倾向，沉淀为一种能自如运用的专业能力。而且，仔细体味这类案例，对后文总结反思综合课程实施需要遵循的基本原则，也很有帮助。

第二节　学科渗透综合课程革新案例——维生素 C 的化学综合探究②

在我国本土发展空间比较大的综合课程革新，是适当地把综合课程引入课堂。一般是在学科学习的基础上，综合运用不同学科之间相关的知识点，去解决贴近学生生活经验的综合性问题。下面引述的"维生素 C 的化学综合探究"案例，在更微观的层面比较有代表性，也与我国目前仍然竞争激烈的学科教育体系有更大的协调空间，往往可以吸引大多数有心探索的个体教师参与，容易被优秀教师内化为某种行为倾向，沉淀为一种能自如运用的专业能力。而且，仔细体味这类案例，对后文总结反思综合课程实施需要遵循的基本原则，也很有帮助。

一、探究缘起

当代科学核磁共振的发明、纳米技术的出现以及对人体生命科学的研究，都使化学、物理、生物等各学科间的联系日益加强。我国改革开放经济飞速

---

① 施静翰：《综合课程的教学模式探究》，载《教育探索》，2002(4)
② 此节为北京市第十四中学于鹰老师的原创案例

发展的大好时机，给教育带来面对全球经济一体化的人才竞争挑战。所以，学生不仅要掌握学科内的知识，还应充分发挥个人的潜力，到实践中去锻炼，做高素质的人才。学科知识分化与综合并驾齐驱的发展趋势，也对教师以往仅关注学科体系内的知识能力的教学提出了挑战。

随着物质生活的多元化，人们的精神生活也日趋丰富，在这样的社会大背景下，学生的知识来源途径已远远超过了课堂，学生外在学习动机也不像当年，为了将来能有一个好的工作，削尖了脑袋往大学里"挤"，对在校学习的机会是轻易不肯放过的。而如今，找工作主要看能力，跳槽主要看业绩，拿文凭也变得容易多了，因而对教师激发学生的内在学习动机提出了更高的要求，仅靠一支粉笔或者一张投影片已经难以激发学生的兴趣。

本人曾经作为北京十四中高二年级组长，倡导高二年级的教师和同学组织成立了不同的课题研究小组。带领 6 位化学学习兴趣浓厚者组成了探究骨干小组，并确定了一名小组长。我采用以点带面的策略，先指导骨干小组的探究学习，然后发挥骨干成员的积极影响力量，在给全班同学开设的公开课中，选择复习课设置综合探究的教学情境，融会贯通本学科知识及相关学科的知识，提高学生综合应用知识解决实际问题的能力。

为了充分发挥学生的潜力，培养学生独立分析和解决问题的能力，在引导骨干探究小组进行化学综合探究的整个过程中，从选择探究主题、知识准备、实验探究、经验分享，我都自始至终有意识地把学生推到主体位置上，为学生们在公开课前台的精彩表现细心策划，循循善诱。同时，培养骨干小组综合探究学习的根本目的，又是为指引全班的综合探究学习积累经验，为在公开课有限的时间内深化全班的分组讨论，使更多的学生不仅分享到探究骨干小组的成果，而且尽可能多地体验到探究过程。

二、综合探究构思

(一)综合探究主题

我从学生对解决实际生活问题的兴趣中寻找综合探究的切入点。平时比较注意收集像维生素 A(有异戊二烯结构、醇羟基)、白藜芦醇(含酚羟基、碳碳双键)、柠檬醛(碳碳双键、醛基)、PPA(苯环、醇羟基、氨基)等含多官能团有机物的信息。维生素 C 的结构含有碳碳双键、酯基、醇羟基等多种官能团，这正是高二有机化学所介绍的几种主要官能团，从某种意义上说有机化学就是官能团的化学。虽然，维生素C中只有三种官能团，但通过它所表现出的性质可以分析推断几乎所有的官能团都有可能存在。自然而然地确定了探究的主要问题——维生素C的性质和结构。学生容易将之与生物知识联系起来，因为生物课中曾经学习过维生素A、维生素B、维生素C、维生素D，对维生素C有些了解，现在利用化学知识对其进行更深层次的探究就有了一定的兴趣基础。

我有意识地引导学生自主参与探究主题的选择，为学生提供了很多可选择的主题，如毒品、炸药、二噁英、维生素C、阿司匹林及其缓释药剂、白藜芦醇以及可乐的神秘配方等。组员A首先提出研究二噁英的建议，他向大家介绍中国禁止来自荷兰的奶粉入境就是因为其中含有过量的二噁英，有致癌的后果。但是，通过大家的讨论，发现二噁英毒性非常大（其毒性比氰化钾大130倍，比砒霜大900倍），不方便直接利用其进行实验。组员B又对研究毒品产生了兴趣，然而考虑到毒品范围广、种类多、结构复杂，很难用现有知识来驾驭，最后也放弃了。这时，大家的目光不约而同地聚集在维生素C上。

(二)综合探究目的

通过引导学生分析判断维生素C具有的性质，推断它可能具有的结构并加以验证，以培养学生获取信息、综合运用知识解决实际问题的能力。

在综合探究活动中加强学生的自主、互助、团结的精神，提高学生的参与率，使每个学生都能获得求知的快乐，培养学生团结协作精神、自主的探究能力、交流与评价的能力。

通过创建一种探究实践的文化氛围，为学生提供演示或表达他们新获得的学科知识的机会，以此体现以"自主学习"为主的教学，使学生对他们自己和科学家的问题解决过程进行比较，从而形成一种内化的科学认知模式，不自觉地完成了官能团决定有机物特性的复习与应用的过程，同时获得探究能力的发展。

(三)综合探究步骤

首先反复思考学生原来知道些什么，现在知道些什么，还想要知道些什么，能够学到些什么，以及本人在什么时候能够给学生什么帮助，以什么形式给予帮助。事先准备哪些实验仪器、哪些实验药品及材料，会出现什么问题，应提出什么样的问题引导学生进行探究。然后，为了顺利完成对维生素C性质与结构的探究，计划骨干探究小组或全班的公开课都以这种形式进行："提出问题—形成假设—设计方案—实施实验—思考与结论—表达与交流"。整个化学综合探究课程由这样三个主要环节构成。

①知识准备：指导骨干探究小组学生为自主探究学习做准备，包括对维生素C资料的查询和相关化学学科知识的整理总结。

②实验探究：小组在教师帮助指导下，对所查询资料结合实验验证进行探究分析，同时为在公开课上与同学们分享做准备。

③经验分享：以演讲、讨论、辩论、小组讨论、实验演示等丰富多样的方式，在化学公开课中与同学们分享探究小组对维生素C的综合探究成果。

三、综合探究过程

(一)知识准备

第一步是让学生总结有机化学部分为综合探究做知识准备，有的学生总结得很好，有用图表、关系图、框图所做的知识总结，有学生利用计算机做了总结，便于修改和保存，也便于大家的互相借鉴、交流，学生的总结在全班进行交流推广，使每一个学生的总结都更加完善。

更重要的知识准备是探究骨干小组依靠网络资源积极寻找信息的活动，有的依靠自己所接触的书籍、报刊来寻找有关内容，有的更是跑到了图书馆，真可谓"八仙过海，各显神通"。然后，大家把这些资料汇总到一起，却发现资料比较零散、肤浅、不够系统。为了集中力量，大家决定一起去趟图书大厦。

在图书大厦，学生们才发现要在密密麻麻的人海书山中找到理想的资料有多难，简直是大海捞针。后来在工作人员的引导下，他们在化学医药专柜前才找到有用的信息。时间一点一点地过去，有的人站在一个书柜前，聚精会神地看着书，一看就是一个小时。有的人蹲在座椅前，把所找的资料放在位子上，认真地用笔记录下来。同时，他们还进行着讨论，就如同在教室里一样。这样的场景引来不少大人驻足留意。"功夫不负有心人"通过一天的辛勤付出，他们终于取得了应有的收获。也许这就是科学探究中的必经之路吧！

(二)小组实验探究

通过必要的知识准备，他们对维生素C有了初步的认识。然而，如何进一步深化认识，把资料变成自己的知识，则是下一步的关键。于是，他们在我的指导帮助下，下午放学后在化学实验室进行研究讨论，对资料消化吸收。

首先，小组长带领大家从维生素C的结构入手，进行了深入的分析。

组员B一看见维生素C的结构，便脱口而出："维生素C中含有碳碳双键，可能发生加成反应。"

这时，我对大家说："乙烯不也能跟高锰酸钾发生反应吗？这体现了乙烯什么性质呢？""还原性。"组员B说。我启发道："你们想通过什么实验来验证它的还原性呢？"组员C同学说："银镜反应。"不过有人说："这个实验时间较长，可能不利于观察。"这时，大家便沉思起来。其实，平时学习中验证还原性的实验很多，但不知怎的却想不起来了。看来，大家抛开课本，面对新事物独立解决问题的能力还有待提高。

"向你们介绍一个新的实验吧。银镜反应生成的单质银不易被发现，我们可否用过氧化氢来代替呢？"组员B马上说："对，可用过氧化氢在单质银的催化下迅速生成氧气，再用带火星的小木条的复燃现象来验证。"听到这里，大家不约而同地鼓起了掌。我趁机要求："我们这种探究课就需要这种精神。不过，这次可是我告诉你们的，以后可要靠你们自己呀！"

学生们的思路一下打开了。小组长好像发现了什么："由于碳碳双键上的碳原子都含有羟基，所以就形成了连烯醇的结构，可能会使维生素C有酸性，但这种结构用我们所学的知识来解释，是很不稳定的。"

"我在阅读材料时，见过这方面的内容。"组员A同学指着手中的材料向大家介绍道，"维生素C的结构中，有两个碳原子既有双键又有羟基，所以

(1)　　　　　　　　　(2)　　　　　　　　　(3)

不稳定，在水中发生互变异构。但主要以烯醇式(2)存在，酮式(1)(3)的量很少，在酮式异构体中较稳定，能分离出来；而(3)不稳定，可以转变为(1)式。"

这时，组员 D 同学又补充道："我有办法来验证它，就是用它跟碳酸钠反应，释放出二氧化碳。"组员 B 也说："其实用 pH 试纸就可以检验。"

组员 A 同学又提出："维生素 C 中还含有酯基，它是否可以水解呢？""那就由你们自己去验证吧。"

小组长又提出新问题："我从资料中看到维生素 C 中光学异构体和手性碳问题，这是怎么回事呢？"我向大家解答道："这个问题你们大家在中学阶段还接触不到，这是大学中涉及的问题。其实这个问题非常简单，当一个碳原子连着四个不同的基团时，这四个不同基团必有两种不同的连接方法，若把这四个基团称为 A、B、C、D，必定有两种连接方法。

这就如人的两只手一样，在空间中永远不可能重合，所以有这样一个手性碳分子，必存在两种光学异构体。那么，你们能不能分析一下维生素 C 中有几个手性碳原子呢？""我看就是这两个碳原子。"组员 D 说。

小组成员热烈地交流自己查询的维生素 C 的有关知识："维生素 C 因具有抗坏血病的作用，又叫抗坏血酸，是一种非常重要的物质。由于严重缺乏维生素 C 而引起的坏血病，在古代曾引起恐慌。人类不断征服坏血病的不朽斗争是营养学上的重要篇章；……挪威的 Holst 和 Frolish 进行了用一种缺乏维生素 C 的食物喂养豚鼠引起的坏血病实验。1928 年在剑桥大学，匈牙利科学家 Szent-Gyorgy 从牛肾上腺、柑橘和甘蓝叶中分离出一种物质，他称之为己糖醛酸，但他没有做抗坏血病影响的实验。1932 年匹兹堡大学的 Charles Glen King 和 W. A. Waugh 从柠檬汁中分离出一种结晶状物质，在豚鼠体内具有抗坏血酸活性。这一实验标志着维生素 C 的发现，百年来坏血病的祸根在于缺乏维生素 C。1933 年瑞士科学家 Reichstem 合成了维生素 C。"

我接着点拨道："维生素 C 既然作为一种维生素类药物，它在体内一定有很复杂的生理作用⋯⋯"话音未落，同学们的讨论转到维生素 C 的功能、性质和使用注意事项上。

接下来我放手让小组同学讨论如何安排公开的综合探究课的过程。组员 B 同学首先提出："这堂探究课应该以研究维生素 C 的结构为基础依据结构决定性质，性质决定用途的步骤，逐步进行讨论，然后再用实验验证。""对！咱们在研究结构之前应该向大家介绍一下维生素 C 的发展史，并插入维生素 C 在人体内的生理作用，及其在各物质中的含量。"组员 E 又补充道："那么，咱们是否也应该在实验之后介绍一些维生素 C 在实际生活中的实例呢？""就这么办吧。最后咱们再介绍一下维生素 C 的发展前景。"大家基本上就这么决定了。这时，我又提醒道："你们是否应该出一份有关维生素 C 的习题，这样便可以把探究课同日常学习结合起来，以使同学们在今后的'3＋X'的考试中立于不败之地。"

为了把知识系统化、网络化，他们决定进行一次实验预演。在检验维生素 C 酸性的实验时卡了壳，与 Na_2CO_3 反应释放出 CO_2 的现象很不明显，这正与他们的实验原则相违背。组员 C 灵机一动，何不用 NaOH 变色反应检验呢？对，当遇到困难时，必须进行巧妙的转化，这样才能使问题逐渐明朗化。因为酚酞在 NaOH 中显红色，一旦 NaOH 减少，酚酞就会褪色，说罢他们就这样改进了实验，果然是效果极佳，这样第一个困难就这样被征服了。

他们满怀信心地继续实验，谁知他们设想的实验被实践证明不成功。尤其在证明维生素 C 还原性的实验时，本来是用 $AgNO_3$ 与维生素 C 反应生成 Ag，与 H_2O_2 反应生成 O_2，加入少量带火星的木条，使之复燃，可几乎没有什么现象。组员 A 提议："咱们可以依靠 Cu^{2+} 的氧化性，它可以使 Cu^{2+} 的蓝色褪去，出现白色混浊沉淀或者转化为红色物质 Cu。这个实验现象比较明显，可以证明维生素C的还原性。"

这时我给予了关键性的指导："我们应该尽量用自己所学的知识去设计实验。"由于组员B提出用血红色硫氢合铁溶液去验证维生素C的还原性，若血红色褪去，则证明维生素C有还原性。他们经过实验发现，结果现象十分明显，实验成功，组员D同学又补充到用碘液可检验之，用标准的碘液滴定维生素C，可以测出维生素C溶液的浓度，这也可以证明维生素C的还原性，这也是定量分析化学中的一个重要实验。我说："因为课时有限，你们可以把部分实验改成习题，让同学们练习。"他们欣然应允。

当小组同学已经娴熟地掌握了实验的技巧，同时也对维生素C的知识做到了心中有数，便跃跃欲试，准备向大家展示自己的研究成果。

(三)经验分享

我向即将被推向前台展示自我的骨干小组成员重点强调，公开课的重点不仅是与同学们分享自己的综合探究成果，更重要的是也要让同学们体验到探究过程。为了在公开课中让同学们获得融会贯通地掌握知识结构的复习成效，也尽可能体验到探究过程的丰富性，对于重点问题维生素C的结构的探讨，我为课堂上的互动准备了全员参与的小组讨论系列问题。同时计划以小组成员为骨干的辩论方式带领全体同学进行由维生素C的结构推知性质的探究活动。

同时，我提醒小组成员，要适时地配合上述讨论和辩论演示实验，使学生观察、对比、感受加药的顺序对实验现象可见度的影响，培养学生的实验设计以及操作能力。用课件的形式将科学工作者探究所得的维生素C的结构显示出来，使之与科学事实进行比较，发现矛盾，讨论新问题，以求再完善，再发展。

展示前的最后准备紧张又兴奋。主讲人小组长在角落独自一人一遍又一遍的默背着演讲稿；实验员组员B、组员A在调试着实验器材，负责板书的组员F也提前把板书写好了，主管计算机的组员C，还在熟悉着操作步骤，同时组员D同学也在做最后的大屏幕电视系统的调节。

主讲人小组长指着大屏幕上的几种水果，开门见山地以"这几种水果哪种含维生素C含量最多呢"的问题引入探究主题，让大家对维生素C有了初步的感性认识。接着精要地向同学们展示其小组的研究成果。使同学们对维生素 C 的历史有了初步了解，紧接着引导全班转入到对维生素 C 的结构和性质的重点探究。

首先，全班同学分成小组讨论如下问题。

讨论问题一：这是引入性问题——为什么含维生素 C 的蔬菜或制剂在烹饪或保存时应注意那么多的问题（不宜烧煮过度并应避免接触碱和铜器，应放在干燥、低温和避光处保存）？

讨论问题二：双键、叁键必有其一还是都有，如何确定？

讨论问题三：$FeCl_3$ 溶液与维生素 C 混合，颜色虽然不变为红色，却为何变为无色（浅绿色）？

讨论问题四：维生素 C 的水溶液显酸性，说明一定有羧基，而水解能生成酸的酯基是否存在？能否通过类似乙酸乙酯水解实验来验证酯基的存在？

讨论问题五：维生素 C 因有铜、铁等重金属离子作催化剂而被氧化，可确定有羟基，那么，易被氧化的碳碳双键、碳碳叁键是否存在？

我和探究小组的成员分头参与小组讨论，了解讨论情况，咨询答疑。学生们边讨论边将本小组的结论记录下来，并附以证据说明。接着进行组间交流并在黑板上做记录，整理出同学们讨论中的重要推测思路如下。

①紫色高锰酸钾褪色：可能有双键、叁键、醛基、羟基

②溴水褪色：可能有双键或叁键

③银镜反应（或与新制的氢氧化铜共热）有银析出：一定有醛基

④与钠反应有气体放出：可能有羧基或羟基

⑤加 $FeCl_3$ 溶液不变紫色：一定无酚羟基

⑥pH 试纸变红：一定有羧基

⑦加酸或加碱创造水解环境，如能水解：则可能有酯基

这时，探究小组组长用课件的形式将科学工作者探究所得的维生素 C 的结构显示出来，与同学们得出的思路相对照，并进一步由维生素 C 的结构深入到性质的辩论上。

全班同学参与提问讨论的兴致也越来越高，对每个内容都要搞清楚似的。"维生素 C 的连烯醇结构应该是不稳定的，然而实际中却不是这样，这是为什

么呢?""维生素 C 中的手性碳问题是怎么回事呢?""维生素 C 既然有酸性,那么饮用它会有什么影响吗?""既然手性碳有同分异构体,那么它们这几种不同结构对药效有什么影响吗?""为什么维生素 C 与 Na_2CO_3 反应可以来证明维生素 C 的酸性呢?"同学们的提问越来越踊跃,这时课题小组的成员们通过图例、实验、动画等方式,给同学们想象的空间,并一一解答,通过同学们自己动脑思考得到的答案更为深刻。"啊,我明白了,原来维生素 C 只有在潮湿的条件下才不稳定,而通常的维生素 C 是干态的较为稳定。""啊,原来就像人的两只手一样,在空间是不可能完全重合的。这也就决定了它的同分异构体现象。""我想可能是维生素 C 的酸性较弱的缘故。""我认为维生素 C 的酸性与 H_2CO_3 差不多,所以根据强酸制弱酸的原理,实验现象不会很明显……"

最后,一个简单有趣的综合性探究问题:"如何测定西红柿与脐橙中维生素 C 的相对含量?"使原本就很活跃的课堂推向了高潮,这是画龙点睛的一笔,渗透"以人为本,知识服务于人,物质服务于人"的思想。就这样,整节课一气呵成地完成了,而学生却感到意犹未尽。一下课,学生争先恐后地将我实验备用的西红柿和脐橙一抢而空,嘴里喊着:"我要立即补充维 C!"没有抢到的学生问我:"老师,实验用完的还能吃吗?"课后,不少学生问我:"老师,咱们下节课探究哪种物质?"

四、教师自我反思

这节课上得很轻松、顺利,心情舒畅。教师讲得少,不对学生进行权威的束缚,从传统的知识传递者转变为学生学习的辅导者,给学生提供管理自己学习的机会,使他们真正成为自主的思考者和学习者,促进了自我教育和学生间的交流与合作。整节课,学生都在积极地活动,讨论、实验、辩论……,好动的天性得以舒展,每个人的个性都得以发挥。

成功的关键:选题好。

自悟哲语:解放了学生,也就解放了自己。

遗憾:45 分钟的时间太短,若时间增加一倍,学生的探究活动将更彻底、更精彩。

收获:通过这节课的准备、实施与总结,使我找到了适合解决现在师生教与学供需矛盾的基本途径,并使自身教学业务及能力得以提高和升华,这是长期以来搜集借鉴、细心揣摩、精心构思的结果，无疑也会对以后的教学产生积极影响。

第三节　综合课程革新实施的原则

上一节分享的"维生素C的化学综合探究"案例，正如于鹰老师的自我反思，是她长期自主探索、细心揣摩、精心构思、倾心创造的结晶。这个案例在观念上的重要启示是：综合课程革新不是某种课程改革运动或新潮理念外加给教师、学生或家长的额外负担，而是教师解放自我解放学生获得良好发展的绿色通道。如果教师要从学生那里获得教育教学成功的愉悦和丰厚的精神回报，就非常值得倾心浇灌综合课程的原绿。此外，综合课程革新完全可以在日常教学中与学科课程优势互补，见缝插针产生学科渗透的空间很多，关键在于教师用心发现，善于创新。

然而现实中学校的综合课程实施总体状况并不乐观。有关调研显示，教师为了适应综合课程的实施，付出了巨大的艰辛和努力。最致命的是，教师们需要努力调整综合课程评价的不确定带给他们的焦虑，时时担心将来学生考试时"吃亏"。但随着时间的推移，这种焦虑总也得不到平复，逐渐产生了"不行，得赶紧停"的意见。这样的心理状态对综合课程的实施是很不利的。[①]

为了使更多教师能够体验到优秀教师实施综合课程的成功经验，有必要在操作引导层面对综合课程实施的原则给予锤炼。先综述有关文献中的相关启示。

富兰在《变革的力量》一书中总结出如下世界课程改革的启示：

启示一：你不能够强制决定什么是最重要的。

启示二：变革是一项旅程，而不是一张蓝图。

启示三：问题是我们的朋友。

启示四：见解和战略计划稍后形成。

启示五：个人主义与集体主义必然有同等的力量。

---

① 刘宇：《初中综合课程实施现状及策略研究》，载《课程·教材·教法》，2002(11)

启示六：集权和分权都行不通。

启示七：与更广泛的环境保持联系对成功必不可少。

启示八：每个人都是变革的力量。①

上述八点启示集中反映了在课程改革实施层面的丰富多变的挑战性，作为改革力度较大的综合课程，其实施过程的不确定性更加可想而知。这一方面警示我们，任何尝试建构综合课程实施原则的努力都是有风险的；另一方也启迪我们，综合课程实施者迫切需要一种能够给予操作引导的实践原则。

有学者从综合课程研究的生态主义出发，提出了如下综合课程实施的原则。①系统观。综合课程的实施是由教师、学生、教学内容、教学事件等组成的小系统，系统内部各因素相互影响、相互联系，同时该系统又受到外部因素的影响。②过程观。综合课程实施系统是由不断进行资讯交流和能量转换的过程组成，人的发展、学习、教学和课程都是在不断地发生之中的过程。③情境观。知识只有放入一定的背景之中才有意义，综合课程实施情境有广阔的范围和丰富的内容，并将教室、学校和社会紧紧联系在一起。④差异观。尊重课程实施情境的个体在文化背景、个性特征、价值追求等方面的差异。⑤和谐观。关注直接经验与间接经验的统一，科学精神与人文素养的统一，追求课程实施内容的完整和谐。⑥平等观。重视综合课程实施的过程中，师生之间建立合作探究、平等对话的关系。⑦互动观。综合课程实施以师生、生生之间的互动对话交流为主要形式。②

用实用生态主义的视框审视综合课程实施的过程，很有启发。然而实施原则似乎包罗万象，实践操作引导性还需要更加贴近过程。王启淞提出的关注活动历程的观点，聚焦于复杂多变的学校情境中综合课程实施的活动特点，更具有一定的操作性启发。

课程整合指一种活动，它对学习的历程进行评核、判断、设计、联系，务使它从各观点透视，其组成部分都能够相互配合，使它对学生知识的建构产生整体性的效果。从各种观点的透视涉及以下几个原则。

---

① ［加］迈克·富兰，中央教育科学研究所加拿大多伦多国际学院译：《变革的力量——透视教育改革》，32页，北京，教育科学出版社，2000
② 王牧华、靳玉乐：《综合课程研究的生态主义观》，见林智中、张善培、王建军、郭懿芬编：《课程统整——第四届海峡两岸课程理论研讨会论文集》，21～22页，香港，2002

体验的整合：整合学术性和非学术性的学习体验和建构知识的能力；整合在体验中产生内发乐趣的因素。

人的整合：包括人利用多样性和资源完成个人无法完成的任务；在授权决策、能力发挥和集体参与中缩减群体中的阶级距离。

知识的整合：多科目的知识由真实社会问题所结构和联系供学生整体地处理；建构知识的整体性来整合几类核心能力。

革新的整合：先整合不同的革新哲理、价值观，行动则循序渐进；在学校改革中整合和贯彻跨层面的、主要价值相同的不同革新。[①]

这些谋求人的整合和学校革新体制整合相统一的原则，追求学生知识和能力建构的整体性效果，突出综合课程中的内发乐趣和极致体验，超越了课程内容组织整合层面的思考，具有行动上循序渐进的指引，又揭示了无形的经验整合境界。

本书吸纳第三节成功案例和上述有关观点的启示，关注综合课程实施的操作层面，提出综合课程实施需要遵循以下七项原则。其中，前四项"激发兴趣""自主选择""开放探究""互动合作"是针对参与综合课程革新实践过程中师生的整体状态而言，后三项"建构联系""优势互补""整体协调"是针对实施过程中的综合课程本身的综合性而言。

一、激发兴趣原则

激发兴趣原则，是指在综合课程实施中，通过引发兴趣唤醒学生的好奇心，激活学生思维，诱发产生疑问，乐于自主探索，把学生引入到入迷的学习思考状态。

兴趣是最好的教师。当被活化的课程有情节、有意境、有悬念、有质疑、有辩论、有实践探究、有假设求证，当教学充满灵动、智慧和张力，受到兴趣好奇驱动的学习过程也自然思维激荡，争先恐后，刨根究底，是个性和才华的展示。

兴趣产生于教师活化的课程魅力。而综合课程，则是最适合教师极致地

---

① 王启淞：《从香港终身学习教育改革看课程统整》，见林智中、张善培、王建军、郭懿芬编：《课程统整——第四届海峡两岸课程理论研讨会论文集》，1～8页，香港，2000

展示课程内在魅力的一种课程形态。通过教师的创造智慧营造丰富多彩的教育情境，可以期望引领学生沐浴心灵导师的指引，获得滋养心田的潺潺清泉，体验人际交往的坦荡与真诚，感悟理解与宽容的默契，欣赏有灵万物间的亲和魅力，拥抱生命的强健与热烈，沉浸于生生不息的创造与欢乐，经历人性所能达的丰富与极致，获得洞悉人性之穴的魔镜。因此，真正内发的学习兴趣，是为这被活化的课程魅力所照亮。

想方设法激活学生兴趣，是综合课程成功实施的关键，也是"维生素 C 化学综合探究"成功的奥秘。针对学科教学中要求融会贯通地复习化学官能团知识的教学任务，把"维生素 C 的性质和结构"作为综合探究的主题，是激活学生兴趣的最关键组织中心。通过这个组织中心，不仅巧妙地渗透进生物知识，综合探究的视野也被大大拓宽，而且维生素 C 与学生的生活体验有天然的亲和力，融入的活动方式又丰富多彩，学生兴趣盎然全情投入就在意料之中了。

有关案例显示，密切结合学生活生生的体验，也是激活学生兴趣的重要生长点。比如，有关研究显示，"探查者与绘图单元"整合了语言艺术、个性化学习、艺术和音乐。教师们要求学生完成一张发现之旅的地图，并且做一个口头报告，包括为什么这个探索是重要的，用答题描述探索，通过音乐表达一些探险的经历。但这个活动并没有引发学生的兴趣。当教师应用动机偏好来修改这个作业，探索活动中使用了一个虚构人物。例如，一个学生成为一名医疗人员，活动被尽可能多地融入到现实生活中。一旦学生真正把他们自己投进这个探险旅程中，兴趣就会增加。[①]

警示：综合课程最忌讳的是平庸单调，因为缩减了深深吸引学生的魅力。

二、自主选择原则

自主选择原则是指通过综合课程的实施促进学生获得丰富多样的、适合性的差异发展。

自主选择是综合课程可以被赋予高期望的另一独特优势。要发挥该独特

---

① ［加］Susan M. Drake，［美］Rebecca C. Burns，廖珊、黄晶慧、潘雯译：《综合课程的开发》，114 页，北京，中国轻工业出版社，2007

优势的前提，是提供综合课程实施中主体的自主选择机会。而是否给予真正的自主选择机会，又是与其潜在的教育哲学观和对人的学习方式本质的认识密切联系。

从教育哲学的视角看，人的自主性体现为个体对自我的认识和实现自我的活动具有支配和控制的意向和能力，是人作为主体的前提和基础。表现在综合课程实施的过程中，必须信任介入综合课程实施的教师和学生，具有独立的主体意识和自我调控能力，具有自觉积极的学习意向和建构能力，富有创造性的想象力和独立见解，会积极质疑主动探索，展示独特个性获得和谐发展。如果没有这种对人的自主性的信任，和努力创造条件满足人的自主性发展权利的强烈意识，就会瞻前顾后，畏惧困难，固守成规。

综合课程自主选择者首先是教师。教师要开放地、有选择地吸收他人已经开发或尝试过的综合课程，教师也是课程的创生者，是课程实施的主体。教师既是综合课程理念的理解者与再造者，又是学生学习活动的组织者和引导者，还是面对各种已有的课程资源的筛选者，潜在课程资源的挖掘者。总之，教师要在综合课程实施中能动地创设综合的探究情境，以保障综合学习活动的展开，实现学生知、情、意、行的和谐发展。

综合课程自主选择的主体更是学生，尽量提供多样化菜单让学生根据自己的兴趣而自由选择，这不仅为学生的发展提供了多种可能，也为教师创造性地组织教学提供了条件。在这个过程中，不仅要注意教给学生调研、观察、访谈、撰写论文等各种研究的方法，为学生一生的自主发展打下扎实的基础，还要深入研究学生的个性偏好，因材施教。以下一段材料，对在综合课程实施中如何依据学生的动机偏好模式设计个性化探究情境很有启发。

使学习个性化[①]

Harris 讲述了那件让她恍然大悟的戏剧性事件。在参观一个物理课堂时，她看到了一个为教授"重量分布"这个概念而设计的小组合作活动。所有小组都得到了一盒相似的物品。地板上画了各种不同尺寸的圆圈。这个任务

---

① [加]Susan M. Drake，[美]Rebecca C. Burns，廖珊、黄晶慧、潘雯译：《综合课程的开发》，113 页，北京，中国轻工业出版社，2007

是在圆圈外面搭建起一个能支撑起重物的支架。Harris指出，某类学生在这个任务上表现得很活跃。其他类别的学生则离活动区域很远。

她直觉地感到，如果能够为这个活动赋予个性化的意义，它就可以把其他学生的注意力吸引过来。她修改了这个教学设计。有一位小孩跌入井里胳膊被卡在井边上。如果孩子们使用同样一盒工具，那么他们怎么样建立一种支架把这个孩子救出来？Harris观察的那个小组很快就专心地投入任务中了。他们设计了一个滑轮和一个秤锤来解决这个问题。另外，他们还超越了当前的问题，学习到了新的有关健康主题的概念，如人在缺氧和失去意识时血压的变化。在这个物理教师的记录中，这是这个小组第一次真正融入一个物理活动中。

有一次，教师设计了一个基于课程标准的真实活动，他们需要找到对学习者有个性化意义的方法。Hariris发明了一种基于多元智能理论和不同气质类型的动机偏好模型。这个模型寻求确定内在的或自然的动机激发因素，而不仅仅是个性特征。他把学生的兴趣分为四个类别："人类和关系""物体和功

动机偏好图

资料来源：Kathleen Harris Consulting Inc.

能""发现和进程"，还有"创造和表达"（见下图）。把一个学生的偏好和指导性的活动结合起来是课程设计的一部分。那些对物理教师所要求的建立一种支架的工作感兴趣的学生被归入"物体和功能"这个类别。那些对孩子困在井里这个设想感兴趣的学生属于"人类和关系"这个类别。

警示：综合课程实施者绝不是课程资源的被动消费者，无须为综合课程资源太多而感到难以招架，为不同兴趣偏好的学生提供了适合性自主选择的菜单，才真正挑战见识和智慧。

三、开放探究原则

开放探究原则，指在综合课程实施中，以开放的心态面对开放复杂多变的问题情境，进行开放的富于挑战性的探索。

开放探究是综合课程实施过程的重要原则之一。假如在引导学生探究问题的过程中，教师仍放不开手脚，仍习惯于扮演全知全能给出"正确答案"的角色，固守知识从教师流向学生的单向传授模式，生怕犯错，生怕暴露自己的局限与不足，不敢坦然面对自己的优势和不足，师生不能在真正意义上共同质疑、探究、切磋，就不敢设置开放复杂多变的探究情境，不能适应综合课程的教学。

开放的心态首先应该是阳光心态。正所谓，造福一方先造福自己，"你内心如果是一团火，才能释放出光和热，你内心如果是一块冰，就是冰化了也还是零度"。地狱和天堂都是心造的。[1] 在综合课程实施中尤其需要向阳光心态开放。只有拥有了阳光心态，才可能在综合课程实施中乐于、安于变化，气定神闲地与困难为友，开朗地面对似乎猛增到难以驾驭的信息，敏感地捕捉探究中的内在纹理，左右逢源地化解冲突，善于不断学习在反思中调整，把挑战转化为成长的契机。

设计开放复杂多变的问题情境是综合课程引人入胜的禅机所在，它带来挑战，也带来成长机遇。追求社会、知识、经验整合的综合课程，在实施过程中较之其他课程领域蕴藏着更加宽泛复杂、需要调动多种能力和融入较为广博宽泛的知识背景。比如，维生素 C 的化学综合探究案例中，由维生素 C

---

① 吴维库讲座：《阳光心态塑造》，北京，清华大学出版社，2003

的结构推知维生素 C 性质的探究活动是相当开放复杂的，参与探究者不仅需要有关化学官能团方面融会贯通的知识背景，还需要综合相关的生物知识和生活体验，期间的资料收集、推测、实验验证、辩论等过程不断有灵动的思维碰撞，精彩热烈的氛围和动态生成的丰富反应，都是开放复杂多变的挑战带来的精彩体验。

开放的富于挑战性的探索是综合课程实施的灵魂。正如阿克曼（Ackerman，D.）对学习的描写："伟大的妙事，爱上了生命，尽情多姿多彩地生活，培育好奇心，像悉心培育精神抖擞的良驹那样培育好奇心，天天攀山越岭，奔驰在茂盛的、充满阳光的山林。若没有冒险，情感的地带沉闷而僵硬；虽然也有山谷、山峰、崎岖的地形，生活中没有了壮观宏伟的地理魅力，只留下一段路。它从奥秘开始，又以奥秘终止，啊，其间的景观竟可如此荒凉、又会如此美好！"[①]

警示：开放的心态催生开放的探究，复杂的挑战带来成长的契机。

四、互动合作原则

互动合作原则指综合课程实施过程中，师生之间、生生之间和师师之间为了共同的综合课程愿景，而真诚分享、相互学习、互补协作，在共同探究中获得持续成长。

综合课程开放复杂多变的问题情境，给师生平等参与的机会增多，为活跃课堂气氛，融洽师生关系提供了开放的学习环境。师生在民主平等的氛围中，充分发挥其主体能动性，积极地交往和互动，达到认知共振、思维碰撞、情感共鸣的境界，共同经历创造性的探讨，始料未及的惊喜。正如维生素 C 化学综合探究课中呈现的那样。

开放的探究机会也使得学生之间的互动合作频率和质量都大大提高。我们可以看到，从学生骨干小组独立收集资料的过程，经历探究维生素 C 的结构和性质的发现之旅中，以及和全班同学经验分享中的辩论、演示，观察到学生之间互动的频率和质量都远非常规课堂可比。也可以从宾尼提供的以下

---

① 转引自[美]帕克·帕尔默，吴国珍等译，杨秀玲审校：《教学勇气——漫步教师心灵》，113~114 页，上海，华东师范大学出版社，2005

案例中，了解学生在合作互动中，从关注个人和关注世界的视域融合中，聚焦探究问题的生动过程。

案例：综合课程设计实施过程的合作互动①

在综合课程设计实施的过程中，参与者通常会涉及两方面的问题："你对自我有什么看法和关注点"和"你对世界有什么看法和关注点"，学生写完他们自己的问题以后，再由小组来找出一些可供大家分享的问题。

个人问题：

我能活多久？年老时，我会变成什么样子？别人看待我的方法与我自己的一样么？我从事什么工作呢？如果遇到一个外星来客，我该怎么办？我要去太空么？为什么我要同兄弟姐妹打架呢？我会文身么？我会很贫穷，会无家可归么？我老了，我的家庭还在这儿么？我的父母会把我看成大人么？年老时，我住哪呀？我会结婚生子么？为什么我要我行我素？为什么我必须上学？我老的时候，还会有同样的朋友么？为什么我总以自己的眼光看问题呢？我上大学么？我喜欢父母么？

世界问题：

我们会住在太空么？地球的未来如何？为什么会有如此多的犯罪现象？为什么人们要相互仇恨呢？种族中心主义的现象会结束么？我们会有一位非白种人的总统么？除了已知星球外，还有别的么？太空由谁主导？美国会成为债务国么？能攻克癌症和艾滋病么？垃圾怎么处理？谁会在下一届选举中获胜呢？

为什么学校要以自己的方式进行管理呢？热带雨林有救么？为什么会有如此之多的偏见呢？时间何去何从？你怎么知道事情是真的？毒品处理工作会停止么？人类将进化成什么样子？悬浮板会取代滑板么？时光隧道是真的么？世界上有多少物种呢？为什么会有这么多穷人呢？

最后，小组就要辨别出两者的融合点，如下列概括的主题：

工作，金钱和职业。未来的生活。环境问题。冲突与暴力。

---

① Beane, J. A. . curriculum integration: Designing the core of democratic education, New York: Teachers College Press, 1997: 51~53

信仰，信念，幻觉和迷信。学说与偏见。政府与政治。文化。太空。毒品，疾病和健康。富人和名人的生活方式……

一旦小组全体成员就一系列问题达成共识，就要确定哪一个主题最先被采用。任何一个既定主题的相关问题都要从所有的小组列表中选出来。最终的计划一确定，这个单元就处于酝酿之中。每完成一个单元，小组就要从原始列表中选出下一个主题，然后，用同样的方法审视这个问题，最终为新的单元做出设计。

这种合作互动的设计和实施是以一种独特的方法讨论整合的。首先，它是运用学生自身的问题和关注点自下而上，很规范地创造了课程。这样做就大大增强了尽可能把知识和活动融入学生已有的经验中。其次，随着合作活动的增加，学生都有一个机会去展现他们获得知识和经验的过程。最后，随着这个过程从个人之间转入小组中，从个人关注点转入更大范围的关注点，学生会对自身和社会问题的整合有一个直接的感触。

综合课程把跨学科知识运用于人文社会的关怀中，为教师小组之间的互动合作拓展了空间，也提出了不可回避的挑战。综合课程要实现的目标成为教师合作小组近期的共同愿景，共同的愿景把不同的教师结合起来真诚分享合作，互相交流学习，共同探讨问题，积极主动地弥补自己知识结构上的欠缺。教师小组通过围绕综合课程实施集体备课、互相听课、协同教学、共同引导学生探索未知等形式，不断反思改进自己的教学，在师师互动合作中提高专业发展的主动性，增强即席灵活解决问题的能力，形成具有个性色彩的教育实践智慧。

我国新课改中，对于突破现在教师的分科培养、知识结构单一、现行学校内各科教师各司其职各自为政的运作模式，有一些实践经验积累。在我国新课改实验区，抽调综合课程所含各学科的教师组成备课小组，不同学科教师之间互教互学，教研员也以类似的方式对教师进行辅导。这些做法取得了一定的效果。①此外，注意收集综合课程实施中教师教学、学生学习、领导管理过程中产生的一些可视资料（包括学生作品，如观察日记、调查报告等；教

---

① 刘宇：《初中综合课程实施现状及策略研究》，载《课程·教材·教法》，2002(11)

师备课中查阅的资料、教案、教学反思等；领导制定的规章制度、教师考核方案、评课记录等)在全区或分片的范围内，提供场所集中展示。这些不仅可以促进学校各科教师相互分享学习、通过良性竞争推进综合课程的实施，而且保留了综合课程实验过程的真实记录，对监控、反思综合课程实验过程，从中吸取经验教训有一定意义。[①]

警示：当你在共事切磋中尝到甜头，当你引导学生们合作展示出惊人潜力，你就步入了综合课程的圣殿。

五、优势互补原则

优势互补原则，是指综合课程实施中综合课程与学科课程之间、学生的知识和经验之间、学术性体验和非学术性体验之间、左右脑各自的优势潜力之间、理性认知与内发乐趣之间，能够优势互补，相互配合，产生整体效果。

首先，学科课程与综合课程之间本身就存在优势互补的空间。学科课程本身具有科际渗透的潜在空间，学科课程的体系性与学科课程的开放性之间存在固有张力，这为学科课程自身的综合拓展，为学科课程与综合课程彼此之间的互补均衡提供了发展空间。比如，以合科性质的广域课程或带有综合性质的学科课程，在某些方面冲破分科的限制，尤其是在我国比较注重"分科视野下的综合"[②]的背景中是这样。"维生素 C 的化学综合探究"实际上是一个开放地挖掘了学科课程本身的综合潜力的案例。而且，虽然学科课程比较有利于基础知识与基本技能的熟练掌握和运用，综合课程能够为基础知识技能和高层次学习经验的有机整合提供更多机会，然而两者在实施中离开学生的经验都不可能成功。因此，学生在综合运用跨学科知识于复杂的社会问题中获得整合的经验，也为综合课程和学科课程的优势互补提供了联系枢纽。

其次，学生对课程的实际经验具有整体反应的特点，成功的综合课程实施过程，是融入兴趣、情感、精神，融会贯通深入体验的过程，是学生们着迷地投入其中共同质疑探究的发现之旅，期间充满了惊异、好奇、愉悦，正如"维生素 C 的化学综合探究"那样，学生的知识和经验之间、学术性体验和

---

① 刘宇：《初中综合课程实施现状及策略研究》，载《课程·教材·教法》，2002(11)
② 张庭凯：《分科视野中的课程整合——我国新一轮义务教育课程改革的新走向》，载《课程·教材·教法》，2002(4)

非学术性体验之间、左右脑优势潜力之间、理性认知与内发乐趣之间，是即此即彼，而不是非此即彼。正如博尔（Niels Nohr）在界定对整体地思考世界很重要的悖论概念所阐述的：在一定的情况下，发现真理不是靠非此即彼地割裂世界，而是靠即此即彼地拥抱世界；在一定的情况下，真理是表面对立事物的似非而是的联系。如果我们想认识那一真理，我们必须学会把对立事物作为整体来接受。①

警示：把握甚至超越对立事物的张力，善于开放地接纳人与事的优点和缺陷，是优势互补的真谛。

六、构建联系原则

建构联系原则，指为了获得综合课程实施的良好效果，不仅对于组织中心的概念、下位概念、综合活动、跨学科的标准及评价之间的联系，而且对于实施过程中涉及的人、事、物、特定时空环境、潜在的有意义资源、预设的计划和生成的信息，都给予整体关照，左右逢源地建构内在联系。

余自强在《科学课程论》一书中谈到，由于多方面的原因，对本学科的进展、技术应用及其社会效应，科学方法的使用和科学认识模式的发展等，也难以做到充分了解。结果是有些本来应该相互联系的内容未能联系，应该拓展的地方未能拓展，科学方法教育、能力培养未能与知识传授融会贯通地进行。② 代建军也指出，各地所编写的理科教材都反映出结构体系上的拼盘式特征，试图实现理、化、生的结合，也因强调教材要符合教师现有教授水平，而使课程综合显得僵化而单一，缺乏一定的科学性与合理性，不但未能实现学科融合的目的，而且在一定程度上使原有知识结构体系遭到破坏，因而很难在实践中被大面积推广。③

可见，构建联系作为综合课程的本质特点，既是综合课程设计的重点，又是综合课程实施中的难点。按照 Harris 的观点，在综合课程设计过程中，构建联系主要是沟通作为组织中心的概念、下位概念、跨学科的标准和综合活动、评价之间的关系。下列材料有细致的说明。

---

① 转引自[美]帕克·帕尔默，吴国珍等译，杨秀玲审校：《教学勇气——漫步教师心灵》，11页，上海，华东师范大学出版社，2005
② 余自强：《科学课程论》，112页，北京，教育科学出版社，2002
③ 代建军：《我国综合课程发展的现状与契机》，载《教育科学研究》，2003(7～8)

使用标准构建联系

Harris 使用了三个关键的步骤来定义"构建联系"的流程：使用标准，创设真实的行动，以及按照学生们的不同实力使学习个性化。下图及指导说明主要显示如何使用标准建构联系。

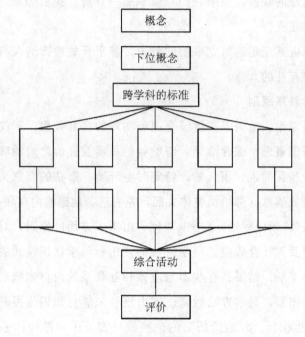

构建联系流程图

(资料来源：Kathleen Harris ，加利福尼亚州人力资源研究所，索诺马州立大学；Rohnert Park，加利福尼亚州。)

1. 明确每个学科领域以及跨学科领域必需的标准。在这个团队中的每个教师都需要明确特定学科领域必需的标准和成绩等级，这是教师们的责任。

2. 确定在第一步标准里面引用过的概念的共同意义。一个团队必须对这些概念的意义达成共识，选出团队将在项目或单元中作为基础使用的共同概念或图式以及它们的意义。

3. 把在共同概念和图式中引用的标准列出来。这些既定的标准成为这个单元或者计划的基础。团队成员把他们满意的领域和跨学科的标准嵌入一个真实的活动里是他们的职责。

4. 为每个既定目标决定有代表性的人物和评估方式。这将回答"学生需要知道和能知道什么"这个问题，以证明他们已经学习到这些标准。

5. 把有代表性的任务混合进一个综合课程的活动/单元/计划里面。这将是一个产品、服务、表现或者是将前三者的综合得到最好的发挥。这个综合活动成为教师们传递教学和评估学习的工具。

6. 提供给学生一个对这个学习单元或计划感兴趣的视角，以创造连贯性的学习和对职业的关注点，允许学生从她们自己感兴趣的领域来审视这个单元。这一步并不改变这些产品、服务或表现。

7. 设计评估的工具以确保学生已经学习到所有必需的标准。真实的评估对于了解学生的学习是很重要的。[①]

我们结合案例"维生素 C 的化学综合探究"就比较容易理解了。对化学官能团单元知识点融会贯通的理解是化学学科复习要达到的标准，维生素 C 的结构和性质是探究中作为基础使用的共同概念或图式，把跨化学和生物的标准嵌入到骨干小组真实的探究活动中，在设计课程中对于学生探究中需要知道什么和能知道什么心中有数，设计一系列问题引导探究过程，结合生活体验引入学生感兴趣的维生素 C 与健康的关系等，以上步骤都环环相扣浑然一体地联系在一起。

应该注意到，综合课程实施过程中要面对更复杂的人、事、物、时间、空间、环境的整体关照，需要左右逢源地整合一切可利用的潜在资源，捕捉即席生成的、与预设的学习目标、综合探究主题有内在联系的亮点，拓展和深化探究主题，尽量悉心化解可能的不利因素，使得综合课程实施达到比较理想的效果。

实施中面对更复杂的人、事、物、时间、空间、环境的整体关照的一个重点，是远离身陷课程资源的海洋却仍然面对"无米之炊"的尴尬。社会生活、技术资源、自然资源、校园资源、人的外部世界和内心世界、有形的实体和无形的氛围等领域，教师、学生、家长，以及社会上的专家、特长才艺之士

---

① ［加］Susan M. Drake，［美］Rebecca C. Burns，廖珊、黄晶慧、潘雯译：《综合课程的开发》，108 页，北京，中国轻工业出版社，2007

等一切可用于教育的人力资源，静态的教材教参、课外读物、动态的课程设计、实施、评价等一切教育活动，都被描述为现存的课程资源。但是，如何慧眼识珠就地取材，信手拈来事半功倍地让学生受益？这需要教师左右逢源建构联系，从寻常中脱颖新奇，把朽木巧变为奇观，适合特定的教育情境灵活运用课程资源，得心应手地启迪学生的心灵智慧。①

警示：构建联系＝（整体关照＋慧眼识珠＋左右逢源）三者互动于综合课程的组织中心。

七、整体协调原则

整体协调原则，是指在综合课程实施中，学校系统作为社会大系统中的子系统，要整体关照综合课程实施中的人、事、物、时间、空间、环境，必定需要整体协调学校物质和人文环境、校风和班风，教师专业成长等重要影响因素，使得各个方面相互配合产生最佳合力。

其中最值得关注的是：教师源自心灵教学的天职使命感，师生关系，教师在精神、知识、技能、时间、资源等方面是否获得实质的支持；教室里所实际发生的事情，教材中蕴含的意识形态和价值观的潜在影响，学生在学校所感受到的物质环境、社会环境和文化心理氛围等。学校全面优质管理，课程领导、教师文化、学习共同体建设，家校合作、社会资源支持等，无一不对综合课程的实施产生重要影响。

正因为综合课程实施环境中需要整体关照协调关系的因素太多，不确定性挑战太大，因而实施者感受到的压力也来自方方面面，最突出的是高考的压力和教师专业成长的需求。此外，把综合课程置于与学科课程的对立面，不愿意让其争夺时间精力，担心综合课程体系性不强，与现有的学校教学管理架构有矛盾，实施中必备的实验等设施欠缺，家长不理解不支持等，都是需要整体关照又无力协调理顺的因素，导致实施综合课程的教师疲于应付，甚至望而却步。

学校课程领导对于整体协调搭建综合课程实施的平台起到十分重要的影响作用。整体协调的重点之一，是通过学校课程领导推进教师课程领导。即

---

① 吴国珍：《就地取材盘活课程资源》，载《福建教育》，2007(1)

通过领导教师参与建构学校发展愿景，共同参与确定达致愿景的系列目标，给教师在课程决策上赋权增能，合作讨论形成以学习为中心的综合课程教学计划，在合作交流中提升教师参与课程领导的意识和能力，鼓励教师探索与自己的独特本性契合的教学方式，通过成就各显神通的教师，造就个性多彩的学生。这是整体推进综合课程实施的必要铺垫。此外，整体协调还包括沟通各方面的联系，尽量给予必要的人力和物质资源的支持，发展家校合作和学校社区的命运共同体联系，把潜在的校外教育资源转化为学生实际收益的成长养分。

　　下一章，就通过追踪首都师范大学附中综合课程整体创新促进教师成长的历程，领悟学校整体协调综合课程实施中的更多实践智慧。

第五章

个案学校综合课程整体革新促进教师成长
——首都师范大学附中的探索历程

　　知识经济快速发展的当今社会呼唤教育的创新，对教育发展的模式、人才培养的规格及教师专业发展提出了全新的要求。要求教育者有意识地培养和发展学生的创新意识、创新精神与创新能力，形成自己的教学特色。学生与教师的生活世界原本就是综合而丰富的，而传统的学科课程体系过分地强调学科内部知识的体系化、清晰化，割裂了人对世界的完整认识。综合课程则以整体感知方式来认识复杂系统，将课程所要呈现的知识还原生活的本然，以此来满足社会对人的素质及能力的需求。它不时地唤起教育教学中每一位主体对生活世界综合探索的渴求。学校教育如何为教师与学生搭建综合课程创新探索的平台？如何有效地促进教师专业成长？怎样才能实现教师的自主专业成长？我们走向了综合课程整体创新促进教师成长的探索旅程。

　　首都师范大学附中作为首批北京市重点校和高中示范学校，沉淀了从1914年建校以来的悠久办学传统和办学经验，始终把教师队伍建设和课程建设放在学校工作的重要位置。自1999年我国基础教育课程改革以来，学校通过课程建设上的不断探索为促进教师专业成长搭建平台，通过加强学校文化建设为综合课程革新创造条件，以"多样性综合"的视角进行课程结构调整的实践尝试，努力改变过去课程中学生的学习脱离社会生活、个人经验和学科间缺乏沟通的局面，增强学校课程结构的综合性。

学校课程管理者和教师们在分科教学基础上进行了综合课程创新的实践，将学科学习及学校内外各种活动紧密结合起来，与学生的生活实际联系起来，将课堂学习与社会中各种现实问题相联系，为学生在自然与社会中获得更多体验创造机会，使学生综合应用所获得的知识的能力得到提高。

"多样性综合"课程实践，源于学校领导和教师对分科课程与综合课程关系的理解。课程最为重要的功能在于对学生发展的作用。也正是在此意义上，无论是分科课程还是综合课程，在学校的教育活动中有着各自独立重要的价值。提倡综合课程并不意味着要取消分科课程，分科的彻底取消与分科的唯一化同样有害，无条件的综合与缺乏综合同样不适当。依据世界的统一性和整体性，综合课程成为必需；依据世界的复杂性、多样性及其各个部分的独立性，分科课程也同样必需。[①]

基于上述的认识，学校"多样性综合"课程实践定位在：通过分科与综合积极的相互作用来实现分科课程与综合课程的优势互补，即两种课程可以以不同的形式共同存在，互相补充，互相融合；以多种形态的综合课程载体促成学生获得整合性经验，借综合课程的创新平台提供师生同步成长共同创造的机会。

"多样性综合"课程建设的总体规划，是以调整学校课程结构为依托，通过校本培训、研修等方式提高教师对综合课程的创新意识与能力，努力创建学习型组织的文化氛围，在促进教师专业化发展的同时实现学生的发展，在促进学生知识积累和学能进步中彰显学生的生命价值。

1999年，学校进行了第一轮课程结构的调整，将当年各年级必修课的周课时数从40节左右压缩到30节左右，首次增加了"开拓学生眼界、联系学生生活"的选修课和"劳动实践"课程。2001年起学校进行了第二轮课程结构的调整，在第一轮课程结构调整的基础上，就国家基础教育课程改革亮点之一的"综合课程问题"，受到北京师范大学吴国珍博士观点的启发。提出了"多样

---

① 丛立新：《综合课程面临的几个问题》，载《中国教育学刊》，2001(1)

性综合，结构性调整"的思路，以促进教师专业成长为依托，在科际渗透和校本课程开发等方面进行了有益的实践。

第一节　科际渗透，综合教学

学校首要关注学科教学综合渗透，要求教师通过课堂教学实现书本与学生生活世界的沟通，联系不同学科之间的知识综合应用于生活世界的问题情境；提倡教师关注学生的生活背景经验，将教师在教学中的角色转变作为突破口，提倡在科际渗透综合教学中教师与学生平等对话互动交流，让学生在学习过程中充分体现主体意识，对知识进行主动建构、反思和积极体验。

学校领导教师开展科际渗透综合教学的目的是要主动地发展人、完善人。相信学生和教师都是一个个鲜活的生命个体，学生与教师都能够成为主动思考和主动创造的人。学生学习的积极性与主动性往往来自于充满诱惑的问题。科际渗透综合教学是从学生喜闻乐见的事物入手，通过把不同学科内容综合运用于生活实际，创设问题情境使学生产生疑问，在参与问题解决的过程中体验到不同学科知识之间的内在联系，产生进一步整体地探究世界的欲望，培养整体地认识事物的能力。

通过科际渗透综合教学，把学生吸引到更加丰富复杂充满不确定性的问题情境中，有利于真正把学习的主动权交给学生，还给学生充分读书、思考、讨论的时间，力求通过教师与学生共同生成的教学活动，提高学生的综合能力，发展学生的情感、态度与价值观，形成学生较为稳定的良好个性品质，养成终身善于学习的能力和良好习惯，会为人处世，善于与人合作，拥有健康的人格，为学生奠定终身学习与高品位生活的基础。

设置介入相关学科知识综合探究的问题情境是重点。教师将对学生问题意识的培养渗透到综合教学中，以问题引领学生思考、激发学生兴趣，以问题贯穿教学，最终使学生能够主动发现问题、主动提出问题。学生通过质疑，向教材、名家名篇和教师提出挑战，提出启发性、探索性问题，培养学生的好奇心、挑战困难与坚毅的品格。学生在提出假设性和猜想的问题时，不仅发展了直觉与想象力，还进一步提升了自己的学习兴趣。问题情境还促使学生将相关的学科知识与学生的生活世界联结起来，不仅使知识容易被激活和迁移，还使学生的认识得到了统整；不仅帮助学生认识了真实的世界，还培养学生对生活的热爱和社会责任感。

以下几个案例反映了教师设计问题情境进行科际渗透综合教学的体验。

案例 1：语文语境的综合表现

语文老师尤炜对科际渗透在语文中综合教学的实践体会是："应当以课文为基本语境实施科际渗透，着眼于学生语言理解与运用、艺术鉴赏等能力的培养。"他在《小石潭记》教学设计中，恰到好处地以文章为核心，渗透音乐、美术学科中对学生的艺术鉴赏能力的要求。紧紧抓住潭水描写的重点展开，引导学生就文学艺术和绘画艺术对水的表现方式问题进行思考和讨论，启迪学生认识到文学作品与绘画作品表现水的方式很接近，文学作品描写波浪来展现水的动态，运用比喻描写水的静态，用船一类物品衬托写水，借彼以写此，以不写为写等。教师又利用课件说明绘画在表现水的时候与文学有很多相似之处。这种利用绘画艺术对水的表现，加深了学生在阅读中的语言体验。教师进一步抓住学生的经验设问："有不少同学见过清澈的潭水，你们对清澈的潭水有什么印象？"引导学生阅读"未见美水，先闻美声"，品味其避免平直与衬托暗示的作用，又配合播放一段描绘清澈潭水的音乐，让学生体会作者先写水声的妙处。当学生阅读体会到作者借对水中鱼的详尽描绘，展示水的清澈，并通过鱼来赋予水的生命意义时，教师则通过课件展示绘画作品，突出了以生物衬托水之清澈的艺术表现手法。

案例 2：体验活化的数学知识

现今的数学在各个领域几乎无所不在，如何展现数学原本具有的科际渗透力量，也是数学教师关注的课题。一般人会认为数学在其他学科中的应用只是简单地"算数"，他们对数学与其他学科的密切联系理解得并不深入。如果教师能够结合数学相应部分的知识、方法，针对物理、化学、生物等学科中的一些问题，在数学教学中科际渗透，那么，教师对科际渗透教育价值的理解也会加深。

数学教师李大永认为"抽象的知识在还原现实时，要自然和谐，要确实为学生的认知水平所接受，不能有强拉硬拽的感觉"。他为引入交集概念创设了如下的情境："打工的阿牛对读师大的同学小张说：'真后悔那时候没好好念书啊，你看你多出息，毕业了当老师多好哇！一年里有半年不用上班，但月月有工资！'小张很奇怪'怎么会有半年不上班？''你看，寒假一个月，暑假一个半月，一年360天有51个是周六、周日，还有五一、十一和春节一周的长假，算起来将近200天，真正上班时间还不到半年呢！'小张听后，不住地搔头，嘟哝到：'不可能呀？这里面有问题，肯定有问题！'"接着李老师问："你能帮助小张解释问题出在哪了吗？"这种对重复计算假期得出荒谬结论的分析过程，可以自然地引起学生思考：如何对研究对象划分后进行计数？学生通过思考发现：将研究对象划分为两集合，若它们含有公共元素，则研究对象总体的个数并不是两集合元素个数和，而应减去两集合公共元素个数，也就是他们交集中元素个数，从而引出交集概念。这样的教学设计让学生认识到数学就存在于现实生活之中，不少的数学知识就来源于现实世界，并被广泛地应用于现实世界。

案例3：向量运算与物理受力

问题情境：如图，质量为 m 的小球被绳系于光滑的斜面上，斜面倾角为 θ。当斜面向左运动的加速度 a 从零逐渐增大且球保持与斜面接触时，绳的拉力 T 和斜面支持力 N 如何变化？

讲评：小球受三个力：$mg(G)$、T、N。

如图(1)，若按互相垂直的两方向分解的通常方法，可得两个力平衡条件：$T\cos\theta - N\sin\theta = ma$ ，$N\cos\theta + T\sin\theta = G$。可通过消元法获得 N 和 T 的函数，再利用三角公式化简，讨论函数单调性，并求最值。但计算较烦琐。

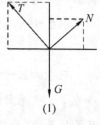

(1)

若直接用受力的向量多边形法则分析，就显得一目了然，因为它不是处于平衡状态，所以这三个力不能构成封闭三角形，只能形成一条不封闭的折线，如图(2)中 ABCD 所示。根据向量加法法则，可知所缺边 AD 按一定比例应表示小球所受的合力，即 $F_合 = ma$。

重力 mg、拉力 T、支持力 N 方向不变，而且重力大小也不变。由图知，当加速度 a 由零逐渐增大

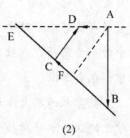

(2)

时，即 $F_{合}=ma$ 增大时，所以边 AD 由零逐渐增大至 AE，此时，BC 同时逐渐增至 BE，而 CD 也同时由 FA 逐渐减小至一点 E。

也就是说，当加速度 a 逐渐增大至 $a=g\cot\theta$ 时，绳子的拉力 T 逐渐由 $mg\sin\theta$ 增大到 $\dfrac{mg}{\sin\theta}$，支持力 N 逐渐由 $mg\cos\theta$ 减小到零。

物理中作用于某一点的受力分析问题，通常采用将各种力向水平和竖直两种方向上分解的方式解决（见图1），用数学中的向量运算知识来解决物理中受力分析问题时，则是因为物理中的"力"是向量，故运用向量运算解决即可（见图2）。因为数学中的"向量（有大小又有方向的量）"是从现实生活中抽象而来的，如速度、力等。从中学数学与物理学习内容上看，向量本是为解决数学、物理中问题而提供的一种新工具，是"数理一家"所体现的重要内容之一。在数学、物理两学科密切联系的节点处向学生揭示两学科之间的联系，对学生认识向量概念的本质有着重要的方法论意义。

案例4：中日关系综合探究

历史教师张英和地理教师高国欣两位合作，给学校高一理科实验班开发实施了"从历史、地理学科的角度看中日关系"的综合课程，先将学生分成若干个小组，自己确定小组的研究课题并进行合理分工，课前先充分收集整理资料，然后在课堂上派代表进行演讲展示。在课前的准备工作中，教师予以指导。学生的选题包括"古代中日交往情况""近代中日的战与和""从近代地理的角度看中日甲午战争""东海能源的开发""当代中日关系""钓鱼岛问题的由来""从地理学科看钓鱼岛的价值""台湾问题""日本的海洋资源开发""未来中日关系"10个问题。学生的选题涵盖了古代、近代和现代，对每个选题都注重从历史和地理角度进行综合分析，其中"古代中日交往情况"专题小组的同学很好地融合了地理和历史的知识，分析古代两国交往情况的同时又指出了季风、东南信风、洋流对两国交往的影响。对现代中日关系的分析，批评了日本在对待历史问题上"用显微镜看别人的错误，而在自己的错误面前却闭上了眼睛"。对中日关系的未来的预测更是从政治、军事、经济等角度开放探究，学生展示出活跃的思维、深邃的洞察力和个性化表达。在整堂展示课上，学生包揽了主持、演示等各项任务。教师只是作必要的指点。通过这节课的学习，学生不仅提高了收集资料、分析资料、演讲报告等各方面的能力，而且在分析中日关系时有了更为广阔的视角。[①] 这种综合课程为培养学生的开放意识和国际理解，关心时政热点问题和探究其来龙去脉提供了很好机会，使学生能够经历超越单一学科的观察视角和思考维度，将所学知识重新整合，达到培养学生自主拓展知识的能力，提高学生分析问题、解决问题的能力。

诸如上述科际渗透综合教学的探索，正在逐渐内化成学校教师活化课程魅力、提升专业能力的重要探索途径。正如帕尔默在《教学勇气》一书中指出的，教师将自己（独特的优势、潜质）、所教学生及其生活经验、所教的学科编织成具有凝聚力量的联系网，通过科际渗透综合教学的实践探索，促使学生学会编织他们自己的世界。[②] 这正是教师专业不断成长的基石。

第二节 校本综合，多样创新开发

从学生的兴趣与需求出发，开发多样化校本课程，增强课程的综合性，是学校整体调整校本开发的特色综合课程。

一、体育项目多样化课程革新

体育组五位教师为了满足学生的选择性，做了大量的前期调研工作，在编写教材期间投入了很多的时间和精力。最初是体育课程内容的单一性问题引起了他们的注意。他们从调查学生的兴趣与需求起步，重视改造传统项目和引进新兴类运动项目，精选适应时代要求的内容，不断探索，开发出新的综合课程——校本体育项目教学。该课程认同的理念是：学生应该有选择学习内容的权力，教师应该创造一种宽松平等的教学环境，使学生在愉快的心情下，自主、自觉地积极锻炼身体。他们在摸清学生学习兴趣和需求后，根据学生的意向及学校的实际教学环境，确定了推铁环、太极柔力球、太极剑、轮滑、羽毛球、网球和垒球七个项目作为教学内容。这种大幅度增加项目的多样化体育课程革新，首先要教师勇于在接受挑战中把握成长契机。有的项

---

① 此案例来自首都师范大学附中高一年级 2004 年年底的综合课程演示课，张英老师和高国欣老师策划指导。北京师范大学崔玉芝、赵艳萍整理。

② [美]帕克·帕尔默，吴国珍等译，杨秀玲审校：《教学勇气——漫步教师心灵》，16 页，上海，华东师范大学出版社，2005

目教师们也不熟悉，他们在开发这些项目中，自己购买教学光盘，互相揣摩动作要领。为了准确地讲解各项目的动作要领，他们会经常聚集在一起，探讨各项目中出现的用力角度与运动效果之间的关系；为了更好地进行教学示范，他们会多次重复地进行枯燥的动作技能练习。

现实的人体运动问题具有综合性，单靠某一学科知识和某种技能很难解决。所以在尝试解决问题的过程中教师必定要调动综合智慧和多种知识、技能以满足学生学习的需要。例如，为了通过体育改革促成健康第一的素质教育，教师们主动学习了与体育密切相关的中学生心理健康及健康教育知识，不仅使"健康第一"成为体育课程教学改革的指导思想，还在体育课项目教学改革实践中向学生渗透心理健康、健康教育相关联的知识，并与学生一起探讨各项目中出现的用力角度与运动效果的关系问题。

具体实施教学时，教师们又自主解决提供学生体育项目多样化选择后的组织教学难题。两个教学班，学生可自主选择分为四组，分别对应选择四个不同的项目，有四位负责不同项目教学的教师同时上课。每个项目定出一个基本教学目标，教学周期为一个学期。每个项目的一个教学周期结束后，均有学生的自我评价问卷。一个学期下来，收到了意想不到的教学效果。以往难免总有种种客观原因不参与的旁观学生，体育项目多样化选择后再无一例，学生参与项目运动的主动性积极性大大提高。教师们感叹："这样上体育课，师生完全融入在教学过程中了。"学生们获得的体验是多方面的，每节体育课他们都快速积极地投入各种体育活动项目中，在身心协调、动作优美自如、情感愉悦、意志坚强等方面达到了有机整合。

二、形体课程的创新开发

学校高中生形体课程的开发，没有现成的教材可参考，没有老教师的经验可借鉴，只有学生希望发展他们身体协调能力的需要和舞蹈教师的强烈使命感，课程开发和实施过程中教师一直努力从各方面寻找一个行之有效的途径，教学始终在摸索中前进，以解决中学生长期形成的不良体态与有限的舞蹈形体课课时之间的矛盾，以及中学生作为舞蹈初学者不得不经历的被称为"枯燥单一"的舞蹈训练和我们平时所看到的舞蹈表演之间的矛盾。在学校的"多样性综合校本课程开发"的推进中，任课教师学习了关于综合课程的理念，并借鉴了其他学科教师开发校本课程的经验，对课程开发和实施的理论依据有了进一步的认识和理解。

在形体课课程实践中，以形体训练为基础，教师增加了民族民间舞蹈内容，使学生在不同动作动律、不同体态中，了解不同民族舞蹈具有的特点，如藏族舞蹈的"一顺边"动律，维吾尔族舞蹈挺拔的体态，汉族秧歌舞蹈泼辣、奔放的气势等。此外随时扩充课堂内容，使学生感受到各种民族民间音乐的旋律与节奏特点，感受各民族的特点。在具备一定的舞蹈体验后，又增加了舞蹈名作赏析，通过呈现视听艺术，提高学生的艺术欣赏能力。在教学实践中不仅使学生亲身体会人体语言的美妙，尽情展现青年人的活力；教师还力求注重学生对文化和现实社会的理解，从不同角度进行综合渗透，提高学生的综合感受能力。例如，在教授藏族舞蹈动作前，对藏族人口的分布、藏族地区的气候特点、历史变迁、风土人情、宗教信仰等方面做介绍，实践表明这有助于学生快速准确地掌握舞蹈的风格特点，同时也给学生更为直接、生动的体验与感受。

三、博识课的整合经验拓展

博识课是学校面向创新教育实验班(初中学段)学生开设的一门校本课程，它依托北京丰富的文化教育资源，以亲历性、实践性为博识课的基本教学特点。这也是学校第一门进行课程设计、组织与实施的跨年级、跨学科、跨学时的综合性校本课程(初中学段设计初一、初二两个年级)。为了保证博识课的开发质量，学校参加了全国教育科学"十五"规划教育部重点课题"初中阶段校本化课程开发与实施行动研究"，以参加课题研究的形式，提升教师课程开发能力。在确立课程的形式和内容之前，先充分考虑了各方面的情况，作了详细的 SWOTS 分析，即 Superiority（优势）、Worse（劣势）、Opportunity（机会点）、Threat（威胁点）、Strategy（行动策略），同时论证了该课程在学校实施的可行性。在课程实施过程中，学校在资金、人力等各方面给予了有力的保障。课题组的教师们在课程实践中肯学习，善总结，在课程开发和实施时，从学生的学习需求、学校的培养目标、学生整体素质的提升和优化本校课程这四个方面出发，进行课程的开发与设计。在课程设计当中，有着明确的倾向性(侧重于人文素养)和计划性。在每学年开学时就确立总的思路与大框架：人文素质方面以亲历性强的参观活动为主；科学素质方面以专家学者和老师们的讲解为主。在教师能够调用的资源范围内，尽量做到每月有相对集中的主题，每学期有一定的计划，各学科教师积极参与设计活动方案，联系活动场馆，努力使活动成为各种学科知识与学生经验的桥梁。

博识课的主要形式是参观访问和动手实践，先后参观过先农坛（北京建筑博物馆）、东岳庙（中国民俗博物馆）、北京自然博物馆、大观园（红楼梦艺术博物馆）、北京海洋馆、保利艺术博物馆、基督教北京缸瓦市教堂、中国现代文学馆、北京造币厂、清华大学、辽金城垣博物馆、故宫博物院、北京艺术博物馆、海淀科技馆、历代帝王庙、国家博物馆等地，让学生在实际的参观与接触中，获取经验，并且从经验中提取知识。这样不仅使学生掌握了体验性的知识，又培养了包括方法能力和非智力因素在内的多方面素质。博识课的教学模式初步形成，整合了课堂教学、专家讲座、参观调查、动手实践和论文写作等教学形式，根据具体情况，以数次博识课为一个单元（时间可以是数周、数月乃至一学期），围绕一个主题开展学习。这种基于经验又超越经验的课程受到学生的欢迎，学生们总是盼望着每周三下午半天的博识课。六年的实践，终于形成了稳定性与灵活性统一的博识课课程模式。

校本课程的开发与实施过程是一个提升学生、教师与学校的过程。学生的兴趣与需要得到学校和教师的认可，极大地激发了学生的学习热情，学生与教师共同生成"新知识"的过程，成为师生平等交往、积极互动、共同发展的过程，有力地促进了学生主体人格的成长，满足了学生自我实现等高层次需求。从管理角度看，校本课程的开发和实施，提高了教师工作的满足感和责任感，教师对教学工作的信心得到了增强，还增进了教师对学校的归属感，学校的组织氛围将更加融洽，反过来又会激励教师向更高的方向努力。

四、学生"做出来"的综合实践活动课程

学校在学生的直接经验及其社会生活实践的基础上，开设"综合实践活动"课程，其基本假设是：关于学生应该"怎么做"的亲历实践，会导致学生激活已有的学习、生活经验，激发其了解未知、真实世界的愿望，实现学生"做中学"。让学生在各种具有独特性的实践情境中"做中学"，使该课程成为学生"做出来"而不是"教出来"的课程，让他们获得亲身参与实践的积极体验和实践经验的积累，发展他们的实践能力和创新精神，促进他们合作、交流、社会责任感等良好情感和价值观的形成。

学校从1999年10月开始，在高一尝试开展"社会实践周"活动。2000年9月把其发展为"高中生社会实践"校本课程。后来《全日制普通高级中学课程计划（试验修订稿）》将"综合实践活动"课程，作为国家必修课程列入高中课程计划。我们在实践中，制定了课程实施方案、学年的计划，以及相关的课程制度（课时安排、指导教师安排等），保证开放性的同时做到有规范性。除了将信息技术教育单独以学科教学形式设置课程外，还将研究性学习、社区服务和社会实践、劳动与技术教育、信息技术教育等领域进行了整合，并结合学生特点、学校的实际和社区背景，通过服务、劳动、调查、运用新技术、获取和处理信息、社会实践、研究等活动，将"综合实践活动"校本化，创造性地实施了该课程。教师们力求让每位同学真正成为教育的主体，让他们在实践中不断地感悟与积累，使创造性思维、实践精神和创造能力通过"做出来"的课程成果而积淀为他自身拥有的素质，内化成为一种良好的思考与行为习惯。

通常情况下，每学期每班有固定的一周为集中实践时间，在这一周内减少学科课程的教学课时数，安排系列综合实践活动内容。

①劳动实践体验：包括校园内公共场所的劳动和社区服务、盲校、敬老院劳动服务等；

②管理、宣传实践体验：包括学校内的日常管理工作和劳动区内的管理及校园宣传；

③学生可以占用一天的上课时间和若干个周末，对自己感兴趣的社会与自然问题进行调查、考察、参观、访谈等，进行有关的研究性学习活动。

在学生们参与综合实践活动的接待单位反馈的意见中，我们可以看到开设该课程具有的重要意义。接待学生实践的单位纷纷表示支持学校开设此课程，并且给予了高度的评价：中国电视报社的同志在反馈意见书中写道："贵校组织学生开展社会实践活动意义非同一般，好得很！……贵校能在'大气候'恶劣的情况下，独辟'小环境'的治理可称得上是明智之举"。北京市园林局植物园反馈意见中写道："这项活动有助于提高学生的能力，使他们更好地参与社会生活，是十分有益的尝试，是有必要坚持开展下去的。"

学生在综合实践活动过程中，往往会遇到社会与自然中的各种问题，为了培养学生的研究精神，鼓励他们对感兴趣的事情进行探索，在探索中不断学习，在探索中培育、扶持他们的创新意识，学校从 2000 年 7 月在高一个别班尝试开展"研究性学习"活动。经过一段探索，从 2001 年 7 月学校正式建立了"研究性学习结业证制度"。该制度要求每位学生在高中三年的"综合实践活动课程"中至少要进行一项研究性学习活动。课题从确立到完成，由学生自愿结合，自主选题，并在教师指导下进行；此外，每个研究课题都要有开题论证和备案，中期交流等过程；学生要完成结题答辩，学校每学年安排一次研究性学习论文答辩会，答辩通过即可获首师大附中研究性学习结业证书。学校制定了《首师大附中"研究性学习课程"实施方案》，常规性地由专职教师负责对高一新学生进行研究性学习辅导讲座，讲座内容主要为如何选题、如何开展研究、如何撰写开题报告、如何作好研究记录、如何撰写论文等；石校长亲自为学生撰写了《关于研究性学习——写给同学的话》辅导材料。

另外，校园网上制作了"研究性学习平台"网页，利用校园网搭建了研究性学习网络平台，学生通过网络实现有关研究性学习问题的交流，教师也可以通过网络了解学生们进行研究性学习的开展情况，学校还可以通过网络组织、了解与督促学生分组与实施研究的进展情况。该网页开辟了自学教材、辅导讲座、现有课题、历史回顾、精品展示等专题，学生可以利用此平台自学有关知识，也可以展示自己的研究成果或求助交流，另外，辅导老师可以通过此平台进行课题管理，给予学生必要的帮助。

该课程实施的成效也实际反映了其价值。从学生所提交的结题报告中不难看出，几乎所有课题组成员都能针对社会的热点或身边的事物，提出问题，订出计划，到实地调查，或做个别访谈，或去图书馆查阅资料，或上网搜寻下载相关资料，因而多数结题报告材料翔实，论证充分，得出的结论令人信服。许多小组的研究都涉及了至少两门以上的学科知识内容的综合运用，或已经从课堂上学习过，或自己在课下自学所得。例如，在学校首次成集的论文中，张晓和许丛文同学的研究论文《海水无土栽培技术》在学科内容上不仅涉及了现代生物技术知识，还涉及了我国地理中的岛屿及盐碱地知识；杨一丹等同学的研究论文《关于"二战"美军潜水艇鱼雷射控问题》，运用数学、物理学科知识对潜水艇鱼雷射控问题进行了严密的推理与计算。此外，从学生们的参考书目上还可以看出学生自学领域的不断扩大，俾炜与王宁的研究论文《水质与水体保护》列出的参考书目有高等教育出版社《工程化学基础》和《生物化学》和《物理化学》，中国大百科全书出版社《中学生百科全书》。答辩交流会结束后，就有同学激动地说："感谢研究性学习给我带来的快乐，感谢研究性学习让我有机会学会研究，感受到研究的滋味……"还有学生说："同学合作研究，讨论共同喜欢的话题，有分工有协作，学到了许多一般课堂上学不到的东西……"我们按照学生的建议将他们的研究报告集成册子，便于学生们一起分享每一个小组的成果。

如果说学科教学离不开"按照既定的目标来评价学生学习的结果"这一环节的话，综合实践活动课程则更容易在学生"做"的过程中观察到学生个性特征、情感、兴趣与态度等无法测量的学习成果，而这些往往是教育中最有价值的成果。综合实践活动要求学生"自我组合、自我选题、自我实践、自我整合所学知识解决问题、自我体验"。整个实践过程中学生的个性特征、情感、兴趣与态度得到了充分的展示与锻炼，他们不再是被动的接受者，而具有积极投入的兴趣、动机、态度，在"做"中"学"，在"做"中质疑，在质疑中进步。这一切印证了我国 20 世纪 40 年代教育家陈鹤琴说过的话："做中学、做中教、做中求进步"以及"活教育的课程是把大自然、大社会做出发点，让学生直接向大自然、大社会学习。"[1]

综合实践活动课程是建立在学生的直接经验及其生活和社会实践的基础上，通过学生"做中学"，让学生走出小课堂，走进社会这所大课堂，在实践中运用所学的知识，让学生们的学习积极性和自主探究的热情得到发挥，在关注社会与自然的问题中增强学生的自信心与发展他们的社会责任感，在对真实的实际问题的研究中增进学生的动手实践能力、创新意识以及合作交流能力。尽管在活动中还存在着一些不尽如人意的地方，这只是做课程的主人开展活动时不可回避的真实问题。我们提倡学生在活动中遇到问题时进行主

---

① 柳斌主编：《中国教师新百科》，58 页，北京，中国大百科全书出版社，2002

动的探索，尝试错误，感受世界、从而学到处理这类问题的方法。虽然学生有时遇到一些人为因素而感到无奈，但这种无奈的体验同样具有课程价值，因为，这是我们的学生以主人的身份走进了这个真实世界的感受。

综合实践活动课程在实施过程中充分体现出了学校"人文、科学、爱国"的办学理念和"三注重"与"一体现"（即注重德育、注重校园文化建设、注重现代教育技术的应用，在教育教学各个环节中体现学生的主体意识）的办学特色。

第三节 校本综合课程实践促进教师专业成长

"多样综合整体调整"的课程实践过程也是促进教师专业成长的过程，为教师的专业成长提供了创新平台。学校始终没有把教师的专业成长当做其个人的事情，放任自流。早在推行初期，学校成立了以石彦伦校长为校本培训、研修第一责任人的校本培训、研修工作领导小组，制定了学校校本培训、研修规划。教学管理部门从加强校本培训、研修入手，将校本教研、专家引领、教师个人与群体研修等方式结合起来，主要是为了解决教师在教育教学中观念与行为不能统一的突出问题。一方面，以把先进的教育观念落实到行动为主线，强调在教育教学实践中促进教师的专业成长；另一方面，以多样性综合课程结构整体调整为手段，为教师专业成长搭建教育创新的平台。

一、整体协调建立综合课程革新的激励机制

实践表明，学校整体调整为教师搭建高质量校本培训、研修的平台，推动教师在综合课程革新探索中获得专业成长，教师作为课程革新行动的合作学习者，又激活了教师源自心灵的优秀教学，提升了教师对自己、对学生、对教育和课程的全新理解。

其一，将综合课程革新实践纳入教师校本研修共同学习的重点工作体系中。按照学校教师校本研修的规划，为了落实综合课程多样革新的实施，需要整体调整各项具体工作的配合。比如，通过每学年一个主题的教学案例交流，促使教师把具有原创性的教学创新工作进行自我总结，同时发布到校园网上让教师们分享，每学年开展优秀教育教学论文评选活动，促使教师在总结教学创新工作中理性地学习与思考。

其二，把综合课程革新纳入学校教师教学观摩交流制度。学校在推动综合课程改革、更新教育理念、强化校本教研、保持教育教学质量等方面进行整体探索，在鼓励执行"每学年在本校范围内上一节高质量的教学公开课，或上市、区级别的研究课和公开课"的教学规章制度时，尽量展示在多样综合课程实施方面的成果。在落实时，按照"管理工作要求明确、分工负责、责任到人"的原则，提出了开课流程。教师提前一周在教学处登记，教学处负责在校园网上发布通知，各教研组负责组织教师备课、听课和评课，教学管理干部如无特殊工作，必须参加听课、评课。另外，充分发挥示范高中校的辐射作用，利用多种途径向校外开放学校课堂教学，为教师不断地与同行交流提供平台。

其三，将综合课程创新工作纳入学校教学工作计划。根据近几年的管理实践，将教师的综合课程创新过程划分为策划、实践、文本总结三个阶段，每个阶段又分为起步、积累、成型三步骤。每次听课后通常就"本节课您的原创性的创新点在哪里"这一问题与教师进行面谈交流，了解教师综合课程创新思路处于何种阶段，以便有的放矢地互动交流。不定期地间接或直接与已经有教学创新苗头的教师本人及其所在的教研组联系，探讨改进与完善的可能，督促其拿出综合课程创新成果。

其四，利用多种渠道，积极建立宣传与表彰机制。一种是利用每学年的教学科研表彰大会表彰获奖教师，并请他们介绍自己综合课程创新的经历。另一种是充分利用校园网，创建了"首都师大附中教师继续教育网页"，在学校的教师继续教育网页上专门设置了校本培训自学内容，并在该栏目上设有获奖教师的教学创新成果的展示内容，其中包含相当比例的综合课程创新成果。一方面鞭策获奖教师，另一方面也为其他教师提供了有效的自主学习内容以及学习的范例。

其五，指导各教研组制定具体的实施预案和工作流程。几年来，学校形成了开展教师共同学习活动的工作模式：请相关的专家针对学科和综合课程改革要求，对教师们的教学实践进行实地观察，再根据观察到的综合课程教学实践情境，立足于解决实际问题，与教师进行交流探讨。时间一般安排在第一学期 11、12 月或第二学期 3、4 月进行。工作流程是：①请专家听本组教师的常规课，要求有本组或本区同行教师听课；②上课教师围绕本节课谈课程改进、教学设计与实施过程的体会，包括综合课程的设计实施体会；③与专家和同行一起对话、交流、研讨，探讨在常规课中渗透综合课程理念的发展空间；④本组的教研成果及教案装订成册作为会议交流内容。

实践表明，为教师搭建综合课程教学创新平台，为师生同步成长、共同创造提供机会，不仅是课程领导者服务意识的体现，更是育人意识的一种体现，也应该成为课程领导者的一种自觉要求和内在动力。

二、教师在综合课程革新探索中获得成长契机

课程创新的生命力存在于多样化，首师大附中的"多样性综合"课程整体结构体现在科际渗透、校本课程开发和综合实践活动相互联系的课程表现形态上，而"多样性综合"课程整体创新的核心问题是人的发展问题。在努力付诸多样综合课程的实践中，科际渗透、校本课程的开发、综合实践活动已经成为了学生自由和谐、全面发展的肥沃土壤，也促进了教师们的不断学习与创造。"多样性综合"课程的实践，促使不同个性的教师凝聚在一起，不仅提高了教师们对工作的满足感和责任感，对教学工作的信心也得到了增强。

综合课程多样革新加深了教师对课程、教材、教学的进一步认识与理解。教师们不仅认识到课程是矛盾的主要方面以及课程观是主导因素，还切身感受到课程观决定了教材、教学观和教学改革的深度与广度。在教学实践中，教材成为了中介，教学过程成为教材内容生成与转化、课程意义不断构建与提升的过程。教师不再将课程看成是特定的知识载体，教学中教师发现自己已经成为了课程的创造者、课程的主体，对"教师即课程"有了全新的认识。另外，教师能够主动与学生共同探求新知，把自己与学生看成是课程的有机组成部分，通过课堂教学过程实现主导与主体的相互作用，使课程、教材与教学互相转化、互相促进、彼此有机地融合为一体，形成动态的、生成的生态系统。

教师和学生在综合课程的探索互动中彼此增强了活力。教师在不断接受新的教学观念、教学策略的挑战中思考和创造，获得的专业成长主要体现在他们对自己和教育的理解更清晰和深刻，以及能够超越学科的局限去思考问题和行动。在与学生的互动中开发和实施综合课程，使教师们对学生主体性和综合课程有了新的认识。教师们感受到，高中学生已经具备了充分地整合与利用校外教育资源的潜力与渴望，受教育者同样具有主体性、能动性、积极性和创造性，关键在于教师自身要转变教育观念。通过亲历综合课程实践的创造历程，无论是发现课程内容问题，还是解决问题的策略，都被纳入教师们的专业视野，成为研究的对象，教师的课程开发意识获得提升，主体地位得以确定，角色也随之转变，创造活力也被进一步激发。

学科课程教学综合渗透的创新探索为师生全员介入其中获得专业成长的机会提供了最可靠的平台，使学校涌现了一大批乐于探索的教师，他们在校本教研活动中，加深对分科课程、综合课程的认识与理解，扩大了对学科教学综合渗透的教学实践经验的分享交流，促使课堂教学焕发出了勃勃生机。在近三届海淀区教委组织的教学创新奖评比中，学校有八位中青年教师获得了此项奖励；在近几年北京市各项教育教学论文评比中，有十几位中青年教师撰写的关于综合课程多样革新的论文获奖；在海淀区、北京市组织的各种课堂教学比赛及教师基本功大赛等活动中，表现突出的教师全都受益于综合课程多样革新的理念与其参与的实践活动。

三、合作学习推动教师持续自主成长

课程领导创新表现在依托教师通过共同的学习实现教育教学观念与行为层面的一致，将校本教研活动的整体设计思路定位在"通过有针对性的教师互动学习与交流的方式，促进教师对综合课程革新理念的理解，进而影响教师具体的教学行为"。通过开展群体性的校本教研活动，教师们对课程的综合性问题从不太理解到逐步理解，综合课程的理念得到了教师们的认同。教师们还努力用它来研究、解决工作中的实际问题，进而将理念变成自己的教学行为。

在综合课程革新探索实践中，作为学校的教学管理者探索出了一条凝聚教师智慧之路——让教师在学习共同体的互动中持续成长。提倡"用心教学、交流、分享"，并通过搭建各种校本教研平台，凝聚教师们的智慧，建设教师学习共同体。教师们认同"在瞬息万变的课堂，优秀教学更多是源自教师心

灵，而非基于技术策略层面的上传下效"①的理念。实践中教师们在学习共同体中"用心教学、交流与分享"，使他们的教学实践经验成果很快得到有效的交流与分享。例如，学校一个教研组中的某一个备课小组总结出了教师备课时需要思考的问题串包括："为什么要学习此内容？它的重要性是什么？学生已有的知识储备与生活经验如何？如何确定本节课的教学目标？如何设计实现教学目标的各个环节？如何依托教材但又不依赖教材，在教学中进行合理的拓展？对本节课的预期是什么？如何实现知识学习与研究问题方法的统一和转化？"很快就为各个教研组中的所有备课小组所分享。另外，课堂小结引领学生交流、反思提高、进一步探讨的问题串包括："我发现了什么？我学会了什么？我能做什么？我感受最深的是……？我的问题是……？"以及形成某些课的流程图："情境引入—概念形成—生活实例—动手构造—猜想与证明—巩固与反馈—应用与拓展—自我总结—提出新问题"等，在推广到教师教学实践时都收到了良好的效果。

综合课程实践中的合作学习，促使教师们的工作方式生了较大的变化。课程的综合性使教师备课感到了压力，通过校本教研又把压力转化成了动力，教师们在教育教学实践中研讨、互助、反思、实践。通过这一系列的研修过程，不仅形成了新型的教研风气，而且教师的专业成长得到了促进，出现了教师们主动、积极地参与多样性综合课程革新的局面。在这共同探索的过程中，教师之间对话、交流的机会增多了，还形成了相互理解、相互学习、整体互动思考、协调合作的学校文化氛围，使教师与学生通过学校的课程体验到了学习与创造所带来的乐趣，并使首师大附中的办学理念和办学特色通过实践层面得以彰显。

教师之间的坦诚分享是学习共同体互动合作的重要形式。在学校的一次校本教研活动中，柏雪松老师讲述了她的实践体会："对于教学如何将实际与课本联系起来，在生活中渗透知识，在知识中体验生活，在假期到英国学习时触动我有了新的想法。当时，学生们在英国的一所语言学校学习，因为某

---

① [美]帕克·帕尔默，吴国珍等译，杨秀玲审校：《教学勇气——漫步教师心灵》，导言，142页，上海，华东师范大学出版社，2005

种原因想向校方投诉，却不知应该怎么写投诉信，这对我触动很大。学生学习了近两千个单词及许多的语法之后，却无法在真正需要使用英语的地方用知识来维护自己的权益，这不只是教材的悲哀，也是我们教学思路的悲哀。这让我认识到，思考如何在课堂中渗透生活的时候，实际是对以前自己的学习方式的反思。作为教师，有意无意地，可能会将自己学习时的体验应用到课堂上去，但如果课堂上一直保留自己的授课老师的影子，教师就无法超出前人。那如何让学生超越前人呢？学生的学习质量的提高是建立在教师本身素质的提高上的。而反过来学生素质层次的提高，也必定会促进教师的提高。从这种意义上来讲，'渗透'不只是存在于教材的改进利用上，也存在于师生之间。在教与学的过程之间，教师与学生的思想相互渗透从而达到将教师的经验传与学生，用学生的活力激发教师的创新。只有教师和学生共同前进，才能做到青出于蓝而胜于蓝，达到教育的目的。"

数学老师章红在关于圆锥曲线的综合设计的分享中充分展现了她的教育智慧，她从了解学生对圆锥曲线的认识入手，通过查阅大量资料、向许多老师求教、讨论，终于找到数学知识之间的联系以及数学知识与现实世界的联系，接着她又力求找到最易被学生接受的结合点，期望把数学的学术形态转化为学生易于接受的教育形态。"我在准备这部分课程的过程中，对数学教育的理解更清晰和深刻，开始尝试超越学科的局限去思考问题和行动，体会到这才是真正意义上的教师专业水平。另外，我体会到了在教育教学中创造的乐趣，也感受到学生在学习数学过程中创造'新'知识的愉悦。这样的课为我们师生同步成长创造了机会，我们共同体验着数学带给我们的乐趣。"在章红老师的数学课上，利用抛物线的光学性质原理制成的探照灯、聚光灯、太阳灶、雷达天线、卫星天线、射电望远镜等都成了她向学生展示数学魅力的例子。许多同学说："这让我们亲身感受到了数学与物理、天文、哲学等各学科领域知识的相互渗透和联系。原来数学和我们生活以及其他学科有这样密切的联系，我们现在感觉到数学既有用又有趣。"

四、综合课程实践激活学生的原创活力

教师在综合课程革新实践中，打破常规、改变传统的教学创新行为，促进了学生创新意识的觉醒与发展，培养了学生的创新精神与能力。教师课堂

教学行为的变化，引发了课堂教学深刻、喜人的变化。教师的教学方式更加灵活多样，学生被动接受学习的局面逐渐改变，自主学习、合作学习和探究学习成为了学生的重要学习方式；师生之间共同学习、平等交流的民主关系进一步形成，教师们更加注重学生们在课堂教学中的参与，鼓励学生质疑、讨论。这促进了学生创新意识的觉醒与发展，在教学活动中培养学生的创新能力也得到了初步的落实。

在开放的学习环境中激活原创潜力。充分利用校外教育资源的综合实践活动，激活了学生的原创活力。学生们亲历校外实践活动后，认识到校外的教育资源内容丰富，分布广泛，利用它也可以进行学习，同时还可获得一些上网、看书及使用其他学习方式时所无法获取的东西。他们认为弥漫在博物馆内展品上的文化气息，以及呈现在大学校园中厚德载物、自强不息的文明氛围等校外教育资源，都是很难从语言文字为载体的间接知识中获取的。博物馆、部队与科研院所等校外教育资源，使他们体验到了教科书所无法代替的社会发展与进步的文化。在实践活动中，学生们体会到校外教育资源不只是简单的概念性的人力、物力、财力资源，而是具体、生动的可把握的教育资源。学生对校外教育资源的认识也更加形象与具体，这使他们对今后利用校外教育资源进行学习产生了更大的兴趣。

在开放的学习环境中，学生的奇思妙想数量多，涉及面广，有"改革开放主要成就回顾"为主题的，有以"现代科技""走进大学""走进深山——植树绿化""北京人保护动物的意识情况调查""爱心奉献——走入敬老院、盲校"等各种主题。参观的主题更广泛分布在人文、社会、科学领域："《中国电视报》报社专访""追忆历史——明皇城东安门遗址""参观中国保利大厦——文化和效益的双赢""参观中国长城润滑油公司的启思""参观中国自然博物馆见闻""香山植物园——了解大自然的奥秘和生物生长的特性""西单图书大厦——关于当今十大畅销书的问卷调查""回归自然——北京动物园之行""白云观——关于一些宗教问题的问卷调查""参观国家环保总局——关于大气污染的调研""访小动物保护协会"等。

英语组的马德玲老师在英语课的教学中找到了教学创新的切入点。在处理高一课本"*American country music*"时，一般情况下教师通常会放两首美国的乡村歌曲给学生欣赏一下。当马老师发现随便放一首歌曲，学生们都会说出歌名、演唱歌手名字以及歌曲风格等内容时，她灵活地放弃了教学的预设。从学生体会美国乡村音乐同时能够灵活运用英语角度出发，在放完课文中的 John Denver 有名的 *Country Road* 和 *Take Me Home* 后，她给学生提出了一项学习任务，即以 *I am an American Country Music writer* 为主题做一个美国乡村歌曲的词作者和演唱者。要求主题自拟，考虑到学生对于美国乡村歌曲旋律不容易把握，将旋律限制在课文中歌曲的旋律中。学生饶有兴趣地完成了这项作业。一个班学生中所涉及的主题有近二十种之多，包括母爱、热爱学校生活、热爱班集体、快乐做事、珍惜时间、不轻言放弃、赞美大自然、珍惜友谊、放飞理想等。这种结果是马老师始料未及的，她没想到在这么一个简单的创新平台上学生会有如此的表现，感言道："我真的不得不赞叹学生思维的开阔和创新的能力。"

例如，有一首歌词联系了学生自己丢自行车的生活情境，回忆了自行车曾经带给他的快乐以及丢车后他的感受。歌词如下。

The bike I lost

I've lost my bike

Blue wheels and yellow tire

I like going sightseeing

With my bike best

It makes me excited

I can feel breezing, too

I enjoyed it

I've lost my bike

It's the best bike in the world

It **gives me fun and interest**

It also **makes me**

Confident and brave

I enjoyed it

I want my bike come back

I want my bike come back

I once enjoyed it

学生用到了刚学到的词组 go sightseeing，make me excited 等。同学们听了这部作品以后非常开心，体会到了用英语的快乐。马老师在表扬他之后，同时指出了其薄弱环节——时态问题。她当时评价道："这首歌写得很实在，确实体现了丢自行车人的心态，那么的凄凉。但是注意自行车带给他的快乐是什么时候，凄凉的感觉是什么时候，所以时态是否需要有所改变呢？"此时，学生们都特别认真地在看歌词，很快就找出了该在哪里转成过去时，学生在不知不觉中把语法中的时态对比充分地理解了。

在选择中锻炼敏锐的问题意识。开放的学习机会不仅丰富了学生们的课外知识，增强了学习兴趣，还在实践中学会了选择，锻炼了敏锐的问题意识。

学习本身就具有多向性，综合课程实践提供了更丰富更多向的学习平台。综合课程的丰富性、探索性、不确定性，更使得不仅学生是学习者，教师也是学习者；学生不仅是教师的学生，同时还是教师学习的对象。在丰富多样平等对话探索的综合课程实践中，学生更充分展示他们的身心特点、价值标准和行为方式，教师更容易了解并融入学生的世界，学会以学生的眼光看待他们，成为学生的朋友，更好地理解他们，鼓励学生在自主选择中锻炼敏锐的问题意识。

学生们在实践活动中利用的校外教育资源有四大类。一是人文教育资源，如风景名胜、文化古迹、博物馆等。二是各种部门或机构的教育资源，如在京机关、机构、大专院校与科研机构、使馆、大中型企业、科普与校外教育职能机构等。三是电子与文献信息资源，如计算机网络资源、图书资料、音像制品等。四是大众传媒资源，如杂志社、报社、电视台等。

学生们在整合与利用这些资源时都经历了选择的过程，即从众多的眼花缭乱的资源中根据他们的需要来筛选。有了一次活动的经历后，学生们就有了自己独特的选择视角，他们一般会优先选择有利于他们开阔视野、经济实用、能有针对性地解决学生们提出的问题的校外教育资源。因此，学生们对综合实践活动都非常有兴趣，也乐于积极参与并做出选择。而正是在选择过程中，学生们觉得最能够体现其价值实现，锻炼敏锐的问题意识。

在研究与解决问题中锻炼创造力。在多样综合的课程革新中，学生不仅依靠自己的力量，甚至动员家长及其朋友参与，目的是确保所设计的活动方案能顺利实施。通过校外实地调查、个别访谈、座谈、参观和听取报告等方法，学生们不仅掌握到第一手材料，而且能针对各种实践活动或社会现状提出问题或发现问题，并制订解决问题的计划。

在形成成果阶段，学生们都能去图书馆查阅资料，或上网搜寻相关资讯，下载自己需要的资料，然后相互交流并讨论报告的写作和主题思想，初步学会了研究与解决实际问题的方法，也提高了学生们分析、解决问题的素质和能力。比如，郑弋同学的论文《Tiunguy 即"丰州"——对〈马可·波罗行记〉中一地名的考证》，被中文核心期刊《历史教学》杂志破例发表，这是该杂志第一次发表中学生的论文。编辑在编后语中不仅提到了其特殊性，还就学校开展的研究性学习情况给予了高度的评价："刊用中学生的论文，这是《历史教学》创刊以来的破天荒之举，……对转变学生学习方式，开展独立、自主、合作式的研究性学习，对进一步挖掘学生潜能，全面提高学生素质具有重要意义。"①

学生的最大变化是不再被动地接受课程内容的学习，他们的兴趣与需要成为教师设计和实施综合课程的重要依据。由于学生单纯不善隐藏的天性，对于观察者而言，学生们的需要、兴趣和投入的兴奋是很容易在活动过程中观察到的。学生与教师一起共同创造、从事具有挑战意义的实践活动，生成适宜学校实际情境的校本课程。教师在整个活动中是指导者、促进者的角色，关注学生们在活动中做了些什么，遇到了哪些问题，从而在学生"做"的过程中有针对性地引导，可以帮助学生搜集信息，指导学生开展活动，与学生一起讨论、共同研究他们遇到的困难。

教师们不断地实践着"在真正的共同体模式中，课堂上教师和学生同时专

---

① 郑弋：《Tiunguy 即"丰州"——对〈马可·波罗行记〉中一地名的考证》，载《历史教学》，2004 (2)

注一件伟大的事物"①的理念，同时不断地理解着"现实是共同联系的关系网，我们只有存在于这种共同联系中才能认识现实"②的深刻意义。

结语：以困难为朋友的心灵旅程

为实现教育宗旨而面对目前臃肿的学校课程体系进行综合课程革新的创造性实践，首先需要以困难为朋友的挑战勇气。现实中的学校和教师处于社会、家长、上级领导多方面高要求的中心点，这种要求在应试教育取向的评价体制中直接形成了对教师的种种问责。这种有形和无形的问责来自社会舆论到教育行政机关乃至学校管理层，最终都落到了教师的身上，使教师时时承受着"教出考高分的学生才是硬道理"的巨大压力，由此逐步形成了追着高考指挥棒教书，教师阅读的书籍也缩小到各种习题集等教辅材料，职业倦怠普遍蔓延。

简单地从知识获取的种类和数量的角度来看，综合实践活动课程是费时低效的，但从实际效果看，其课程价值又是持续影响力最大的。重要的原因之一就是该课程可以使学生成为整合与利用校外教育资源的主人，进而影响学生学习的内驱力。教师们感受到综合实践活动课程开设后学生们的变化。学生一旦成为整合与利用教育资源的主体，经历"做"课程的过程，就能更加主动地、有创造性地利用身边的教育资源，并使这些资源为他们的实践活动与学习服务。

当然，学生作为课程的主人，在开展活动时，还会不可避免地遇到自然与人为等因素造成的无奈感。因为活动中需要运用各种资源，有时只要有一到两个资源无法调用或遇到问题无法正常运转，学生们精心设计的活动就可能失败或实施得不完善，如天气原因或交通原因。但从另一角度看，这些对于学生而言也可以算得上具有"挫折回报"性质的校外教育资源，而学生这种无奈的体验本身就具有一定的教育价值。因为，这些无法调动的资源值得高

---

① ［美］帕克·帕尔默，吴国珍等译，杨秀玲审校：《教学勇气——漫步教师心灵》，117 页，上海，华东师范大学出版社，2005
② 同上书，96 页

中学生去思考更深层次的问题，即人与自然、社会的协调及社会的可持续发展等更深层次的实践与理论问题。

面对挑战与机遇并存的综合课程革新，有了与困难为朋友的积极心态后，如何在外部压力与教师发展之间及时地建立起缓冲地带，为教师们撑起相对能够自由发挥心灵智慧的一片蓝天，是学校课程领导关注的重点。在影响中学实施素质教育的诸多体制性障碍中，以应试取向的评价对教师问责成为学校层面实施素质教育的一大障碍，校长也同样是更高一层的被问责者。有人形容"学校不得不带着镣铐跳舞"，作为学校课程领导者，要促进有利于实现学生全面发展的综合课程实践，首要问题是从创新学校课程领导方式入手，营造一个良好的教育生态小环境；其次是实现教师专业的自主发展，最终实现学生的创新和实践能力的培养。

如果学校课程领导的方式完全是靠外部力量的规范进行，忽视教师内在心灵的力量，其后果是可怕的。我们可以观察到一些正在使教育管理成为纯外部事业的现象，把综合课程革新、做科研、上公开课作为不得不完成的任务，教师们不再看引人深思的书，不再主动进行综合课程设计、实施与评价上的创新，提不出独到见解。相反，教师们手里有着各式各样的教学参考书，把知识灌输到学生头脑中成为教师工作的唯一目的，教学中少了几分感动，多了几份职业倦怠。另外，在学校教育管理方式上过分注重以分数为衡量的教学结果，这种工业标准化时代的僵化带给教师的负担是沉重的，它直接导致教师不能自主地追求专业发展。更可怕的是，这样教出来的学生在离开学校后，也不想读发人深省的书，更不能提出有独创性的见解。

在团队合作中引出教师的心灵智慧，是战胜上述客观障碍的重要通道。一位教师在谈到她的工作团队——教研组时，仿佛自言自语地诉说"我永远都庆幸自己有一个温暖的大家庭，在我们的组里有无限的关怀与帮助、理解和信任。这里不仅有为了我们发展进步贡献自己智慧的同事，有认真勤奋和大度宽容的同事，还有聪颖助人的同事"。她对自己的职业（包括了学生、学科、综合课程、同事等）的认识与理解其实每位老师内心都感同身受，合作学习的文化进一步强化引出教师心灵智慧的文化。如果缺乏这种自如合作学习交流的氛围，成功、喜悦、挫折、反复曲折的过程没有机会说出来与人分享，内在的智慧就可能被淹没在每天繁忙的工作中，也无力应对综合课程革新的挑战，剩下的是缺乏自我内部力量的"应付差事与完成工作"。可见，综合课程创新实践的真正障碍，是教师尚未发现自己潜在的心灵智慧的能量，是绝对客观主义思维方式的屏障，如果不通过唤醒自我的真实力量改变思维方式自我更新，试图从教师自我内部引发智慧内核的教育是不会存在的，追求用真理启迪生命的综合课程创新实践在现实中也不会存在。

综合课程创新实践能够在促进教师专业成长中提升职业幸福感。当听到教师这样的感言："我最喜欢自己选择的职业，喜欢开学走进教室看到学生们脸上的笑容和信任，喜欢拿到新书、新资料和同事们备课的感觉……孩子们眼中的期待和信任真的让我震撼，没有什么比这更让我难忘！同时我也更清楚自己要为什么而做好每一天。"你就会感到没有什么可以阻拦教师的创造性实践。

优秀的综合课程革新实践就是这样，它可以帮助教师在合作中编织滋养心灵的生命网络，找到自己内心的"心灵导师"，通过综合课程的创新平台成为真正的人师，凸显综合课程的魅力与学生的生命进行深层的互动，从而获得真正意义上的专业发展。因为不进入心灵领域的综合课程实践不是真正意义上的教育。只有听从内心心灵导师的指引，充分释放出心灵的能量，崇尚教师智慧，综合课程创新实践才会焕发出生命的活力！

大道无涯，愿得智慧真明了！

[个案学校的启迪]

综合课程在学校现实环境中的实施，已经成了我国新课程改革关注的焦点。首师大附中和许多优秀学校一样，以其自身的创造性实践过程证明了综合课程在学校教育中的价值和可行性。其最深刻的启迪在于，只有让综合课程充溢教师的教育智慧，才能够激起师生的原创活力；只有激励教师内在的自主专业追求，营造尊重师生心灵能量的良好学习氛围，才真正能够借综合课程的创新平台，放飞师生心灵智慧，获得让人性达到极致境界的整合性教育体验。

个案学校整体协调多样创新促教师专业成长的综合课程实践历程，更深刻的启迪还在于，学校作为追求优质教育进行综合课程创新实践的基本细胞，对于更新学校文化、维持教育生态环境平衡、让教育返璞归真具有重要意义。我们可以用"沙漠当中的沙棘丛林绿洲"这个影像来诠释其深层意义。

在这里，沙漠象征一种生态失衡的危机，在这个生态失衡的危机环境中，只有极端耐严寒、耐酷暑、耐干旱的，对所有严峻危机都有非常强的抵抗力的沙棘，以其顽强的内在坚韧品质在沙漠中扎根繁衍。当单棵沙棘树繁衍成沙棘丛林，就有更强大的生命力抵抗恶劣的环境，沙棘丛林就可望变成一块绿洲。这小块绿洲增多了，才可望连片发展成大绿洲。当绿洲的不断扩大和改良沙漠生态环境之间达到良性循环，才可望让原来严重失衡的生态状态慢慢恢复平衡，绿洲大地才不仅仅只可以生长内在生命力极强的沙棘丛林，而且是催生万物生机蓬勃地成长的百花园。

当现代教育系统因为种种功利驱动和科层管理导致生态失衡的情况下，尽管我们有具有顽强生命力的沙棘树，但是单棵树再强健，也难以抗衡绿洲逐渐退化成沙漠的危机，促进沙棘丛林生长成小片绿洲还需要支持条件。在教育失衡状况下，提升教师的内心力量，使得师生具有沙棘一样的强劲生命力量只是极其重要的必要支点，还亟须在学校发育更强有力的沙棘丛林扶持单棵沙棘树。而学校作为一个组织细胞，营造相互交流学习的文化、学校内部发育自在的学习空间，是扭转只让单棵生命力极强的沙棘树在恶劣环境中抗衡存活局面的绿色通道。因此，任何教育改革理念，包括综合课程改革理念，都要首先把学校再生成"沙漠当中的沙棘丛林绿洲"，建设一种绿色校园文化，才能够给学校注入把"沙棘丛林绿洲"小片连大片的活力，才能把综合课程革新纳入会聚教育绿洲推动整个教育生态平衡的正常轨道，让任何有潜质的生命都得到良好发展，从而真正实现我们的教育理念。

第六章 综合课程评价

第一节　综合课程评价的内涵

一、课程评价含义的变化

课程评价与教育评价一样，从传统到现代，都首先视评价为一种权威的判断。"课程评价是对课程进行价值判断，也即对课程进行系统描述和优劣程度的判断。"[①]如上级机构对学校课程实施的实地调查或评价，行政当局对课程计划的审核、对学业成绩的统考等。这一内涵，一直延伸到现在，只是在特定时期特定背景下所强调的程度不同。

台湾地区学者黄政杰在综述许多学者观点的基础上，阐述评价内涵变化的阶段。

第一阶段（1930年以前）将评价与测验（measurement）和测量（testing）等同，评价等于标准化测验的实施，然后比较组间的差别。代表人物桑代克，认为评价一词与测量密切相关，优良的测验技术提供了优良评价的基础，同时也包含了非正式的和直觉的价值判断。

第二阶段（1935—1957年）认为评价的本质是"描述"（description）目标与表现之间的一致性。使用发展中的方案作为主要评估活动，关心高层次认知目标和情感目标，理解到以

---

① 钟启泉编著：《现代课程论》，348页，上海，上海教育出版社，1989

其他团体或常模作为比较依据的不足，认为评价是一种目标与表现之间一致程度的确认过程，提出形成性评价的重要意义。代表人物是泰勒和布卢姆（B. Bloom）。

第三阶段（1957—1967 年）认为评价本质上是"判断"（judgment），即判断阶段，将评价视为价值判断的过程。不同的代表人物从不同的角度评判，如艾斯纳关注课程选择的集中点、复杂性和综合性的价值评估，斯克瑞文（M. Scriven）的不受目标约束、强调课程方案整体效果的评价立场和史铁克（R. Stake）关注先在因素、交流因素和教育结果及每一阶段意图和观察之间的符合性的外貌模式等。比较突出的有斯塔弗尔比姆（D. Stufflebeam）包罗万象的背景、输入、过程、产品（CIPP）评价模式，把课程评价重心转到了为课程改革决策提供信息基础方面。[1]

第四阶段（近 40 年）提出阐释性评价，认为评价在本质上是一种通过协商而达成的心理建构过程，评价应坚持价值多元性，反对管理主义倾向，淡化评价的权威判断，倾向于视评价为评价者与被评价者民主协商、主体参与，共同建构意义，评价与教和学的过程融为一体，旨在促进发展。[2]

可见，当代评价理念，淡化评价的权威判断功能，增强评价的激励功能。主张评价者与被评价者民主平等对话，师生主体参与评价，在评价中共同建构意义，促进和激励发展。课程评价也包括过程评价和结构评价，被视为是在民主协商中突出评价对参与者的激励功能，把课程评价与教学融为一体，同时收集和提供课程计划、课程活动、课程实施成果的证据，判断其意义价值和研究其改善方法，为课程决策提供信息基础。这是一种比较理想的评价理念。

二、现实中的综合课程评价"瓶颈"

由于现实教育系统受到复杂的社会系统方方面面的影响，特别是教育系统肩负着为社会选拔人才的重任，因此，评价的权威判断作用依然会客观上存在不可回避。作为课程评价重要部分的教学评价的功能，也一般包括诊断、

---

① 参考黄政杰：《课程评鉴》，14～22 页，台北，师大书苑，1987
② *Illuminative Evaluation in Action：An Illustration of the Concept of Progressive Focusing.* by Garry Dearden, Diana Laurillard, *Research Intelligence*，1977，3(2)：3～7

促进掌握、辅导、预测、分等、筛选几个方面。但是，当评价的权威判断性与教育集权管理体制连为一体时，很容易在分等、筛选方面发挥极端的作用。

这种极端作用表现在，学历化社会赋予人才选拔强大的功利性和竞争性特征，使得教育系统承担的为社会培养人才和为社会选拔人才的双重功能之间出现日益尖锐的矛盾，集中表现在终结性评价标准和手段还不能够完全正面促进（有时甚至妨碍）教育宗旨的实现。这主要是因为选拔人才目前还摆脱不了因循传统的纸笔测验的方式，而纸笔测验擅长考查的主要是一定范围内的学术性知识与能力。于是，评价的人才选拔功能驱使学生在纸笔测验预设的课程跑道上竭尽全力跑快跑标准，致使教师源自心灵的教学探索受缚，学生自主学习创造的空间萎缩。

相比于学科课程，综合课程革新更具有开放性、复杂性和丰富性，在追求实现其宗旨理念的过程中与标准化评价的反差更大，容易因为不能够直接满足终结性评价需求而被漠视，这些成为阻碍综合课程革新的现实瓶颈。有关文献指出，综合课程的实验已经在很多实验区开展，由于受考试文化根深蒂固的影响，教师把考试成绩作为参与课改的主要回报，而与课程改革相配套的评价方案迟迟不出台，使得习惯于以考试指挥教学的领导和教师对课改充满不确定感。又由于综合课程的评价思路与以往有很多不一样的地方，教师们更多地承受着新的评价理念与旧的评价方式间的不确定带给他们的焦虑。有的教师备课备分科、综合两套教材，做两手准备，以免将来学生考试时"吃亏"。因而，逐渐产生了"不行（综合课程）得赶紧停"的想法不足为怪。这样的心理状态显然不利于综合课程革新实践。[①] 正如有学者指出的，"在某种意义上，我们可以这样说，能否建立起一套适合素质教育发展需要、符合新课程改革基本理念的评价和考试制度，是关系到这次课程改革能否沿着预定方向发展并取得较大成效的关键因素之一"[②]。

三、突出综合课程评价的激励性功能

与课程改革相配套的评价方案不可能像课程标准那样快速出台，配套的

① 刘宇：《初中综合课程实施现状及策略研究》，载《课程·教材·教法》，2002(11)
② 周卫勇：《走向发展性课程评价》，1页，北京，北京大学出版社，2002

评价方案更需要长期的基础扎实的研究。在一定程度上，没有综合课程的革新实践，就不可能形成与综合课程革新计划配套的评价方案，成熟的评价方案一定要在长期的实践摸索中形成。因此，对于所设计实施的综合课程与高考的关系不明朗的问题，我们既不能够期望离开综合课程实践探索从天上掉下成熟的终结性评价标准，也不能够因为综合课程理念不容易被现行终结性评价所衡量而放弃。综合课程实践中学生获得的整合性经验和综合运用跨学科知识解决问题的能力，是为了学生自身持续成长的，是可以作为目的本身的体验。因此，唯一的正确选择是，跳出高考指挥棒的漩涡，不为考试功名拖住，实实在在把握综合课程实践的当下体验，在过程中拥有清风明月的心境，活泼灵动的潇洒，介入其中的师生就一定能获得远比外在功名丰厚的多的内在精神回报。而且，如果持之以恒，也必定是功利性竞争中的最后赢家。

因此，综合课程的评价与评价的现代理念更一致，其本质更应该突出过程的激励功能，更关注把评价作为激励参与者的重要有机组成部分。评价要探究与诠释多样性的教育实践、参与者的经验、组织的程序及管理上的问题，特别关注参与课程实施者的兴趣、问题，以及需求，评价方法对使用者可认知且具有实用性。

综合课程评价突出的激励功能表现为，采用各种方式在过程中发出的评价判断信息都是为了激励参与者极大地激活思维创造力，促进获得整合的经验和提升综合解决问题的能力。换言之，综合课程的评价主要是为了实现激励的目的，因而，应该把综合课程的设计、实施过程和评价融为一体理解，要求评价被内化为促进综合课程教学的有机组成部分。

四、综合课程评价的内涵

有学者从生态主义观的立场把综合课程评价定义为：为促使学生全面、和谐发展，教师、学生以及其他工作人员以生态主义理论为指导对综合课程整体系统以及各个组成部分进行的价值判断活动。[1]

有学者从课程评价将对哪些方面进行价值判断来界定其概念，认为课程

---

① 王牧华、靳玉乐：《综合课程研究的生态主义观》，见林智中、张善培、王建军、郭懿芬编：《课程统整——第四届海峡两岸课程理论研讨会论文集》，香港，2002

评价的焦点或目标可能包括课程需要和（或）学生需要，课程设计、教学过程、在教学中使用的教材、学生成果目标、通过课程实施过程学生取得的进步、教师有效性、学习环境、课程政策、资料分配以及教学成果等内容。[①]

要界定综合课程评价的内涵，确实需要关注上述涉及的课程评价的重要方面。同时，还要把握评价理念的现代发展脉络，体现本书阐述的、无形的经验整合境胜有形的内容整合载体的综合课程理念，直面综合课程评价的特定现实困境，突出其独特的激励功能，挖掘能够赋予综合课程革新活力的深层评价理念。

综合课程评价概念要融入我国《基础教育课程改革纲要》中阐述的新课程评价理念，即改变课程评价过分强调甄别和选拔的功能，发挥评价促进学生发展、教师提高和改进教学实践的功能。……建立促进学生全面发展的评价体系。发现和发展学生多方面的潜能，了解学生在发展中的需求，帮助学生认识自我，建立自信，……同时通过课程评价促进教师对自己教学行为的分析与反思，建立教师自评为主，从多渠道获取信息，校长、教师、学生、家长共同参与的评价制度。

综合课程评价内涵的把握更要考虑综合课程本身的特点。综合课程提供了考察世界的整体观念，接近现实生活，易于达成学校与社会的联系，校内学习与校外学习的统一；综合课程的知识容量大、联系性强，形式灵活，易于随时调整知识内容；综合课程提供多学科的方法和视野，易于激发整体"顿悟"，有助于培养学生运用相关学科知识综合解决问题的能力，提供更大的发挥想象力和创造力的空间；综合课程更适合开展师生共同参与的探究活动，增强学生学习的积极性与自主性。[②]

综上，本书从结果和过程两个方面对综合课程评价进行界定。综合课程评价不仅是指系统收集反映综合课程设计质量、实施状况和达成成果的信息，参照课程的宗旨目标进行价值判断，为进一步改进提供信息基础的活动，而且是作为综合课程教学的有机组成部分，通过过程中师生的良性互动和活动

---

① ［瑞典］胡森主编，江山野主编译：《简明教育百科全书·课程》，168页，北京，教育科学出版社，1991
② 上海师大教科所，上海市实验学校"高中课程综合化"课题组：《课程综合化研究述评》，载《中小学教育》，1996(9)：35～38

成功的内在奖赏，持续激励参与者的参与动机、探究思考、主动建构、问题解决、互动合作，自我成长的过程。

第二节 综合课程评价参照系

在阐述了综合课程评价的基本内涵后，本节接下来要探讨的主要问题是应该依据什么进行评价。首先，要参照有关的评价理论模式，从中吸取营养；其次，要根据综合课程评价的独特本质、特定需要、设计原理等，初步建构有待完善的评价参照视框。

一、综合课程评价模式

现代评价之父泰勒的评价思想中，除了提倡明确的目标参照，也强调采用多种途径获取评价证据。"评价过程实质上是一个确定课程与教学计划实际达到教育目标的程度的过程。……是一个确定实际发生的行为变化的程度的过程。"[①]在连续不断的课程重新设计与编制的过程中，评价要成为澄清教育目标的手段。同时也提出，要采取多种途径(包括观察、谈话、问卷、收集作业资料等，并不仅仅靠纸笔测验)来获取任何有效的评价证据。此后的有关评价理论的发展，基本上都是在如何以目标为参照和如何广泛收集评价证据这两个方面深入。

布卢姆完全接受泰勒的影响，认为："评价仍然是系统收集证据用以确定学习者实际上是否发生某些变化，确定学生个体变化的数量或程度。"[②] 他的贡献在于，认为相应于学习者、课程编制与教学过程及学习成果三方面，应该由诊断性评价、形成性评价和终结性评价构成评价系统。其中形成性评价对综合课程评价具有重要启发意义。

Stake 的课程差异评鉴模式(1967)显然是追随泰勒的目标参照思路，从预期因素与可观察因素的比较角度进行课程评价，需要广泛收集预期事前因素、预期执行因素和预期结果；可观察事前因素、可观察执行因素和可观察

---

① [美]泰勒：《课程与教学的基本原理》，78～80 页，北京，人民教育出版社，1994
② B.S. 布卢姆等，邱渊等译：《教育评价》，6 页，上海，华东师范大学出版社，1986

结果；把这两者之间进行比较。这种差距模式使得收集评价证据的范围更清晰。

斯塔弗尔比姆(D. Stufflebeam)在这两个方面都更发展了一步，认为任何评价都必须包括三个步骤：描述收集必要信息的框架范围，获得信息，把信息提供给感兴趣的团体。他更认为作为连续不断的过程的评价包含关系评价、输入评价、过程评价、产品评价，也即著名的 CIPP（Context，Input，Process，Product)评价模式，认为在评价工作中有四种决策类型相应需要这四种类型的评价提供信息基础。它们的对应关系及各自的目的和方法如下。

规划决策需要关系评价提供信息基础。目的就是要提供一种适合于目标决策的理论基础，是为了详述现存的背景关系，决定当前的需要和机会，诊断在这些需求后面潜伏的问题。其方法是描述背景关系，把实际的和有意的输入与输出相比较，收集资料，把所料想的和可能的系统操作进行比较，判断为什么存在某种缺陷。在关系评价收集信息的基础上进行规划决策，以决定应提供的背景，必须强调的目标以及必须考虑的特别的具体目标。

结构决策需要输入评价提供信息基础。输入评价涉及提供信息以决定怎么样利用资源去适应大纲的目标。其目的是辨别和评估学校系统的能力、输入策略的态度，以及适合于实施策略的各种设计。其方法是描述和分析可获得的人、物资源，解决问题的策略和遵照所建议的行动过程而进行的系统设计。相对于关系评价，输入评价是特定的和微观的，而不是系统的和宏观的，它是按照关系评价中达到的结论使之付诸行动，它评价的是课程计划的特定过程或特定方面。在输入评价收集信息的基础上，可以决定要求什么样的资源支持，何种解决问题的策略是合适的，什么样的程序设计开始发生所要求的变化。

实施决策需要过程评价提供信息基础。过程评价强调控制和管理计划或大纲的实施决策，它用来决定计划与实际行动之间的协调。其实现目的的策略有三：分辨和指出程序设计或实施计划中的缺陷，分辨出规划失败的原因；关注所选择的特定内容，所计划的教学策略及计划活动中的时间分配；通过对实施提出警告，发现潜在的程序障碍，收集克服程序障碍所需要的信息，以保证计划与实施一致。

再循环决策需要产品评价提供信息基础。产品评价涉及收集资料，以决定最后的课程产品是否完成了他们的期望，在什么程度上达到了已确定的目标。其方法是详述可操作的联系与目标的测量标准，把表现出的结果与预定的标准相比较，联系前三种评价解释所有的结果，在收集上述信息的基础上，决定是否继续，中止或修改新的课程。①

当然，这一宏观而综合的 CIPP 评价模式更适合于警示重要的课程改革决策不要在低信息基础上决定，而提倡一种自动平衡的变化，即在大量信息基础上的小变化，这对宏观层面的课程决策很有启发。对综合课程而言，这一模式直接的启迪在于如何从更广泛的视野收集评价的信息依据，以便为进一步的综合课程改进提供信息基础。值得关注的是，在这些评价模式中，有关更加贴近综合课程评价需要的、对于发挥过程中的激励功能起到非常重要作用的因素，则是较少顾及的。

有学者指出过程评价的困难。评鉴课程的其中一个方法，就是评核学生的学习成果。这为评鉴工作提供了有用的资讯，但却不足够。因为很难用测验去证明学生的学习成果或是其他因素所导致(如学生先前所学习的或其能力水平)；很难确定课程哪一部分是有效或没有效的；很多课程的目的都着重学习的过程，要测验这些目的，也是非常困难的；考核测验只能告诉我们，学生在特定的时间里表现如何，但却不能告诉我们，学生的理解及技能，进步了多少。②

M. Parlett 和 Hamilton 在 1972 年提出的启迪性评价(Illuminative evaluation，也译为阐明性评价)比较适合综合课程评价。这是一种采用人类学的研究与方法对评价的探讨，其目的是发现在特定情境中对参与者具有重要意义的因素和问题，试图按照知识、技能、态度学习的有关理论与信念，在相互启迪中进行一种新的学习实践。强调评价要探究与诠释多样性的教育实践、参与者的经验、组织的程序和管理上的问题，其评价特别关注参与课程实施

---

① A. C. Ornsten &F. P. Hunkins. *Curriculum*：*Foundation*，*Principles*，*and Issues*，prentice hall，Englewood Cliffs & New Jerey，261～269
② ［美］莫礼时：《香港学校课程的探讨》，81 页，香港，香港大学出版社，1996

者的兴趣、问题以及需求，以及参与者相互之间的询问和启迪。①

对于综合课程评价，除了要吸取一般所关注的、目标参照和多种途径收集证据提供判断的依据以外，还更多需要关注过程中对于激励或妨碍参与者的动机态度、探究思考、主动建构、问题解决、互动合作、自我监控等方面的重要因素，捕捉那灵动而感人的心灵碰撞火花，尊重参与过程中的入迷、兴奋等极致体验，把握动态生成的新颖见解，鼓励刨根究底的质疑。可见，启迪性评价的理念和思路对综合课程评价有更直接的借鉴意义。请看以下案例。

激励高中生涉入职业生涯选择②

北京理工大学附中副校长 高淑英

在引导高中生进行人生规划的过程中，学校开设了《人生规划课》。我在指导学生做自己未来的职业规划时，发现很多学生喜欢学经济，做管理，就想开设一门选修课，给学生搭建体验职业、培养职业能力的平台。这种平台其实对学生感受职业、体验成长非常有意义。它是对孩子的一种激励，也是为他们提供一个展示的机会。正好这时有 JA 国际青年成就组织（中国），为了培养在校高中生的商业技能和综合素质，对学生未来的专业选择和个人发展做出指导，想在北京中学里开设《JA 学生公司》等课程，授课者是企业中成功的志愿者，他们用自己亲身的感受给学生介绍公司运营等商业知识，传递与职业息息相关的技能，使学生在全球经济中更具竞争力。这是一个非常好的资源，我们很快找到他们并得到大力支持，2008 年 9 月他们给学生开设了《JA 经济学》和《JA 学生公司》两门选修课。

《JA 学生公司》选修课的计划一公布，学生非常感兴趣，有 76 个学生报名，但是只能容纳 36 人。我们从报名的学生根据他们的职业倾向确定了 36 个同学，他们 6 人一组，组成 6 个公司，每个公司里有董事长、财务经理、

---

① *Illuminative Evaluation in Action*: *An Illustration of the Concept of Progressive Focusing.* by Garry Dearden, Diana Laurillard, *Research Intelligence*, 1977, 3(2): 3~7

② 引自吴国珍主持的北京市教育科学规划办"十一五"2007 年度重点课题"引发新教师心灵智慧的叙事探究"课题组 2010 年 10 月 30 日在北京四十四中学举办的聚焦"魅力课堂"和"中小学心理危机干预"的跨校教师叙事探究活动高淑英副校长的叙事素材，其小组聚焦的话题是"激励性评价促进学与教"，研究生顾和爱录音整理，吴国珍选摘，高淑英修改

质量部经理、企划部经理等分工，教师指导学生进行企业运营中的组建公司，制订商业计划，进行公司运营等内容的学习。第二年是公司的实际运作，学校为了支持学生的体验活动，同意他们的公司可以在学校规定的时间和范围进行运营，并把这种活动视为学生生动、活泼、主动发展的一个方式，能培养学生创新意识和分析信息、制订计划、做决策、团队合作、沟通协调等能力。

6个公司都设计了他们企业的规划，有两个公司运营起来了。其中有一个叫"Wonderful Life"的公司，运营得非常好，他们经营的产品是为学生缓解压力的一些小工艺品，学校在元旦嘉年华的活动中允许他们销售，他们非常有能力，说服了组织活动的老师和学生会，新年游艺活动的奖品也让他们公司供货，赢利了400多元。

后来，这6个组的同学参加"2009 JA全国中学生创业计划大赛"的预赛，有两个组进入决赛。"Wonderful Life"公司这一组被评为全国第二名，另一个组没有选上。落选的那个组很郁闷，特别想知道为什么他们没有被选上，一直追着老师问。我参加了他们参赛的全过程，发自内心地为他们的创意能力、参与精神、团队合作精神和竞争意识以及执着的追求精神所感动。但也明显感到，他们的表达能力，在公众面前的自信心以及肢体语言等方面的差距还是非常大的，特别是耐挫折的能力还很差。

开学后，落选的这一组非常执着地要进行运营，学校同意他们再体验。他们把赢利的部分每个人分得25块钱薪酬，剩下的做爱心基金项目。在这个过程中我们发现学生在变化，最近又开始招兵买马了，可见在体验的过程中学生受到了一种激励。孩子们通过这样一种锻炼，学会思考，学会抗挫折，他们在成长。

今年6月份，海淀区人生规划现场会在我们学校召开，主题是"多彩人生从规划开始"，从筹备这个会开始，我就想这次活动一定要让学生展示，通过学生们的体会来介绍我们学校是怎样引导学生规划人生的。我们选了几个类型的学生组，其中就选了"Wonderful Life"公司。我们非常想让他们在参加这次活动中提升能力。于是先让他们看全国比赛时自己的录像，他们看的时候甚至把眼睛捂上不敢看，说太丑了。实际只是人家一问问题他们就紧张了，就是缺乏锻炼。然后，问他们：你们还可以做什么？怎样做？这回，学生非常清楚自己的差距和不足，他们全部脱稿反复修改商业计划，训练表达能力，我们的一位年轻老师配合他们去练。开会的那一天，我真的非常自豪，才相隔几个月，学生呈现出来的气质、风度，包括对公司的理解，与上次比赛时完全不同了，我觉得他们已经进入了一个很深的层次。那天我也介绍了学校的工作，会议结束后，记者没有围着我，而是一下子就把学生围住了，向他们提出了很多问题，还跟他们交换联系方式，孩子们特别高兴，很自信，很骄傲，体验到了成功的感受。一位记者采访到"公司的董事长"，问她为什么选这样的课程，做这样的工作，她说："我的人生目标就是做一个优秀的人力资源经理。我通过学习和亲身体验公司运营的过程，对这个工作有了更深的了解，同时，我也体会到创业的艰难，体会到在创业过程需要人的很多能力和素质，还需要很多知识的储备，而所有这一切的完成必须通过大学高等教育的学习才能得到更好的提升。""我现在当务之急是要把学习搞好，在学习过程中培养能力，才能实现我的人生目标"。这些学生刚入校的时候并不是十分优秀的孩子，他们就是普通的学生，而在普通的孩子里面，他们有很大的潜能，那么我们在做教育或者管理的过程中，给他们搭建适合他们成长的平台，让他们在这个过程中去体验，主动去寻求一种解决问题的方法，体验过程中的激励作用其实是非常大的。

如果只用学习成绩衡量学生，极为优秀的孩子可能最多也就占20%，大部分学生处于中间，但不管什么样的孩子，他们都有非常大的潜力。我觉得为学生初步涉入职业生涯搭建一个平台，他就能够把握这个机会很好地发展，尤其是能提升学习的内在动机。老师需要做的是及时地引领点拨，启发激励。而学生互相的影响和教育的力量更是往往超出我们的期望值。

上述案例强有力地说明，正因为综合课程实践的动态过程是评价关注的重点，那么，评价的主体必定主要是参与的教师和学生，这种评价往往是自然发生的，是与整个综合课程实践融为一体的，是参与者的自我监控、自我肯定、确定意义的过程，也是合作者之间自然发生的相互激励启迪的过程。这种过程中自然而然发挥的激励功能，对于实现综合课程理念、达到综合课程预期目标具有重要意义。

正如学者马云鹏等对我国综合课程评价实践的总结。关于综合课程的评价，已经形成了比较一致的看法，如评价主体多元化，不只是教师和学校管理者，还包括家长、学生自己等，都参与到课程评价中来。评价目的由注重选拔向注重发展转变，由把学生分为三六九等向真正检验课程实施情况、为改进教学提供建议、反映学生发展情况上转变。评价重点由片面强调认知发展水平，向从认知、情感、意志、态度和价值观等方面进行全方位的评价。评价方法由单一的书面测试向连续观察与面谈、实践活动评价、个人成长记录袋、书面测试等多种方法相结合转变。[①]

二、建构综合课程评价参照视框

建构综合课程评价参照视框，需要考虑和彰显综合课程的本质，同时吸纳上述各种评价理论的合理内核，还要回应综合课程评价实践中的现实问题。

有学者注意到，我国目前的综合实践活动课程强调过程和体验，而对学生发展的实际程度和问题解决基本能力的评价关注不够，缺乏具体的评价指标，评价过程比较随意。所谓"评价主体多元"也在实施中缺乏充足的条件支撑。初中综合实践活动中锻炼的综合素质如何进入中考，是困扰中小学校长和教师的突出问题。如果综合实践活动课程学生发展评价的具体指标体系或评价要点、评价制度、评价机构不落实，那就难以为综合实践活动课程的实施提供有力的政策支持和技术支撑。有人主张将具体的综合实践活动课程的目标具体化，研制综合实践活动课程中学生发展评价的指标体系，包括体验性目标、过程性目标、情感态度价值观目标。有人提议形成性评价以学生自评和互评为基础，在多方收集评价证据的基础上对学生发展进行综合素质的等级评价，初中生的升学依据包括学科考试的总成绩和综合素质评价等级。[②]

这些思考对综合课程评价很有启发，建立综合课程评价的具体指标体系和把形成性评价等级作为终结性选拔评价的参考，其主观愿望是良好的，但是问题也是显然存在的。例如，具体评价指标的另一面也潜伏着僵化机械套用的危机，与综合课程的本质和特点有较大的冲突。本书认为，综合课程评

---

① 马云鹏、刘宇：《综合课程实施中的问题与对策》，见林智中、张善培、王建军、郭懿芬编：《课程统整——第四届海峡两岸课程理论研讨会论文集》，香港，2002
② 郭元祥：《综合实践活动课程的评价问题》，华大基础教育网，2005-04-26

价能够接受的是某种比较弹性灵活的目标或评价参照视框的引导，过程和结果是同等重要的。此外，形成性评价等级作为终结性选拔参考涉及方方面面复杂因素的影响，对此如果缺乏长期的基础扎实的探索性研究，是不可能主观推导出什么锦囊妙计的。因而，本章有关综合课程评价问题的探讨，不准备纳入对终结性选拔性评价的讨论，暂时扔掉这烫手的山芋，重点关注能够提供给教师和学生作为自评互评综合课程的参考框架。建构综合课程评价的参照视框首先要充分考虑以下几点。

宗旨目的为直接参照。评价直指以综合课程的宗旨目的为参照的价值判断，学生是否获得了多层次丰富的整合性经验，是否锻炼了综合解决问题的能力，是否在过程中激活了思维和内发乐趣，是否极大发挥了学生创造潜力，这些都是首先需要考察衡量的。换言之，学生在综合课程实践中获得的整合性经验和综合解决问题能力的提升，比综合运用了多少门学科的知识，是否打破或消解了学科界限更重要，也比在过程中是否完全按照具体目标预设的标准进行更重要。

重激励促改进。综合课程评价的主要功能是对综合课程实践过程的激励和改进。激励是合作参与者良性互动中自然产生的，是活动进程中成功喜悦的内在奖赏。改进也更多产生于活动过程中的自我监控和自我调整，而不仅仅局限于通常认为的对结果的反思和对今后革新实践的改进。

过程与结果并重。综合课程实施中参与者自然发生的，相互鼓励的信息及成功的喜悦所产生的内在激励作用，与综合课程实践获得的优秀成果，对这两者要给予同等地位的价值判断，并且要相信享受过程更可能获得理想的结果。

评价标准弹性灵活。由于综合课程的开放性、复杂性和不确定性，虽然在综合设计中要有清晰的目标作为操作指引，但是更欢迎许多出其不意的惊喜和意外收获，因而评价标准是弹性灵活的，开放地接纳游离于目标之外的收获。

尊重感动人我的体验。综合课程是否真正促进了学生和谐的人格和综合能力的发展，是否真正促进了教师的专业成长，很大程度由过程中发生的真正感动自己和他人的体验为衡量。因此，参与综合课程实践的教师和学生是真正的评价主体，要绝对尊重参与主体感动人我的真实体验。而且要相信，综合课程理念的真正实现确实需要以过程中内心世界的深层触动为奠基。

基于上述几点考虑，本书对综合课程设计方案、综合课程实施过程、综合课程实施结果，根据综合课程设计原理和实施原则，从"超越期望""达到期望""接近期望"和"需要改进"四个维度，建构综合课程评价参照视框。如表6-1所示。

表 6-1 综合课程评价参照视框

评价维度 评价范围	超越期望	达到期望	接近期望	需要改进
综合课程设计方案	宗旨有重要价值 目标清晰可操作 组织中心强统摄 活动令人兴奋 情境引人入胜 任务适中具挑战性 各环节有机衔接	宗旨有价值 目标可操作 组织中心可统摄 活动有趣 情境有吸引力 任务难易适中 各环节衔接自然	宗旨有一定价值 目标尚可操作 组织中心可联系 活动比较有趣 情境较吸引人 任务可接受 各环节有过渡	宗旨价值有限 目标不清晰 组织中心弱联系 活动不太有趣 情境少吸引力 任务或难或易 各环节联系松散
综合课程实施过程	体验极致境界 思维高度激活 入迷忘情投入 建构生成丰富 意外惊喜不断 实践操作自如 群策群力多智慧	整合性经验丰富 思维活跃 兴趣浓厚 主动建构生成 有意外收获 实践操作熟练 良性合作互动	获整合性经验 思维比较活跃 有兴趣 有建构生成 较少意外收获 实践操作较熟练 有合作互动	少整合性经验 思维不太活跃 感到无趣 缺少建构生成 没有意外收获 实践操作较生疏 较少合作互动
综合课程实施结果	圆满实现理念 达成和超出目标 意犹未尽不过瘾 心境如清风明月 记忆刻骨铭心	实现了课程理念 达成了目标 非常想继续探索 有成功的快乐 拥有感人的回忆	基本实现理念 多数目标达成 愿意继续探索 较满意现有成就 回味过程有收获	没有实现理念 只达成部分目标 不愿继续探索 不满意现有成就 不愿意再回味

表6-1提供的综合课程评价视框，显然是非常关注参与者的过程体验，同时也重视预期目标的参照和结果评价。由于综合课程是高度开放丰富不确定的，在应用该视框进行自评互评中要注意以下几点。

首先，在设计和结果两环节，综合课程的宗旨（或理念、价值）和目标是任何特定具体的综合课程评价中首先要衡量的。而且要注意,虽然综合课程设计清晰描述的目标和操作指导性,很大程度决定了自评互评者是否能够充分感知和理解达到的成就水平,但实现综合课程的理念宗旨和达成目标如果没有出现逻辑上假设的一致,甚至现实中两者出现冲突,那么,目标一定让位于宗旨。

其次,对于设计、过程、结果三个环节中所列举的所有项目,除了与宗旨和目标及组织中心有关的项目之外,在评价中并非所有的项目都给予同等分量的考察。因为不同的综合课程有自己的关注重点和特色亮点,各自可以忽略的某些项目不用衡量。在特定情况下,也可以依据宗旨和考虑特定需要相应增减表格中列举的评价项目。一般而言,所有考虑需要评核的项目的累计评价成绩总和,能够大致衡量综合课程实现理念的程度。

最后,在对某个具体的综合课程评价之前,可以先尝试选择特定的综合课程设计、过程和结果中的具体内容,嵌入到上述提供的评价视框中的有关项目中,用鲜活具体的内容作为需要评价的项目中心词的定语。这样,有利于确定该综合课程处于"超越期望""达到期望""接近期望"和"需要改进"这四个维度中的位置,也为根据特定课程特点决定增减评价项目提供必要的具体参考。

三、综合课程评价中的师生主动参与

上述综合课程评价参照视框的意义在于,一是为评定综合课程实践过程的质量服务;二是为了内在激励的日的;三是为参与者自我诊断差距、明确努力的方向提供参考;四是潜在地倡导教师不是为了获得外在的权威判断,而是出于内在的专业成长需求进行综合课程革新尝试。这些,与本书阐述的无形的经验整合境界胜有形的内容整合载体这一基本观点内在吻合,其重心是鼓励师生主体参与,把综合课程的理念渗透到课堂教学中。

随着终身学习理念的提出和实践,评价促成的自我反思将成为人的终身学习和可持续发展的过程。学会评价将成为学会学习的一部分,发展评价能力成为人生必备的要求。评价的性质和功能因此增加了新的含义,评价不仅是对学生学习效果与成绩的确认,不仅是诊断和改进学习的途径,还成为学校教育的一项目标。让学生经历评价的过程是实现学校教育目标的重要手段

之一。

同时，由于评价能力的形成和发展带有很强的实践性，只了解评价的知识远远不够，必须通过评价的实践才可能真正学会评价。评价的过程不仅包括学校外部的和教师的评价，还包括学生相互之间和学生自己对自己的评价。评价在确认学习质量、理念导向和学会评价三个方面的功能都受到高度重视，要求评价过程与教学过程的交叉和融合，评价主体与客体互动整合。

综合课程评价中确认学习质量、理念导向和学会评价的功能，具体体现在注重个人体验对于综合课程完整意义的建构，使学习者理解综合课程对象丰富、复杂、多元的特征；理解综合课程学习活动的本质是思维发展和情感体验的整合，是正确表述问题域，理解比较综合复杂的相关现象，再发现、再创造综合解决问题路径的过程；也同样是自主活动丰富个人体验，学会自我监控与反思，及时修正学习策略的过程。

总之，对于像生命和生活一样丰富多彩的综合课程，要发挥其开放的优势，必然要求学生自主进行开放灵活弹性的评价。评价方法由单纯强调量化方法、纸笔测验转向质的评价与量的评价相结合，评价标准由整齐划一转向尊重个性化的表现。而尊重学生个性化表现的评价必定要依靠参与主体的自我评价，因为学生的个性化发展扎根于学生主体性生动活泼的发展中。

当然，要求灵活弹性地进行综合课程评价也是对外部评价的基本要求，这是使得外部评价能促进综合课程教学的内在需求。有学者提出综合课程外部评价还应该包括对学校领导的评价："学校校长的课程理念和办学理念极大地制约着综合实践活动课程的实施，如果没有对学校的评价、对校长的评价，综合实践活动课程的实施会有许多不利因素。"建议"将学校实施综合实践活动课程、学校课程管理与开发等方面的状况纳入学校整体办学质量的评价指标，教育行政部门、教育督导部门通过对学校的办学质量的综合评价，促进中小学树立全新的办学理念，明确学校发展的思路，切实落实国家教育部关于基础教育课程改革的基本精神和指导思想"①。

---

① 郭元祥：《综合实践活动课程的评价问题》，华大基础教育网，发表日期：2005 年 4 月 26 日，原文出处《全球教育展望》

下面，我们先分享一个案例，然后渗透本节阐述的综合课程评价参照视框，就综合课程评价的原则和方法展开一些讨论。

第三节 "电池中电流是怎样产生的"案例分享①

从物理学角度研究如何产生电流，对于高二学生来说并不神秘。但是对于电池中电流是怎样产生的、哪些因素影响电流强度、如何得到稳定持续电流等问题，学生并不了解，他们还没有把氧化—还原中电子转移与电路中电子定向移动联系起来。因此，本节课通过化学探究实验，让学生感受到氧化—还原反应与电池中电流的关系，发现通过特定装置能使氧化—还原反应中电子转移变为电子的定向移动形成电流这一事实，使学生认识化学能转化成电能的装置特点。

一、探究背景与方案设计

(一)探究背景

[课型]实验探究是遵循学生的认知规律的一种教学方法，既能激发学生的求知欲望，又能启迪学生的创造性思维，还能营造课堂评价的学习氛围，本课题采用实验探究和课堂评价相结合的教学方法，用时45分钟。

[学生信息]本案例以高二普通班学生活动为主，共48人，经过一年多的相关训练，学生对实验探究和课堂评价积累了一些经验，小组合作得比较默契，课堂学习氛围热烈、有序和稳定。

[教学的相关资源]

教师参考书：全日制普通高级中学教科书《化学》第二册，人民教育出版社化学室主编。全日制普通高级中学教科书《化学教师用书》第二册，人民教育出版社化学室主编。中华人民共和国教育部制定的全日制普通高级中学《化学教学大纲》。

学生用书：全日制普通高级中学教科书《化学》第二册，人民教育出版社化学室主编。

---

① 此为北京市第80中学吴卫东老师原创案例

教学资料

评价工具:《学生探究活动与评价记录》

仪器和药品:一号电池、五号电池、纽扣电池、锌片、铜片、铁片、石墨棒、NaCl 溶液、H_2SO_4 溶液、$FeCl_3$ 溶液、酒精、蔗糖溶液、刚煮沸隔绝空气冷却的蒸馏水。

(二)方案设计

项目	内　　容
教学目标	知识技能　了解原电池的组成和原理;学会原电池电极反应式的书写;初步了解原电池的设计原理,能利用实验室的仪器和药品设计简单的能产生电流的装置。
	过程与方法　通过对电池的分析,激发学生对化学能转化为电能装置的好奇心;通过实验帮助学生探究原电池的组成和原理;运用评价表激发和指导学生的探究活动;通过讨论、总结、交流,使学生明确原电池的组成和原理。
	情感态度价值观　学生在实验探究的过程中,学会发现问题、提出问题、解决问题。小组活动给学生理性思考、表达交流和合作学习的机会。在评价学习中,使学生学会阐述、自评和反思,懂得如何分享他人的研究成果,关注和评价他人的观点。
教学内容和教学情境设计	通过对电池的分析,激发学生对化学能转化为电能装置的好奇心;通过展示电池和锌、铜分别和稀硫酸反应的异常现象,激发学生探究热情;通过一组开放性实验,探究原电池原理、原电池组成;运用评价表激发和指导学生的探究活动;通过讨论、总结、交流,使学生明确原电池的组成和原理。 　　通过学生自评和互评,以及教师的评价,使学生懂得怎样设计实验,什么条件下获得的实验证据更有说服力,哪些实验证据可以论证自己的观点。
学习任务和学习活动设计	让学生讨论如何将氧化—还原反应原理设计成一个能产生电流的装置。汇报各自的设计,与教材的实验比较,理解教材 Cu-Zn 电池各组成部分的含义。 　　通过原电池实验,让学生思考和讨论下列问题:①电流计指针有什么变化?②锌片上的现象?铜片上的现象?从氧化—还原的角度来分析锌片和铜片上分别发生了什么反应?③怎样标定两电极的正、负?④装置中发生的化学反应是什么?⑤溶液成分有什么变化? 　　运用课件进行微观演示,从微观粒子角度使学生了解原电池的工作原理。 　　通过学生的汇报交流,追问以下问题,使学生对实验再思考:①原电池对正、负电极材料有什么要求?②什么溶液适用于原电池?③在形成电流的过程中,两个电极上分别发生了什么变化?原电池里发生了什么反应?④你打算用什么实验方法,来比较不同装置中产生电流的大小?可以获得较大电流装置的特点?⑤不能产生电流的装置有什么特点?能产生电流的装置有什么特点? 　　通过以上讨论总结组成原电池的条件:

续表

项目	内 容
	首要条件：电池的反应是自发的氧化—还原反应(理论上，任何一个自发的氧化—还原反应都可以设计成原电池) 电极材料： (1)作用：为氧化反应、还原反应提供转移电子的场所。 正极：发生还原反应的场所；负极：发生氧化反应的场所 (2)表现：本身可能参加电极反应 电解质溶液： (1)作用：导电 (2)表现：本身可能参加电极反应 导线：连接两极，形成闭合回路。
学习活动组织与评价设计	利用《学生探究活动与课堂评价记录》的内容，引导学生课前自学和设计探究方案；组织学生课上评价探究方案；通过实验探究发现问题、提出问题、解决问题；寻找实验事实，探究原电池的组成和原理；组织全班学生进行组间交流，在自评和互评中，增长各种能力，完成原电池的教学。 　　课后学生完成《学生探究活动与课堂评价记录》中自评和互评的记录，完善实验探究的过程。教师根据学生的活动表现，评价学生的学习情感和参与教学活动的能力，课下与部分学生交流。

二、课堂探究过程

(一)实验探究——电池中电流是怎样产生的?

　　开始上课了，我用实物投影展示了一号电池、五号电池、纽扣电池，一些学生不以为然，不就是电池吗。但当我问道："电池中电流是怎样产生的?"的时候，学生还只是回答："因为电池里发生氧化—还原反应产生的。"很显然，学生不能把已学过电子的定向移动产生电流与氧化—还原反应中有电子转移的知识很好地联系起来。为了解决这个问题，我提供了一系列实验：单独把纯 Zn 放入稀硫酸中；单独把 Cu 放入稀硫酸中；把 Zn 和 Cu 同时放入稀硫酸中，但不接触；把纯 Zn 和 Cu 挨在一起同时放入稀硫中。"太简单了!"有学生小声嘀咕。但是实验现象却使他们大吃一惊：

　　①单独把纯 Zn 放入稀硫酸中——金属表面无明显现象；

　　②单独把 Cu 放入稀硫酸中——金属表面无明显现象；

　　③把纯 Zn 和 Cu 同时放入稀硫酸中，但不接触——两块金属表面无明显现象；

④把纯 Zn 和 Cu 挨在一起同时放入稀硫酸中——铜片表面有气体产生，而锌片表面无明显现象。

怎么会这样呢？是不是连这么简单的实验自己也会出错？有一部分学生开始询问别的组同学实验情况，甚至有一部分同学对实验的药品产生怀疑。看到学生对各自的实验结果都有一定的怀疑，我就调查了全班的实验结果，结果完全一样，说明实验准确无误。"耶！"同学们高兴地欢呼起来。但是"为什么这个实验和以前实验室制氢气的实验现象有这么大的差别呢"，刚才的兴奋被热烈的讨论代替了。很快结果出来了：①可能溶液的浓度太小，锌几乎不和溶液起反应。②可能像金属钝化一样，锌表面可能生成某种物质阻止反应的继续进行。这时，有的学生向我要 pH 试纸，有的学生向我要制氢气用的锌粒，马上动手检验自己的结论。检验的结果是：稀硫酸的 pH 值大约在 1 左右，加入锌粒可以迅速产生气体。"原来不是浓度的问题，那就是在纯锌的表面生成了某种物质，阻止反应继续进行，可那是什么物质呢？"听到同学的小声议论，看到学生不解的神情，我就用电脑演示锌与稀硫酸反应的微观过程，学生终于明白：硫酸溶液中 H^+ 在锌表面得到电子生成氢气，使锌片表面聚集着大量 Zn^{2+}，阻止 H^+ 继续靠近锌片，使反应速率降低。然后请同学讨论 Zn 和 Cu 挨在一起放入稀硫反应的微观过程，经过讨论，同学们达成共识：电子通过 Zn—Cu 接触面移动到 Cu 表面，使 H^+ 在 Cu 表面得到电子，产生氢气。马上就有同学提出："既然电子能从锌片转移到铜片上，能否在锌片和铜片之间连一根导线，使电子通过导线做定向移动，不就可以形成电流了吗？"真的可以吗？很多同学都想试一试，于是我建议学生以铜片、锌片、稀硫酸、导线、电流表组装一个电池，在实验后画出 Cu—Zn 原电池的装置图，根据电流计指针的偏转方向标出正、负极，写出电极反应方程式和总反应方程式，叙述该装置的组成部分。"快看，我的电流表指针偏转了。""我的也偏转了。"看到大家非常兴奋，我提问道："你们组装的装置中产生了电流，这个装置可称作原电池，你们认为什么样的装置可以称作原电池呢？""能产生电流的装置。"一个学生回答，"在这种装置中应发生氧化—还原反应。"另一个学生补充说。我马上追问道："你们能不能从能量转换角度给原电池下定义呢？""应该是：将化学能转化为电能的装置叫原电池。"有学生抢答道。"太精彩了!"我喝起彩来,接着又用课件为他们演示了电池中电流产生的微观过程。使学生对原电池原理和装置有一个初步的感性认识。

(二)开放探究——在自由组装中体验原电池原理及组成

利用以上装置和不同的药品能否产生电流呢? 我为学生准备了: 锌片、铜片、铁片、石墨棒、NaCl 溶液、H_2SO_4 溶液、$FeCl_3$ 溶液、酒精、蔗糖溶液、刚煮沸隔绝空气冷却的蒸馏水等实验用品,并建议学生两人一组,按照原电池原理根据所给的实验用品自由组装能产生电流的装置(测量装置中是否有电流产生、电池的正负极)、讨论并交流各自的实验结果、总结归纳实验结论。

在实验前,我根据原电池原理、围绕原电池组成提出:"在实验过程中注意哪些装置中无电流产生,有电流产生的装置由哪几部分组成,各组成部分在原电池中的作用,原电池的正、负极如何确定"等问题,供学生在实验中思考,并提出如下的实验要求。

①可以根据所给出的药品和其他实验用品并依据原电池 Cu—Zn 装置自由组装;

②每人至少做一个相同电极材料的实验;

③至少做一个以酒精或蔗糖水为溶液的实验;

④注意有电流产生的装置构成。

由于药品和实验材料不是唯一的,同学可以根据自己对电池原理的理解自由组装,得出的结果也多种多样。

第一组: 组成: (1)Zn—Fe(硫酸)　　　(2)Zn—C(硫酸)

　　　　　　　(3) Fe—Cu(硫酸)　　　(4) Cu—C(硫酸)

　　　　　　　(5) Fe—C(硫酸)

电极反应:

①正极: $2H^+ + 2e = H_2\uparrow$　　　　　负极: $Zn - 2e = Zn^{2+}$

②正极: $2H^+ + 2e = H_2\uparrow$　　　　　负极: $Zn - 2e = Zn^{2+}$

③正极: $2H^+ + 2e = H_2\uparrow$　　　　　负极: $Fe - 2e = Fe^{2+}$

④有电流产生(学生暂时无法写出电极反应方程式)

⑤正极: $2H^+ + 2e = H_2\uparrow$　　　　　负极: $Fe - 2e = Fe^{2+}$

第二组：组成：①Zn—Fe（NaCl 溶液） ②Zn—C（NaCl 溶液）

③Fe—Cu（NaCl 溶液） ④Cu—C（NaCl 溶液）

⑤Fe—C（NaCl 溶液）

以上 5 个装置中都有电流产生，但不明显（学生暂时无法写出电极反应方程式，可留作以后"金属腐蚀"中的伏笔）

第三组：组成：① Zn—Fe（$FeCl_3$ 溶液） ② Zn—C（$FeCl_3$ 溶液）

③ Fe—Cu（$FeCl_3$ 溶液） ④ Cu—C（$FeCl_3$ 溶液）

⑤ Fe—C（$FeCl_3$ 溶液） ⑥ Zn—Fe（刚煮沸的蒸馏水）

⑦ Zn—C（同⑥） ⑧Fe—Cu（同⑥）

⑨ Cu—C（同⑥）

电极反应：

①正极：$2Fe^{3+}+2e=2Fe^{2+}$ 负极：$Zn-2e=Zn^{2+}$

②正极：$2Fe^{3+}+2e=2Fe^{2+}$ 负极：$Zn-2e=Zn^{2+}$

③正极：$2Fe^{3+}+2e=2Fe^{2+}$ 负极：$Fe-2e=Fe^{2+}$

④正极：$2Fe^{3+}+2e=2Fe^{2+}$ 负极：$Cu-2e=Cu^{2+}$

⑤正极：$2Fe^{3+}+2e=2Fe^{2+}$ 负极：$Fe-2e=Fe^{2+}$

其他组合（两电极材料相同时、溶液为蒸馏水、蔗糖溶液、酒精溶液的实验）均无电流，还有一些同学观察到极板距离近，电流大，距离远，电流小；不同的材料产生的电流强度也不同。由于实验的自主性强，课堂气氛十分活跃。

(三)探究高潮——奇妙的两极

在接下来的交流过程中，由于实验结果的不同，又引起学生交流和争论。对于能产生电流装置的组成，学生提出各自的见解，于是我筛选出本节课需要的实验结果：必须有能发生氧化—还原反应的物质、闭合的回路、电解质溶液、两个电极。但是对于电极材料，同学们的意见不统一，基本上可归纳为以下两个观点：①两极材料不能相同；②两极材料不能相同，而且其中一个电极必须和电解质溶液反应。看来，此节课学生的疑惑点，是电极材料在电池中的作用，为了讨论这个问题，我演示了一个实验：氢—氧燃料电池的工作过程。当我把导线接在两个石墨电极上时，奇迹出现了：小灯泡亮了，电流计指针发生偏转，太奇怪了！在学生的认识中，氢气和氧气必须点燃才能反应，而此实验中只是将两个石墨电极连接起来就可以反应，这个实验使原本就比较活跃的课堂气氛达到高潮。学生在惊奇中可以清楚地看到两极的作用：在此实验中，石墨电极本身未发生变化，只是氢气和氧气分别在两个电极上发生电极反应，正极（通入氧气的一极）是发生还原反应的场所；负极（通入氢气的一极）是发生氧化反应的场所（电极材料石墨本身不参加电极反应）。接下来学生很自然地就总结出完整的电池的原理和组成结构。

最后，我为学生留下作业：①用原电池原理解释你查到的各种电池产生电流的原因。②用你身边的物质组装 2～3 个能产生电流的装置。③如果你是设计电池的工程师，在设计电池时应该考虑哪些问题？

从学生的表情不难看出，本节课由于少了以往课堂教学中的各种条条框框的限制，所提供的仪器、药品又能够满足学生新颖的、与众不同的、独创性的思维，制造出他们各自与众不同的电池装置，课堂气氛活跃，人人参与。特别是当燃料电池实验中电流表指针大大偏离了中间位置时，看到学生们目瞪口呆的样子，我从心里已经知道本节课产生的效果——上课不再是枯燥无味的，课堂学习也可以是一种享受。

三、课后拓展阅读与思考

（一）拓展阅读

①常见电池——干电池：干电池的锌壳是负极，碳棒是正极，碳棒周围填充石墨粉，并用 NH_4Cl、$ZnCl_2$ 溶液和淀粉调成糊状物浸透，在石墨、MnO_2 粉层与锌壳间也填充这种糊状物。

②Ni—H_2 可逆电池——绿色电池：可连续充电 500 次，每次充放电成本低，不含汞、无污染（日本的使用量从 1996 年 3.6 亿节增长到 1998 年的 4.2 亿节）。

③锂电池：锂电池以锂作负极，非水有机溶剂如环脂、直链脂及酰胺等和无机溶剂作溶剂，以锂盐 $LiClO_4$、$LiAlCl_4$、$LiAsF_4$ 等为电解质。由于锂密度低，电极电位负值高、延展性好，使得锂电池有容量大、电压高、电阻低的优点，同时电池材料中无一种可能对环境造成污染。被广泛地应用于心脏起搏器、电子表、计算器。

④燃料电池：把外界（H_2、CO、甲醇等）燃料和空气不断输入，直接氧化，使化学能转化为电能。由于燃料电池的电能转化率高于其他方法，反应生成水，不排出有害物质、噪音低，所以有广泛的应用前景。美国国内已有400万座商用燃料电池发电站，新的大型燃料电池发电站在不断修建。美国研制的一架"太阳神"飞机将使用燃料电池作动力，按设计要求一次可以在空中不间断飞行6个月。目前美国对大型燃料电池发电站的开发倾向于采用磷酸型中温和高温固体氧化燃料电池，甲醇燃料也是有前途的。

(二)拓展探究问题

为解决电池污染问题献计献策。

四、教学反思

作为高二的学生，他们已具备一定的探究能力，并且具有物理学中电学知识和化学中氧化还原知识，但他们还没有机会考虑如何将两部分知识联系起来。于是我利用"电池中电流是怎样产生的"这一课题，通过寻找能将化学能转化为电能的反应和装置这一真实的任务，引导学生将这两部分内容综合起来，完成对原电池一节的学习。

在教学过程中，学生确定了一个他们感兴趣的问题——组装能产生电流的装置，围绕着"什么样的化学反应可能产生电流，什么样的装置能将化学能转化为电能"等问题设计实验方案。在设计实验方案、实验和仔细讨论实验结果的过程中，学生通过实验收集数据，寻求可能的解释，并把他们的解释和从课本上得来的科学上的解释相比较，不断改进和发展他们的解释。如同样以 Zn—Cu 为电极的装置，如果以硫酸为溶液，则有电流产生，如果以蔗糖溶液或以酒精代替硫酸溶液，则无电流产生，通过以上实验来解释原电池中的溶液应该是电解质溶液。最后学生们通过各种方式对他们的学习内容和体会进行交流，很顺利地掌握了原电池产生电流的原理和装置的构成，他们道出了自己所做的事情、所得到的结果及判断结果的正确性的方法。

从这节学生的表现可以看出，学生对新奇的事物充满好奇心，他们对和实验现象相关的问题链充满探究欲望，由于实验的开放性，满足了不同学生的探究要求，使学生不仅对能产生电流的化学反应、装置特点等常规内容进行了探究，也对如何能产生更大电流的方法进行了研究，体会了科学实验的严谨性和探究性，感受到科学探究的全过程，更深刻地理解了学习化学的实际意义。

原案例附录的《学生探究活动与课堂评价记录》省略。

第四节　综合课程评价的原则及方法

很显然，按照本书在第二节建构的综合课程评价参照视框，吴卫东老师原创的"电池中电流是怎样产生的"化学综合探究案例，从设计方案、实施过程到取得的成就，每一个评价的项目都达到甚至超越期望的水平。这个案例不仅充分显示了学科间综合渗透的潜在拓展空间，也说明在学科知识基础上的综合如何能够与目前我国强势的学科教育体系交相辉映，只要教师是有心人，都可以更多地把这类综合课程带进教室。更富于启迪的是，它展示了教师深厚的专业引导素养。教师捕捉到"电池中电流是怎样产生"的组织中心，巧设实验情境，精心推出引人深思的问题链，引导步步深入的探究，开放自由的探究空间，激活学生的创造性思维，是唤起学生好奇心、促进知识的主动建构、使得课堂精彩不断、高潮迭起、不断获得成功的内在激励，是引导学生在物理、化学两门学科之间自如跨域转换的重要影响因素。

这个案例对我们思考综合课程评价的原则和方法的重要启迪在于，没有必要把学科之间知识综合程度作为评价的重要准则。学科之间知识综合是一种实现教育理念的途径，不是教育目的本身，只要两门学科知识之间发生某种联系了，就属于综合课程。综合课程之所以能够成为课程改革中亮丽的风景线，使得教育彰显彩色与灵光，其奥秘仍然在于教师真正激活了学生的思维，投入了生命热情于综合性学习探究过程中。没有源自师生心灵的智慧滋养，即使有学科间知识综合的形式，也同样会让人乏味。因而，评价综合课程的质量，应该聚焦于对学生的发展性意义、激励性价值，以及教师发挥综合课程开放优势的收放自如功底，还有教师的过程评价设计与促进教学展开的内在融合程度，过程评价方法的灵活多样性。这些，也是本书阐述综合课程评价的原则与方法的重点。

有关课程评价原则，不少学者的阐述颇有启发。钱贵晴提出了"三性、四重视原则"，即方向性原则、客观性原则、激励性原则，重视正面评价、重视过程、重视应用和重视体验。[①] 王牧华、靳玉乐提出，课程评价主要有三条原则：评价目的的发展性；评价主体的多元化；评价方法的多样化。[②]田慧生根据综合实践活动课程的性质，提出其评价一般要遵循四项原则：坚持正面评价；重视过程；重视应用；重视体验。[③]

可见，前文提及的建构综合课程评价参照视框所必须关注的要点，即宗旨目的为直接参照，重激励促改进，过程与结果并重，评价标准弹性灵活，尊重感动人我的体验，都应该是综合课程评价原则所涵盖的重点。下面，在此基础上进一步突出强调综合课程评价的三条原则：发展性原则、激励性原则、开放性原则。

一、综合课程评价的发展性原则

学生的发展是一切教育活动的出发点和归宿，也是评价课程质量的主要标准。综合课程评价关注过程则更重视促进学生的发展，以促进学生心理素质全面、健康发展为宗旨，以人为中心，针对每个学生的不同特点扬长补短，通过促使学生个性健康发展，推动教师的专业成长和学校发展。

综合课程评价的发展性原则，是指综合课程的评价必须以学生实质上获得良好发展为规准。从课程宗旨目的和目标的确定，到实施的整个过程，是否左右逢源挖掘了适宜的教育资源，使学生获得了整合性体验和发展了综合解决问题的能力，或为适合学生不同潜能的发展提供了机会。

综合课程评价的发展性原则，要求把发展过程与发展结果都纳入评价视野。一方面，学生在过程中的多方面表现，尤其是体验到的整合性经验，是综合课程评价的最重要依据，同时，如何观察、分析学生的表现，适时鼓励学生促进发展，如何为学生提供更多的展示机会，如何把学生在活动中的失败或错误看作是促进学生进步和扩展学生经验的机会，也都是评价过程中的发展状况关注的重点。另一方面，学生发展的结果，一般表现为所观察到的学生在综合解决问题的态度倾向和能力的前后变化，包括学生自述的体验到

① 钱贵晴：《综合实践活动课程与教学论》，北京，首都师范大学出版社，2004
② 王牧华、靳玉乐：《综合课程研究的生态主义观》，见林智中、张善培、王建军、郭懿芬编：《课程统整——第四届海峡两岸课程理论研讨会论文集》，香港，2002
③ 田慧生：《综合实践活动课程的评价》，华大基础教育网，2004-03-06

的不同层面的整合性经验，学生整体的精神面貌。

无论是对于过程或结果的发展性评价，都要立足于综合课程倡导的理念和追求的宗旨来理解和评价学生的发展。面对学生整体的人的发展，任何量化的评价都潜伏着抹杀生命的律动与灵光的危机。尊重丰富体验和生命过程精彩的综合课程评价，必定也尊重人的直观洞察和直觉感悟。

二、综合课程评价的激励性原则

综合课程评价的激励性原则，是指为了实现综合课程评价的激励功能，评价主体发出的各种评价信息，都要能实际上激励参与者活跃思维和发挥创造力、获得整合性经验和提升综合解决问题的能力。换言之，评价应该与综合课程的设计、实施过程融为一体，需要通过正面引导，积极鼓励，营造良好宽松的、能够自由运用心智和手脑并用的活动环境，使评价内化为促进综合课程教学的有机组成部分。

激励性评价一般体现在过程中的人际良性互动，往往是即时的、直觉的、自然发生的、以各种方式表达的相互鼓励，还有综合探究学习过程成功喜悦的内在激励。比如，本书引用的于鹰老师和吴卫东老师原创的案例，都很生动地显示出实施过程中这种返璞归真的自然评价状态。

从对学生的情感态度和能力的积极鼓励而言，综合课程评价的激励性原则要求不以成败论英雄，不应过多地看重学生所获得知识的对与错，不以最后获得的象征性的成果水平为唯一衡量，而应特别关注学生参与活动的态度，对知识的综合运用，解决问题的能力和创造性，以及所获得的直接经验与教训，以及在正确地总结和对待经验教训后获得地真正提高。尤其，在综合课程实施过程中针对具体问题进行引导性评价，对不同特点进行分析和肯定，对个性化创造和奇特思维及时进行鼓励，让学生在评价中增强自信，获得成功喜悦的内在精神奖赏。

综合课程评价的激励性原则显然是重激励轻分等筛选的。评价中要特别激励参与者主动的参与，捕捉那灵动而感人的心灵碰撞火花，使之相互感染和扩大影响，促成参与过程中的入迷、兴奋等极致体验，肯定动态生成的新颖见解，鼓励刨根究底的质疑探究。在综合课程评价中真正实现从甄别转向鼓励和发展。

三、综合课程评价的开放性原则

综合课程评价的开放性原则，是指多元评价主体以开放的心态捕捉发挥了综合课程开放优势的所有信息，开放弹性灵活地评价综合课程。

首先，多元评价主体心态必须开放。多元评价主体包括参与综合课程的教师和学生，也有外部评价者。无论是介入其中的师生还是外部评价者，都需要向综合课程教学过程中围绕探究的伟大事物、向奇特的奥妙开放自己的心态，聆听、捕捉、感悟其魅力、其境界，倾心体味对涵养人性、升华精神无价的极致整合性经验。只有心态开放了，才有勇气充分发挥综合课程固有的开放优势。

其次，评价必须有利于发挥综合课程本身固有的潜在开放优势。这意味着，综合课程作为动态、多样、灵活的课程系统，需要开放地包容和发挥多样丰富性。综合课程的评价应该鼓励发挥其开放的独特优势，而不是压抑或萎缩之。因此，认识综合课程向多样性开放的以下特点，有利于因势利导地进行评价。

特点一，综合课程是向多学科知识的综合运用开放的。学生在参与某一活动时，往往要运用相关学科的知识，并要善于联系生活实际，主动获取知识、综合应用知识、发挥创造能力。

特点二，综合课程向多样性实践开放。生活实践、社会实践、劳动技术实践、科学实践帮助学生消化知识，自我修正错误，调整策略，不断进步，鼓励学生走出校门、走向社会、接近自然，把理性认知转化为实践才能，鼓励创新发明服务社会。

特点三，综合课程是向学生在实践操作中启动的多种感官和获取的丰富体验开放的。鼓励学生积极用眼、用耳、用脑、用手、用口，通过亲身感受、在实践和具体操作中获取新知，锻炼能力，发展智力，在活动、操作、感知、实践中锻炼综合能力。

特点四，综合课程向学生始料未及的创新思维开放，增强学生的创新意识，启迪学生的创新情感，训练学生的创新思维等。如培养学生独立思考，求异、求新意识，启发学生从不同角度观察、思考问题，提出解决问题的多种方法、多种理解、多种表达方法方式。此外，要鼓励学生把困难和错误转化为成长的踏脚石，也必须开放地包容综合探究过程中难免的错误。

以上这些特点，无一不需要综合课程评价主体开放心态倾听和理解，任何外部量化的评价标准都可能适得其反萎缩综合课程的开放空间。而且，所有这些综合课程潜在的开放优势，主要依靠教师精心设计开放的引导问题，才能转化为学生开放探究的学习机会。就像于鹰老师和吴卫东老师原创的案例中的精彩问题引导那样。

综合课程评价的上述原则，将是贯穿在综合课程评价方法中的指导思想。

四、在综合课程评价方法中贯穿原则

综合课程评价的方法，是指沿着综合课程理念的指引，师生共同为实现综合课程评价的发展性和激励性功能，根据综合课程的开放性、自主性和丰富复杂性特点，因地制宜采用的评价活动法则。

开放灵活弹性的综合课程评价方法，主要见于学者对综合实践活动课程评价的相关阐述中。

田慧生提出："综合实践活动课程的评价方式是多种多样的。总的来说，应打破和抛弃过去课堂教学中形成的过分单一、简单的评价模式和过分量化的评价方式，采取灵活多样的评价方式，如成果展示、口头表达、书面表达、小组间的互评、自评，教师、家长的评价等。目前国外比较常用的方式有两种：一种是档案袋式评价法，即通过建立一种比较系统的档案，从对过程的关注来展示学生在这门课中的表现；另一种是研讨协商式评价法，即学生、教师、家长共同协商研讨，用一种互动的方式对学生的表现做出最终评价。评价主体不仅有教师，还可能包括学生、家长和社会上其他一些相关人员。"[①]

文可义等参考了李臣博士的意见，重点阐述了成果展示法、自我评价法、师生民主评议法以及他人评价法。[②] 李树培认为，综合实践活动中的学生评价大大拓展了传统的考试和测验所主导的评价方法，出现了许多崭新的评价方法，如"表现性评价""档案袋评价""苏格拉底研讨式评价"等，给师生的学

---

① 田慧生：《综合实践活动课程的评价》，华大基础教育网，2004-03-06
② 文可义：《综合实践活动课程的评价研究》，载《广西教育学院学报》，2001(1)

习和评价带来了活力和生机。要求多途径、多侧面收集评价信息，把评价过程视为学习、交流、相互欣赏、共同反思的过程，倡导相互尊重的评价氛围，认为"只有让学生在民主、和谐、宽松但又相互尊重的氛围里进行评价和成长，他们才能把这些品质内化于心"。"如果不能概括出评价内容的主要指标，宁可模糊一些，根据自己对学生的观察，更要基于学生的原有基础和性格特点进行描述总结，也不要将其固定化，以避免同学之间引起不必要的争执或分歧，避免最终评价的片面性。"①

本书综合以上观点，认为比较适合综合课程评价的方法主要有如下几种。

①成果展示法。是综合实践活动课程评价最为突出的方法之一。将学生的小制作、小发明、科技小论文、设计图片、书画作品等具体成果公布于展台，将具有成果意义的各种奖杯、证书等公开展示。将活动训练的成绩以竞赛、演出等活动形式展出，由成果本身说明通过综合课程所取得的价值。

成果展示需要根据具体的综合课程预先设定大致的评价项目和评价标准，在制定评价项目和评价标准时，本章第二节建构的综合课程评价参照视框可以提供重要参考。然后由参与者自评和互评。将有关评价项目评价标准列入表格，制成活动记录表、自我评价表，发给评价对象，待自评或互评后立即收回。学生的自我评价要提供机会让学生将自己活动过程的真实感受、体验、自我反省及经验总结书写出来。

②民主评议法。包括学生互评、师生协商。学生互评可采用小组讨论式，参与者民主、自由地对小组成员发表自己的看法，再由小组长将评议的结果记录汇总，进而由全体学生评议各小组成员的评定结果。学生互评中更有价值的是综合课程实践中的体验分享，包括创造的欢乐，克服困难的收获，活动中增进的相互理解，合作中的成功喜悦，也可讲出其他同学的进步所在，以及存在的问题。

师生民主协商要求参与综合课程实践的师生共同以自身观察、记录所收集的材料为依据，互相商讨，自由民主地发表自己的看法，学生可以对教师的指导过程提出看法，教师也可将自己在指导活动中发现的问题和获得的体

---

① 李树培：《综合实践活动课程学生评价研究》，上海，华东师范大学硕士论文，2003

会告诉学生，最后在教师的指导下师生合作做出评价结论，本章第二节建构的综合课程评价参照视框可以提供重要参考。

③档案袋评价法。适合展示学生成长过程富于弹性的评价方法是学生成长记录袋，或叫档案袋评价法。李树培指出用档案袋评价法确实有利于学生看到了自己进步的足迹，看到了自己的能力和大家的力量但使用中需要深入细致地思考如何使得档案袋评价对儿童的帮助更大，更接近我们教育的本真追求。他提出在使用档案袋中至少要考虑以下问题。

谁来选择作品？教师，学生，还是师生一起？选择时有什么根据？

档案袋记录学生一年里的发展情况，还是仅限于一个课题的学习？

档案袋仅仅包括最好的最终作品？还是也把要修改的作品包括进去？

学生是否受到鼓励把校外的生活内容也纳入档案袋？

档案袋怎样保管较为适宜？主要是给谁看的？

由于学生的探究是不断深入展开的，主题也是多种多样的，档案袋的魔力显示在创建或使用的过程中，在珍视并记录这些学习特点的学校文化中。每一个课题或每一学期甚至每一学年结束后，都应该把这些档案袋分门别类地整理、保管好，以便再次欣赏和评鉴自己的作品，所有这些图表、资料、报告、论文等都是被具体化了的他们过去的生活和心灵的一部分。[①]

在大同中学，档案袋评价法使用比较成熟。"档案袋评价的方案设计考虑到以下因素：评价的目的和目标、对象、内容和范围、方法、工具、评价者、时间和场所、评价（价值判断）的标准等。档案袋的内容可以归纳为五个方面：一是研究方案设计过程的资料；二是收集信息和研究过程资料；三是研究成果；四是指导教师指导记录；五是评价方面的资料，包括学生自评、指导教师评价、成果评审、成果答辩等资料。"[②]

所有上述评价方法，主要是师生在综合课程过程中的评价，也有由参与综合课程实践之外的人所进行的评价。如借助学生家长对自己孩子在家庭中各种活动表现的评议，以及综合课程实践场所的相关教育机构（如展览馆、青

① 李树培：《综合实践活动课程学生评价研究》，上海，华东师范大学硕士论文，2003

② 吴刚平、杨明华主编：《创新思维的助推器——上海大同中学研究性课程案例研究》，120页，上海，华东师范大学出版社，2004

少年宫、社区等)的相关教育人员对学生的评议，全面、综合地考察学生的活动情况，还有上级教育部门对下属学校的评价，学校领导、教研部门、学生家长对教师的评价，社会舆论对学校的评价。由于综合课程尊重过程中的真实体验，他人评价应该以参与者自主评价为参照基础。

可见，对于综合课程评价方法，更可谓评价有法，但无定法。一般都要求根据特定的评价情境综合选择采用不同的方法。而且，任何评价方法的运用，都要求遵从综合课程评价的发展性、激励性、开放性和自主性原则，参照本章建构的综合课程评价参照视框，突出评价的激励性功能，淡化对结果给予的等级判断。即使专门对于过程评价的档案袋评价方法，也只可以适时发挥其优势，谨防被烦琐的评价资料和程序所羁绊。

§   §   §

纵观本章乃至全书，无数优秀教师引领学生进行生气勃勃的综合课程革新探究时，把评价与综合课程创造实践融为一体的禅机在于：重点关注捕捉组织中心灵感，活化综合课程理念，精心设计开放的探究情境和引人入胜的探究问题，激起好奇心，赋予探究对象以伟大事物魅力，提供学生充分发挥创造和想象力的学习机会，而绝不是关注将会怎样被评价！

提供机会引导学生获得"整合性经验"和综合解决问题的能力，才是真正值得贯穿评价始终的宗旨。第一章阐述的"整合性经验"的含义，永远是综合课程评价的正确导航。从点点滴滴的学科知识学习经验与社会生活经验之间的整合，科际知识渗透学习的经验整合综合解决问题的能力，到跨域转换横向贯通生成创新，创造能力淋漓尽致发挥的经验整合，以及滋养人性的丰富的情感体验；从超越学科之间、人与学科之间、人与自然社会环境之间、精神与物质之间的界限，所经历的对人、对事、对自我的一种清澈透视，到对某种精神境界的沐浴沉浸。只有心灵拥有当下清风明月的潇洒自由，才可能激活灵动的智慧和发挥创造的才能，而享受过程中的惊喜和内发乐趣所带来的持续激励作用，远比任何对结果的分等评判有意义得多。

参考资料

著作

1.［美］杜威．民主主义与教育．北京：人民教育出版社，1990.

2. 赵祥麟，王承绪．杜威教育论著选．上海：华东师范大学出版社，1981.

3.［美］帕克·帕尔默．教学勇气——漫步教师心灵．吴国珍，等译．杨秀玲，审校．上海：华东师范大学出版社，2005.

4. 吴国珍，等．心灵的觉醒：理解教师叙事探究．北京：北京师范大学出版社，2010.

5. 钟启泉．课程论．北京：教育科学出版社，2007.

6.［美］泰勒．课程与教学的基本原理．施良方，译．瞿保奎，校．北京：人民教育出版社，1994.

7. W. F. 派纳，等．理解课程．张华等，译．北京：教育科学出版社，2003.

8.［美］小威廉姆·E. 多尔，等．课程愿景．张文军，等译．北京：教育科学出版社，2004.

9.［加］Susan M. Drake，［美］Rebecca C. Burns. 综合课程的开发．廖珊，黄晶慧，潘雯，译．北京：中国轻工业出版社，2007.

10. 有宝华．综合课程论．上海：上海教育出版社，2002.

11. 教育部．基础教育课程改革纲要（试行）．上海，2001.

12. 青岛外国教材研究所．社会中的科学和技术——英国中学理科革新教材．董振邦，等译校，青岛：青岛出版社，1995.

13. 余自强．科学课程论．北京：教育科学出版社，2002.

14. 高峡，康健，丛立新，等．活动课程的理论和实践．上海：上海科技教育出版社，1997.

15. 钱贵晴．综合实践活动课程与教学论．北京：首都师范大学出版社，2004.

16. 林智中，张善培，王建军，郭懿芬．课程统整——第四届海峡两岸课程理论研讨会论文集．香港：香港中文大学教育学院，2002.

17. 小威廉姆·E. 多尔．后现代课程观．王红宇，译．北京：教育科学出版社，2000.

18. 麦克·F. D. 扬．知识与控制——教育社会学新探．谢维和，朱旭东，译．上海：

华东师大出版社，2002.

19.[加]迈克·富兰.变革的力量——透视教育改革.中央教育科学研究所加拿大多伦多国际学院，译.北京：教育科学出版社，2000.

20.[美]莫礼时.香港学校课程的探讨.陈嘉琪，等译.香港：香港大学出版社，1996.

21. 施良方.课程理论——课程的基础、原理与问题.北京：教育科学出版社，1996.

22. 廖哲勋，田慧生.课程新论.北京：教育科学出版社，2003.

23. 丛立新.课程论问题.北京：教育科学出版社，2000.

24. 钟启泉.现代课程论.上海：上海教育出版社，1989.

25. 赵祥麟.外国教育家评传.第二卷.上海：上海教育出版社，1992.

26. 赵祥麟.外国教育家评传.第三卷.上海：上海教育出版社，1992.

27.[瑞典]胡森.简明教育百科全书·课程.江山野，主编译.北京：教育科学出版社，1991.

28.[美]A.奥恩斯坦.课程：基础、原理和问题.柯森，主译.南京：江苏教育出版社，2002.

29.D.劳顿，等.课程研究的理论与实践.张渭城，等译.北京：人民教育出版社，1985.

30.[美]J.D.麦克尼尔.课程导论.施良方，等译.沈阳：辽宁教育出版社，1990.

31. 黄光雄.课程与教学.台北：师大书苑，1996.

32. 王文科.课程论.台北：台湾五南出版社，1988.

33. 黄政杰.课程设计.台北：东华书局，2000.

34. 黄政杰.课程评鉴.台北：师大书苑，1987.

35. 李子健，黄显华.课程：范式、取向和设计.香港：香港中文大学出版社，1994.

36. 赵学漱.中小学教育改革：广州：广东教育出版社，1995.

37. 赵学漱，等.STS教育的理论和实践.杭州：浙江教育出版社，1993.

38.[美]劳伦斯·阿瑟·克雷明.学校的变革.单中惠，马晓斌，译.上海：上海教育出版社，1994.

39. 钟启泉.国外课程改革透视.西安：陕西人民教育出版社，1993.

40. 人民教育出版社课程教材研究所.20世纪中国中小学课程标准·教学大纲汇编：课程(教学)计划卷.北京：人民教育出版社，2001.

41. 中央教育科学研究所编.中国现代教育大事记.北京：教育科学出版社，1988.

42. 陆亚松，李一平.课程与教材：上//瞿葆奎.教育学文集.北京：人民教育出版社，1988.

43. 皮连生.智育心理学.北京：人民教育出版社，1996.

44.[美]莱斯利·P. 斯特弗，等．教育中的建构主义．高文，等译．上海：华东师大出版社，2002.

45.[美]Linda Campbell，等．多元智能教与学的策略——发现每一个孩子的天赋．王成全，译．北京：中国轻工业出版社，2001.

46.[美]约翰·D. 布兰思福特，等．人是如何学习的——大脑、心理、经验及学校．程可拉，等译．上海：华东师大出版社，2002.

47. 施良方．学习论——学习心理学的理论与原理．北京：人民教育出版社，1994.

48. 单丁．课程流派研究．济南：山东教育出版社，1998.

49. 钟启泉．课程设计基础．济南：山东教育出版社，1998.

50. 汪霞．国外中小学课程演进．济南：山东教育出版社，1998.

51. 陈伯璋．留白课程在课程改革中的意涵//新世纪课程改革的省思与挑战．台北：师大书苑，2001.

52. 陈伯璋．新世纪教育发展的回顾与前瞻．高雄：丽文文化，2001.

53. 陈伯璋．潜在课程研究．台北：五南图书出版社，1991.

54. 张华．课程与教学论．上海：上海教育出版社，2000.

55. 周卫勇．走向发展性课程评价．北京：北京大学出版社，2002.

56.B. S. 布卢姆，等．教育评价．邱渊，等译．上海：华东师范大学出版社，1986.

57.J. D. 麦克尼尔．课程导论．施良方，等译．辽宁教育出版社，1990.

58.B. S. 布卢姆，等．教育目标分类学(第一分册)：认知领域．罗黎辉，等译．上海：华东师范大学出版社，1986.

59.B. S. 布卢姆，等．教育目标分类学(第二分册)：情感领域．施良方，等译．上海：华东师范大学出版社，1989.

60.L. W. 安德森 & L. A. 索斯尼克．布卢姆教育目标分类学——40 年的回顾．上海：华东师大出版社，1998.

61. 吴刚平，杨明华．创新思维的助推器——上海大同中学研究性课程案例研究．上海：华东师范大学出版社，2004.

62. 广东省教育厅"普通高中综合课程研究与实验"课题组：普通高中综合课程研究资料汇编．内部资料，1996.

英文著作

1. Jamse A. beane. Curriculum Integration, Designing the core of democratic education. Teacher College, Columbia University Press, New York, 1997.

2. Arieh lewy Edited. International Encyclopedia of Curriculum. Oxford, New York, Pergamon Press, 1991.

3. Wilma S. Longstreet and Harold G. Shane, Curriculum for a New Millennium. by Allyn & Bacon, 1993.

4. A. C . Ornsten & F. P. Hunkins. Curriculum：Foundation, Principles, and Issues. Prentice Hall, Englewood Cliffs & New Jerey, 1988.

5. Wilford Merton Aiken. The story of the Eight Year Study. New York, Harper and Brothers，1942.

6. George J. Posner. Analyzing the Curriculum. McGraw-Hill，Inc. 1992.

7. Bruner, Jerome S.. The Process of Education reconsidered. In Robert R. Leeper (Ed.). Dare to care/dare to act: Racism and education. Washington, Dc: Association for Supervision and Curriculum Development, 1971.

8. J. Goodlad. Organization of the curriculum. In P. Jackson (Ed), Handbook of research on curriculum. New York, Macmillan. 1992.

9. E. W. Eisner. The Educational imagination: On the design and evaluation of school programs. New York, Macmillan, 1979.

10. M. Skilback. School based curriculum development and teacher education. Mimeograph, OECD, 1976.

11. M. Skilback. Curriculum Organization. in T. Husen & T. Postlethwaite (Eds.). International encyclopedia of Education, Oxford, England, Pergamon Press, 1985.

12. Illuminative Evaluation in Action: An Illustration of the Concept of Progressive Focusing. by Garry Dearden, Diana Laurillard, Research Intelligence, 1977, 3(2).

13. R. Doll. Curriculum Improvement. 7nd ed. Boston Allyn & Bacon.

14. H. Taba. Curriculum Development: Theory & Practice. New York, Harcourt Brace Jovanovich, 1962.

15. J. G. Saylor & W. M. Alexander. Curriculum Planning for Schools. New York: Holt, Rinehart & Winston, 1974.

16. D. Tanner and L. Tanner. Curriculum Development: Theory into Practice. New York Macmillan, 1975.

17. J. Wiles & J. C. Bondi. Curriculum Development: A Guide to Practice. 2nd ed. A Bell& Howell Company, 1984.

18. M. Skilbeck. Curriculum Reform. Center for Educational Research and Innovation. OECD, Paris, 1990.

19. A Post-Modern Perspective on Curriculum. William E. Doll, Teachers College press. 1993.

20. William H. Schubert. Curriculum: Perspective, Paradigm, and Possibility. Macmillan Publishing Company, New York, 1986.

21. William F. Pinar and so on. Understanding Curriculum. Peterlang, N. Y. , 1995.

22. Colin Marsh , Christopher Day , Lynne Hannay &Gail McCutcheon. Reconceptualizing School-based Curriculum Development. The Falmer Press, 1990.

23. James A Beane , Conrad F. Toepfer & Jr. Samuel J. Alessi . Curriculum planning and Development. Allyn and Bacon Inc, 1986.

24. Glen Hass. Curriculum Planning-A New Approach. Allyn and Bacon Inc. , 1987.

25. Douglas Barnes. Practical Curriculum Study. Routledge & Kegan Paul Ltd, 1982.

26. George Bishop. Curriculum Development : A textbook for students. Macmillan Publishers Ltd, 1985.

27. P. Jackson (Ed) . Handbook of research on curriculum. New York, Macmillan, 1992.

后　记

在经过漫长艰辛的理论与实践相互嵌入的跋涉后，本书落笔之时，涌满心头的是感恩。

首先要感谢多年来一直给予我向学校中的综合课程革新实践学习机会的校长和教师们，和我共同经历了相互滋养心灵的教师叙事探究活动的许多学校领导和老师；在本书中分享机构或个人原创案例的梁宇学副校长、于鹰老师、吴卫东老师；为本书提供叙事素材的高淑英副校长、胡文利老师、张征老师，提供综合设计案例的宣琰同学以及曾经和我分享自己设计综合课程的热情与创造智慧的厦门外国语学校的教师们。还有历届修读我在北京师范大学开设的"综合课程的理论与实践"（2009 年开始改为"综合课程革新与教师自主成长"）这门课的 4＋2 研究生们，修读我开设的《课程发展》课的本科生们。他们在创新设计综合课程课件时融入的独特匠心和闪现的创新智慧，给我很多启发。是群体的实践智慧和创造才能，使得我有可能在理论与实践相互嵌入的层面上，深思综合课程革新与教师专业成长之间的内在联系。

更要感谢我的导师吴式颖教授，在我从外国教育史研究领域转向课程理论研究领域后的这十一年中，仍然就像我当年读博士学位期间一样，自始至终给予我精神上、专业上的支持，恩师的厚德和对基础教育问题的殷殷关切，是我把研究理念与实践结合作为享受的最大动力。

还要感谢在北京师范大学任职以来的先后三位领导：裴娣娜教授、丛立新教授和朱旭东教授对本书写作的关心和支持，他们在课程领域和教师专业领域的高瞻远瞩，给我很多启发。尤其要感谢丛立新教授亲自阅读初稿给予中肯指导。

衷心感谢朱旭东教授、郭兴举编审对本书出版的关心支持。感谢齐琳编辑为本书质量付出的杰出工作。

该感谢的还有我的研究生崔玉芝、梁美莉、赵艳萍、赵爽、伍静，他们帮助我收集了不少相关文献资料。

最后要感谢我所有的家人多年来的精神支持，尤其是常年包揽了照顾父母的尽孝之道的兄弟们。尤其是要感谢总在给我加油的儿子易大中，儿子的青春活力和对事业生活的蓬勃朝气，是我写作期间最大的精神支持。

本书的导言；第一章；第二章的第一节和第三节；第三章；第四章的第一节和第三节；第五章的"个案学校的启迪"；第六章中的第一节、第二节、第四节，吴国珍著；第二章的第二节由赵爽、伍静、崔玉芝合著；第四章的第二节于鹰著；第五章梁宇学著；第六章的第三节吴卫东著；此外，和所有参与写作的作者就主题定位、写作思路、谋篇布局、章节有机协调、语言表达等问题的沟通切磋及相关内容的细致修改等工作，以及全书的统稿审稿，均由吴国珍负责。

本书力图把理论与实践紧密结合，把综合课程革新相关理论贯注于实践操作，以及教师在综合课程革新中的体验与成长相互嵌入的探讨，属于探索性研究，难免有不尽如人意的错误欠缺，敬请同仁们善意批评指正。

为了便于鲜活直观地与一线教师沟通本书传达的综合课程革新理念，笔者的一个心愿，是努力将多年积累的年轻学子们设计的综合课程优秀作品整理成形，争取以适当的方式与读者见面。

吴国珍

北京师范大学教育学部教师教育研究所，教育部普通高校人文社会科学重点研究基地北京师范大学教师教育研究中心

2011-12-31　修订定稿　京师园 5 号楼